海洋神话与江南社会

毕旭玲 著

上海交通大学出版社
SHANGHAI JIAO TONG UNIVERSITY PRESS

内容提要

江南地区濒临大海，出海捕鱼、煮海为盐以及航海经商是当地民众的主要生产方式。临海而居的生活环境使早期江南民众不得不求助于超自然力的庇护，因而创造出了丰富多彩的海洋神话。江南海洋神话随自然环境、社会环境、生产力水平、科学技术等方面条件的变化而不断变化，同时也随着信众群体的迁徙、地区间的经济贸易往来、政治与文化的交流而不断扩散传播。

本书先对江南地区的海洋神话进行了整体研究，梳理了从原始社会到明清时期江南海洋神话发展演变的历史和对外传播史，之后对江南海洋神话进行了个案研究，包括防风氏神话、大禹神话、东海龙王神话、妈祖神话、南海观音神话。本书在探讨江南地区海洋神话产生和流传的过程中也注重对其原因的探索和对整个江南社会发展的观照。本书适合对江南文化和中国神话感兴趣的读者。

图书在版编目（CIP）数据

海洋神话与江南社会／毕旭玲著. —上海：上海
交通大学出版社，2023.9
ISBN 978-7-313-29177-6

Ⅰ. ①海… Ⅱ. ①毕… Ⅲ. ①神话-研究-华东地区
②社会发展-研究-华东地区 Ⅳ. ①B932.2②D675

中国国家版本馆 CIP 数据核字（2023）第 142425 号

海洋神话与江南社会
HAIYANG SHENHUA YU JIANGNAN SHEHUI

著　　者：毕旭玲
出版发行：上海交通大学出版社　　　　地　　址：上海市番禺路 951 号
邮政编码：200030　　　　　　　　　　电　　话：021-64071208
印　　制：上海盛通时代印刷有限公司　经　　销：全国新华书店
开　　本：880 mm×1230 mm　1/32　　印　　张：9.75
字　　数：218 千字
版　　次：2023 年 9 月第 1 版　　　　　印　　次：2023 年 9 月第 1 次印刷
书　　号：ISBN 978-7-313-29177-6
定　　价：68.00 元

前　言

江南地区濒临大海，出海捕鱼、煮海为盐以及航海经商是濒海居民的主要生产方式。但变幻莫测的大海也是危险的代名词，有渔民谚语说"半寸板内是娘房，半寸板外是阎王"，民众不得不求助于超自然力的庇护，由此创造出了丰富多彩的海神信仰和海洋神话。本书试图对江南地区海洋神话的发生发展和传播过程进行系统梳理。本书认为，神话的产生和传播不是简单的文化现象，其背后不仅有着深刻的社会、经济、政治原因，还与民间社会心理、群体认同密切相关，因此本书在探讨江南地区海神信仰传播的过程中，也注重对其原因的探索和对江南社会发展的观照。

因为所述内容较为庞大复杂，本书在导论部分先对"江南"所指的范围、江南海神信仰谱系概况、江南海神信仰交流传播的方向这三个问题进行一些说明，希望对读者更好地理解正文论述的内容有所帮助。

一、"江南"的范围

"江南"一词在华夏文化史早期就出现了。《史记·五帝本纪》载："（舜）践帝位三十九年，南巡狩，崩于苍梧之野。葬于江南九嶷，是为零陵。"上古舜帝在位第三十九年时去南方巡狩，不幸在苍梧之野病逝，埋葬于江南九嶷，此地就是零陵。九嶷即九嶷山，被认为在今湖南宁远境内。宁远九嶷山最高峰为舜源峰，舜源峰下有舜陵、舜庙等帝舜神话的相关景观。从帝舜葬江南九嶷山的神话来看，早期"江南"包括今湖南在内，是一个非常宽泛也相对比较模糊的空间概念。

从夏至周，随着吴、越、楚先后兴起，以及他们之间争霸战的开展，"江南"虽逐渐有了较为清晰的指称，但其内涵常常变化。比如《左传》载：公元前597年春，楚庄王率军包围郑国，三月攻克国都。郑襄公袒露上身，牵着羊出城迎接，说："孤不天，不能事君，使君怀怒以及弊邑，孤之罪也，敢不唯命是听？其俘诸江南以实海滨，亦唯命。其翦以赐诸侯，使臣妾之，亦唯命。"（《左传·宣公十二年》）杨伯峻注引高士奇《地名考略》解释道："自荆州以南，皆楚所谓江南也。"这里的"江南"指楚国境内荆州以南地区。又如《国语·吴语》载：吴、越最后一战时，"吴王起师，军于江北，越王军于江南"。对于这里的"江"，有学者认为是长江，也有学者认为是吴淞江，还有学者认为是钱塘江。本书认为"江"应指钱塘江，是吴、越两国的天然屏障。《吴越春秋·夫差内传》记述此战说："越闻吴王久留未归，乃悉士众，将逾章山，济三江而欲伐之。"三江为太湖通海的三条干道，皆在今钱塘江以北，越军顺三江北上，就能到达位于太湖平原腹地的吴国政治中心。可见《国语》中的"江南"指钱塘江以南的越地。

秦汉时期出现了"江东"一词。《史记·项羽本纪》载项羽失败，欲东渡乌江时，与乌江亭长有一段著名的对话："江东虽小，地方千里，众数十万人，亦足王也。""且籍与江东子弟八千人渡江而西，今无一人还，纵江东父兄怜而王我，我何面目见之？"项梁、项羽皆为楚人，对话中所指江东为楚国故地，即今长江下游的南岸地区。到了三国时期，随着孙吴政权的兴起，"江东"一词具有了浓厚的政治意义，明确指向孙吴统治下的全部地区。西晋陈寿所著的《三国志》中就多次将东吴之境称为"江东"，如"孙权据有江东，已历三世，国险而民附，贤能为之用，此可以为援而不可图也。""时权拥军在柴桑，观望成败，亮说权曰：'海内大乱，将军起兵据有江东，刘豫州亦收众汉南，与曹操并争天下。'"（《三国志·诸葛亮传》）

晋朝出现了"江左"一词。"江左"与"江东"为同义词，指大江以东。古人在地理上以东为左，以西为右，因此将"江东"也称为"江左"。晋室东渡以后，统治区域大部分在江东，大约是为了与东吴政权相区别，东晋及其辖境被称为"江左"。其实晋以后的宋、齐、梁、陈四朝基业都在江左，但南朝人依然将东晋专称为"江左"。"江右"是"江左"的对称，即"江西"，习惯上指长江下游的北岸到淮水以南地区。正如明末清初的魏禧在《日录·杂说》中所解释："江东称江左，江西称江右，何也？曰：自江北视之，江东在左，江西在右耳。"

除"江东""江左"之外，"江外""江表"也是对江南地区的称呼。《魏书·董峦传》有"虽长自江外，言语风气犹同华夏"的讲述，《资治通鉴》也有"江表英豪咸归附之"的表达。"江外""江表"是一种以中原地区为观察视角的称呼。在中原人看来，江南地区在长江以外，因此称为"江外"，而"外"与"表"

同义，因此又称"江表"。

从"江东""江左"到"江外""江表"，"江"均指向了长江，此后"江南"所指的范围才大致确定下来，即长江下游以南。但也应该看到，长江北岸部分地区，有时也在历代所指的江南范围内，比如东晋时期江北的荆、司、青、兖、徐等州在较长时间内属东晋所辖，属"江左"（即"江南"）的范围。

进入唐朝，"江南"一词开始与行政区划相结合。贞观元年（627年），唐政府分天下为十道，江南道为其中之一，统领 42 州，范围包括今浙江、福建、江西、湖南全部及江苏、安徽、湖北南部、四川东南部、贵州东北部等地区。开元二十一年（733年），唐政府又将辖域分为十五道，原江南道被分为江南东道、江南西道、黔中道。江南东道治所在苏州，简称"江东"；江南西道治所在洪州，简称"江西"。中唐以后，江南西道又被一分为三，自西到东依次为湖南道、江南西道、宣州道，宣州道相当于今安徽的长江以南地区。江南东道屡有分合，最后也一分为三，西北设浙江西道，东部设浙江东道，东南部设福建道。

虽然唐朝江南地区的行政区划时常变动，但文化意义上的"江南"在此时形成了。文化意义上的"江南"主要指向以苏州、杭州为中心，经济文化繁荣，人民生活安定富足，因水道纵横而有别具一格的水乡景致的区域。文化江南的意象集中于唐人诗词中，比如"江南好，风景旧曾谙。日出江花红胜火，春来江水绿如蓝，能不忆江南？"（白居易《忆江南》）且江南等于原吴越地区的空间概念在唐人的意识中基本定型，如："去越从吴过，吴疆与越连。有园多种橘，无水不生莲。夜寺桥边火，春风寺外船。"（杜荀鹤《送友游吴越》）吴、越故地相连，且特产与风光相近，这一片区域就是江南核心区。

　　本书所指的"江南"是一个广义的历史和文化概念。结合"江南"在历史上内涵的变迁、当代中国省级行政区划的实际情况，本书所指的"江南"，从地理范围上看，以今天的江苏南部、上海和浙江全部为其核心区域，同时也扩展至江苏北部、安徽南部、福建北部，以及江西北部一带地区。这一片区域的海洋信仰和神话的发展具有整体性，是本书讨论的空间范围，可以视为广义的江南地区。

二、江南海神信仰谱系概述

　　江南海洋神话的主角是诸多江南海神，因此在研究江南海洋神话之前，我们必须先梳理江南海神信仰谱系。民俗谱系观念是近些年学界研究的热点之一，其代表人物田兆元先生在《民俗研究的谱系观念与研究实践：以东海海岛信仰为例》一文中对民俗谱系理论进行了介绍："民俗学的谱系观念是强调民俗文化的整体性与联系性，强调互动性的一种研究思路。民俗的谱系是一种有关联的集体行为。"他认为，民俗谱系的核心内涵有四个：一是具有共同习俗与文化价值观的族群谱系；二是空间谱系；三是时间谱系；四是形式谱系。其中，形式谱系是指民俗的结构形式，包括民俗的核心形式、延展形式和变异形式，也包括其语言形式、行为形式、景观形式和媒体形式。民俗的核心功能是认同，表现形式是叙事。所以又可以视为语言叙事、行为叙事和景观叙事，以及媒体叙事。本部分从江南海神信仰的时间谱系、空间谱系和形式谱系三方面叙述。

（一）江南海神信仰的时间谱系

江南海神信仰发展过程中表现出了三种前后相继的演变趋势，即人形化、人神化、人格化。

人形化是江南海神信仰早期发展的第一种趋势，是人类自我意识觉醒的一种表现。在最早的海神崇拜或者海灵崇拜中，先民所信奉的对象往往是自然水体及其各种变化形式，以及在水中生活的动物和涉水动物，这属于自然崇拜的一部分，潜台词是自然的力量远远胜过人的力量，自然比人优越。但随着人类体力和智力的提高，先民对于征服自然有了越来越多的经验，因而也有了越来越大的信心。这一变化过程反映在海神信仰中就催生了人形海神的产生。这就是海神信仰的人形化趋势，其重要表现就是半人半兽形态海神的出现。

人神化是江南海神信仰发展的第二个趋势。前述的"人形化"仅指外表变化，而这里的"人神化"指成神过程的变化。在人形化阶段，海神往往生而为神，即使是人形海神也在外表上与普通人有着极大的不同，比如防风氏就是一个极其高大的巨人，相传如今湖州市德清县的下渚湖就是他一脚踩出来的。但到了人神化阶段，人死后才为神，并非生而为神。这是人类自我意识深入觉醒的重要标志：人不仅可以胜过自然，还可以成为神。人神化阶段产生的神也就是鬼神：人死为鬼，鬼有异能而为神。

人格化是第三个趋势，是人神化深入发展的结果。人神化仅仅指向成神的经历，即人死为神。但变成神以后就与人有了巨大的差别，不仅有神能，往往还具有了神格。而在人格化阶段，神也具有了一定的俗世中人的性格特征。比如赵翼《陔余丛考》载："（泛海者）倘遇风危急之时则呼妈祖，神即披发而来，其效立应。若呼天妃，神即披冠而至，恐稽时刻。云妈祖，盖闽人在母家之称。"这是一则相当有意思的材料，妈祖在此被塑造出有着人类感情，甚至也遵守人类社会中的等级规则的人格化特征。妈祖有海上救护之能，如果在海上遇到危险，可以呼唤神名。每当呼唤"妈祖"这一闺名时，女神很快披散着头发到来，似乎就是在家中日常生活的样子。而当呼唤其封号"天妃"时，女神赶来时戴着头冠，显然是按照天妃的封号装扮了一番。因此用时可能要比不梳妆时更多。

与上述三种演变趋势相关，江南海神信仰的发生发展大致可以划分为海洋水体崇拜、动物海神崇拜、半人半动物形海神崇拜、人形海神崇拜四个阶段。

1. 海洋水体崇拜

江南海神信仰有着比较清晰的历史发展线索。最早产生的海神信仰应该是海洋水体崇拜，它是在原始万物有灵的观念下产生的对于江河湖海、雨雪冰雹等自然水体与水的变化形式的崇拜。原始先民相信，在这些水体与变化形态中必然存在某一灵来掌控。镇海灵物崇拜最初也是在万物有灵的观念支配下产生的，先民认为某些自然物如巨石、大山，具有镇伏海潮，甚至海上妖邪的功能。最初的镇海灵物是自然物，后来发展为人工建筑，如镇海塔以及海边的摩崖题刻等。比如位于今浙江省海宁市盐官镇东南海塘边的镇海塔就是典型的镇海灵物崇拜的结果。海盐滨海，常常遭遇海潮，引发灾难。尤其在晋朝以后，因为钱塘江的地理变迁而引起的海水倒灌时有发生，海盐县城被迫多次向西南迁移。元朝天宁寺主持梵琦为了镇压海潮，用五年时间修建成了一座高七层，八面朱漆回廊的威严宝塔，取意"以塔镇海"，故名镇海塔。

2. 动物海神崇拜

随着时间的推移，先民逐渐将海洋水体崇拜的意识投诸海中生活的动物或与海（水）有关的动物身上，形成了作为海洋水体代表的动物海神崇拜。大海鱼、鲸、大海龟、蛇等都曾被江南先民视为海神。除了这些实际存在的海洋生物之外，先民还将图腾动物如蛟龙等视为海神。后来的海龙王信仰就是在此基础上产生的。当然，海龙王信仰产生的原因比较复杂，它以江南地区原生的蛇、蛟龙崇拜为基础，又吸收了佛教中的护法神龙的形象与特点，并随着国家祭祀海神的行为而得到全面发展。江南地区民众最信奉的海龙王是东海龙王，因为江南沿海属东海范畴，民间有诸多关于东海龙王家族、东海龙宫的传说。当然，鉴于中国民间信仰本身的弥散性，民众对于某一神祇的"忠诚度"并不高，除了敬奉东海龙王之外，我们也常常可以在各处看到与东海龙王一起得到供奉的其他三海龙王神像。

3. 半人半动物形海神崇拜

在万物有灵论的支配下，先民对于人类以外的他物有一种天然的恐惧或警惕，因为它们更不可控。但随着生产力水平的提高，以及对自然界各种知识的积累，先民逐渐具有了掌控自然的能力，"人比动物更优越"的意识逐渐觉醒，作为自然界代表的各种动物形态的神也相应发生了变化，半人半动物形态的海神产生了。《山海经》中所记录的四海诸之神就是这种认识下的产物，比如：东海渚之神是"人面鸟身，珥两黄蛇，践两黄蛇"（《山海经·大荒东经》）；南海渚之神是"人面，珥两青蛇，践两赤蛇"（《山海经·大荒南经》）；西海渚之神是"人面鸟身，珥两青蛇，践两赤蛇"（《山海经·大荒西经》）。这几段材料中描述的半人半兽神有不少共同点，比如将蛇作为耳饰，脚下踩着蛇，本书认为其中最有意义的共同点是"人面鸟身"。"人面鸟身"即人的头颅和鸟的身体，不是简单的半人半兽形态，而是暗含着人的意识的觉醒，表现了人力可能战胜自然力的倾向或者希冀。因为在所有的人体部件中，头被认为是最重要的。头（或者说头颅中的大脑）不仅指挥身体的活动，而且是人和动物生存的必不可少的部件。因为只要医治得当，缺胳膊少腿的人和动物依然可以存活，但缺少头的人和动物却很难存活（特殊的低等动物除外）。也就是说在"人面鸟身"的人头与动物身体的构成方式中，"人面"比"鸟身"更重要，也即人比动物更优越。四海渚之神中表现出来的对蛇、鸟的崇拜常见于吴越地区的原始文化遗存，因此四海渚之神的描述很可能就源自江南先民对于半人半兽海神的想象。

4. 人形海神崇拜

当人类征服自然的能力进一步提高，先民创造出了以人的形体出现的海神，或者说将人奉为海神。最早被奉为海神的是早期部落首领和英雄，他们在带领民众战胜洪水灾难中表现卓越，英勇无畏，建立了不世之功勋，因此在后世得到广泛崇奉，比如大禹。根据地方志的记录，将大禹作为海（水）神供奉的庙宇在江南各地都很常见，而且形成了不少影响较大的禹王庙会。比如《嘉泰会稽志》卷十三载："三月五日，俗传禹生之日，禹庙游人最盛，无贫富贵贱，倾城俱出。士民皆乘画舫，丹垩鲜明；酒樽餐具甚盛，宾主列坐，前设歌舞。小民尤相矜尚，虽非富饶，亦终岁储蓄，以为下湖之行。"从上述记录来看，南宋时期的绍兴民众认为每年农历三月初五为大禹生日，绍兴禹庙在此日举行庙会。绍兴民众中还形成了游玩、宴饮等庙会民俗。宁波五乡梅湖青山岙也建有夏禹庙，其中供奉着被封为"敕赐青山都督大元帅"的夏禹像。该庙于每年冬捕之前的农历九月十一日至十六日举行庙会，庙会期间，民众不仅演戏酬神，还举行划龙船比赛，东钱湖陶公山的渔民纷纷前来祈求冬捕顺利①。

（二）江南海神信仰的空间谱系

海神有狭义与广义之分，狭义的海神指向的是司海之神，而广义的海神则包括海神与近海水体神，因此海域与近海水体区域可以成为江南海神信仰空间谱系划分的标准。近海水体指与海相通的江河湖泊，其间神灵的神格及神职都带有海神特色。当然，在中国民间信仰中，民众并不特意区分海神与其他江河湖泊之神，因此江南海神信仰的空间谱系也就不那么清晰。

（三）江南海神信仰的形式谱系

江南海神信仰的形式谱系主要包括海神的职能谱系与层级谱系。

1. 职能谱系

全能海神与单能海神是一对成对出现的概念。全能海神指在民众观念中，该海神可以掌管所有的海洋事务，如护航、护佑渔

① 叶大兵主编：《中国民俗大系·浙江民俗》，甘肃人民出版社 2003 年版，第 296 页。

业生产、掌管岛礁等。江南地区代表性的全能海神主要包括三位：东海龙王、南海观音与妈祖。东海龙王信仰是在对东海神的国家祭祀中成长和发展起来的，与图腾时代的蛇、蛟龙海神崇拜有着亲缘关系；南海观音信仰是在佛教发展传播的过程中成长起来的，也随着佛教的扩散而传播；与东海龙王信仰和南海观音信仰相比，江南地区的妈祖信仰属于"外来户"，是从近邻福建地区传入的。这三种海神信仰不仅分布广泛、信众数量庞大，而且被认为是可以掌管与海有关的所有事务的"高等级"海神。

　　单能海神相对于全能海神而言，其职能较为单一，仅掌管某一或某些方面的海洋事务，比如潮神伍子胥、盐神夙沙氏、渔业神渔师菩萨、网神伏羲等。单能海神有若干详细的分类，可以分为（镇）潮神、引/护航神、岛礁神、行业保护神四大类，其下又各有亚类。其中，行业保护神的亚类——渔业保护神下又可以细分为渔神、网神与船神。江南海神职能分类如下图所示：

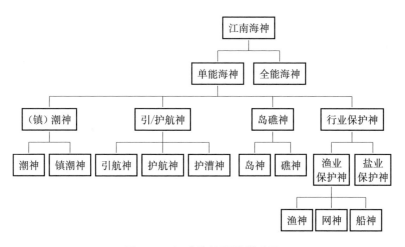

图 0-1　江南海神职能谱系图

海神层级谱系指的是根据海神受崇奉的范围大小确定的海神所在层级的构成方式。在江南地区的众多海神中，有一些广泛受到崇信的主要海神，也有一些仅仅在滨海渔村中被供奉的海神。受到最广泛崇信的海神，实际上也是江南地区三大海神，即东海龙王、南海观音、妈祖，这三位海神是江南地区海神层级谱系的最内层，数量少但影响大；受到比较广泛崇信的海神包括防风氏、大禹、伍子胥、关帝、晏公、金总管、夙沙氏等，这些海神数量比最内层海神要多，影响次一级，居于核心层的外一层；其他海神仅在比较小的地域（如村镇、岛礁等）存在，数量最多但影响仅局限于狭小的范围内，这类海神属于第三层级，居于最外围。江南海神信仰层级谱系图参见本书图 2 - 9。

江南海神的层级谱系从中心到边缘呈现出"影响由大到小，数量由少到多"的渐变趋势。江南海神数量过多，我们无法对每一位神祇进行专门研究，因此本书选择居于核心层的三大海神，以及两位居于次级层的海神，即防风氏和大禹，进行专章分析。

三、江南海神信仰交流传播的方向

江南海神信仰交流传播的过程是本书关注的重点，正文将对其进行详细论述，这里仅略谈其方向。

（一）内向流入与外向流出

总的来说，江南海神信仰的交流传播方向包括内向流入与外向流出两种。江南海洋文化具有较强的包容性，因此其海神信仰演变发展的结果是两位内向流入的外来海神进入了江南三大海神信仰体系，即南海观音信仰与妈祖信仰。当然这两位海神的具体输入过程与方向都是不同的。从佛教发展过程来看，南海观音信仰属于观音信仰的一部分，先从印度传入，之后在中国生成了本土观音信仰，观音形象由男性变为女性。中国观音信仰经历了一个由北到南的传播过程，由中原地区扩散到江南沿海，最终落户于普陀山，形成了南海观音信仰。在此过程中，佛教信仰与民间信仰不断融合，因此普陀山既是佛教中的南海观音道场，又是民间信仰中作为海神的南海观音信仰的中心。可以说，虽然南海观音的源头不在江南地区，但南海观音信仰由一般佛教信仰发育为民间海神信仰的过程是在江南地区完成的，江南地区可以称为作为海神的南海观音信仰的发源地。

妈祖信仰是由福建传入江南地区的，该信仰自湄洲岛诞生之初就属于海神信仰，流入江南地区以后，妈祖作为民间海神的基本定位并没有动摇，只是与江南地区经济文化相联系，有了在地化的演变过程。当以三大海神信仰为代表的江南海神信仰体系基本确立以后，内向流入的南海观音与妈祖不仅有了浓厚的江南特色，还以江南为基地进行了对外传播，比如首次进入日本列岛的妈祖信仰就是江南地区的妈祖信仰而非福建地区的妈祖信仰。

（二）区域内部传播、国内传播与国外传播

江南海神信仰的对外传播从范围上看，主要包括区域内部传播、国内传播与国外传播三种形式。

区域内部传播往往发生在某一海神信仰成长发育的初期，通过区域内部的传播，该海神信仰巩固了基础，也扩大了影响，为进一步的国内外传播奠定了很好的基础。比如南海观音信仰最终盛行于东亚、东南亚等地区，但在该信仰诞生的初期，先在江南内部进行了传播，形成了一个小型信仰网络，作为日后对外传播的基础。南海观音信仰体系以普陀山为中心，先在舟山群岛形成了一个信仰网络，主要包括：拥有传为南海观音腾跃而形成"观音跳"景观的舟山朱家尖，拥有作为普陀南海观音寺庙群组成部分的祖印寺的舟山定海，拥有传为妙善出家地白雀寺的桃花岛，拥有作为普陀南海观音寺庙群组成部分的灵音寺的嵊泗泗礁岛，拥有传为观音旧日修行地的观音山的岱山县衢山岛。

在南海观音信仰不断对外扩大影响的过程中，中国各地产生了不少以"普陀"命名的主奉观音的寺庙，均可以视作江南南海观音信仰的传播现象。其中最著名的要数厦门南普陀寺了。厦门南普陀寺位于厦门市区五老峰下。南普陀寺与普陀山的普陀寺南北相应，也是中国重要的南海观音道场。从南普陀寺的发展历史来看，它是在比较晚的时候，在普陀山南海观音信仰的影响下才成为观音道场的。

随着江南海神信仰影响的进一步扩大，江南海神信仰被传播到东亚的朝鲜半岛、日本列岛、琉球群岛等地。比如早期江南海神信仰对外传播的内容主要是以蛇、蛟龙等为代表的自然海神。

在江南海神信仰的影响下，日本列岛与朝鲜半岛都产生了龙蛇海神崇拜。而到了隋唐时期，东海龙王信仰与南海观音信仰随着往来于江南各港口的使节、僧人、商人、渔民以及其他群体的迁移而传播到东亚。有意思的是，江南海神信仰的对外传播并不是在发育完全后才进行的，而是一边形成壮大，一边对外传播。比如我们看到的最早龙王信仰传播到日本的表现并非直接为龙形。在日本神话中，首代天皇神武的祖母为海神之女，此女的原型是一条很长的巨鳄，也是海神。而中国早期龙形造像中的一部分就是鳄鱼形象。后来，不成熟的鳄鱼形象彻底被龙形代替了。

江南海神信仰向域外的传播与江南先民航海技术和港口的发展有着密切关系，甚至可以从某种程度上说，港口的发展制约或者决定着海神信仰域外传播的路线与时间。比如江南地区三大海神信仰之一的妈祖信仰的域外传播最早大概在宋朝，首先传入的地区是直线距离较远的朝鲜半岛，而不是直线距离最近的日本列岛。产生这种现象的最重要原因是当时的航海路线以北线为主，也就是从江南港口出发，向北行驶，先到达朝鲜半岛，再经由朝鲜半岛抵达日本列岛。所以江南妈祖信仰也先到达朝鲜，后传入日本。

在江南海神信仰的对外传播过程中，东亚各国海神信仰也呈现出相似的面貌和基本一致的发展轨迹，并由此形成了东亚海神圈，辐射范围达到东南亚甚至更远广之地。

本书在国家社科基金项目"吴越地区海神信仰的传播研究及其图谱化展示研究"（课题编号：15BZJ042）结项报告的基础上修订而成，因本人时间和学力有限，其中还有许多不成熟之处，请大方之家不吝赐教。

目 录

上 篇

下　篇

風

上篇

第一章
江南地区海洋崇拜与海洋神话的发生

在先民的意识中，海洋与江河湖泊等淡水水体的区别并不那么明显，所以早期海洋神话是与江河湖泊等神话混在一起的，属于海（水）神话。受多水域和濒海的地理环境影响，江南地区的海（水）神话在原始社会就产生了。它遵从着一定的规律，从水灵神话发展为早期海（水）神神话，从动物形态的海（水）神神话发展到半人半兽形态的海（水）神神话，最终发展出人形海（水）神神话。

一、原始水灵崇拜及其神话

水是生命的源头，是人类赖以生存的最基本的物质基础。水的重要性仅次于我们呼吸的氧气。在极端恶劣的条件下，人类对水的需要比对食物的需要更迫切。我们可以一周不吃饭，却只能坚持几天不喝水。早在先秦，民众就已认识到水的重要作用，如

《管子·水地》说："水者何也？万物之本原也，诸生之宗室也，美恶、贤不肖、愚俊之所产也。"水是万物的本原，是一切生命的植根之处，美、恶，贤、不肖，愚蠢、智慧都是由它产生的。管子甚至将人看作是由水生成的，说："人，水也。男女精气合而水流形。"

除此之外，水还具有强大的威力。过多的水使江河湖海泛滥，威胁人类的生存。对地质水文的研究显示：在旧石器时代与新石器时代交替时期，也就是 12000 年前，曾发生过一次全球性的大洪水。当时，最后一次冰期临近结束，全球开始变暖，冰川大量融化，各大洋水量猛增，海洋变得越来越深，大量陆地被淹没，很多人因此丧命。民俗学家在广泛研究了世界各古老民族关于本民族文明起源的神话后，发现古老民族的早期神话都普遍述及远古人类经历过的大洪水，如玛雅人、比尔人、苏美尔人、希伯来人均有大洪水神话。其中，希伯来人的大洪水神话被《圣经·创世纪》记录下来，就是那段著名的"诺亚方舟"叙事：

> 洪水泛滥了 40 天，水还在不断地涨。方舟被水托起，远离地面。洪水继续猛涨，方舟始终在水面上漂流。水势如此之大，淹没了天下所有的高山。水高出群山有 15 肘。地上所有有生气的活物，所有的人及飞禽走兽，都淹死了。这样，上帝消灭了地上一切生物，人及飞禽走兽荡然无存，唯独挪亚及与他同在方舟里的人与动物活下来了。洪水泛滥 150 天。[1]

① 李娟等：《圣经旧约名篇精选》，天津人民出版社 1998 年版，第 19 页。

中华先民也曾被大洪水围困，不少古代文献中都有人类对早期洪水的文化记忆。《淮南子·览冥训》载："往古之时，四极废，九州裂，天不兼覆，地不周载，火爁焱而不灭，水浩洋而不息，猛兽食颛民，鸷鸟攫老弱。"《山海经·海内经》这样记录鲧禹治水神话的背景："洪水滔天"。上述这些叙事与文化记忆说明先民对于水所具有的养育生命与毁灭生命的能力有一种又爱又怕的感情，正是这种矛盾的感情促生了早期的海（水）崇拜及其神话。

海（水）崇拜的最初对象大概是"水灵"。水灵是万物有灵论支配下的产物，先民认为所有生物与非生物中都存在着灵，山有山灵，石有石灵，树有树灵，水有水灵……灵支配着生物与非生物的种种行为，那些虹、雨、雪、雹等自然现象的产生，洪水泛滥与土地干涸的灾难等，都被认为是水灵操纵的结果，因此先民希望通过祷告以及献祭等方式，获得水灵的护佑，禳解灾害，他们口耳相传的水灵叙事便是最早的海（水）神话。

《管子·水地》中的一段文字表现了早期水灵崇拜的观念：

> 准也者，五量之宗也；素也者，五色之质也；淡也者，五味之中也。是以水者，万物之准也，诸生之淡也，违非得失之质也。是以无不满，无不居也，集于天地而藏于万物，产于金石，集于诸生，故曰水神。集于草木，根得其度，华得其数，实得其量，鸟兽得之，形体肥大，羽毛丰茂，文理明著。万物莫不尽其几，反其常者，水之内度适也。

管子认为：水是万物之根基，是所有生命的根本，乃是非得失的基础。水能充满所有的东西，也不会为任何事情停留。水能聚集在天地之间，也能藏于万物之中。水产自金石，又能在一切生命中得到体现。所以水就是神。水聚集在草木上，它们的根就能向下扎得很深，它们的花朵就能开得相当繁盛，它们就能结出相当多的果实。鸟兽得到充足的水，体形就能长得很肥大，羽毛就能长得很丰满，毛色与花纹就会长得很艳丽。只要万物内部有足够的水分，她们就能显露出足够的生机并返回常态。

水灵神话在传世文献中保存下来的特别少，著名的混沌神话带有水灵神话的影子。作为水灵的代表，混沌的形体比较难以形容："天山……有神焉，其状如黄囊，赤如丹火，六足四翼，混沌无面目，是识歌舞，实为帝江也。"（《山海经·西山经》）混沌长得像个黄口袋，颜色如丹水那样红，长着六只脚以及四只翅膀，而且没有五官。混沌这位相貌奇特的原始神生活在传说中的古河（也就是英水河）的发源地——天山。混沌毫无疑问是一位水神。"混沌"二字皆为水字旁，与水有关，也许混沌就是洪水之神。一些学者认为"混沌"的意思是大洪水，或代表了对人类社会初期发生过的大洪水的文化记忆。[①] 关于史前大洪水的文化记忆，世界很多古老民族的神话中都有记载：英国人类学家、民俗学家弗雷泽在《〈旧约〉中的民俗》一书中的《大洪水》一章中介绍了很多国家和地区的古代大洪水神话，并指出北美洲、中美洲、南美洲的 130 多个印第安族群中都流传着以大洪水为主题的神话。

---

① 如吕微：《文化人类学论丛　神话何为：神圣叙事的传承与阐释》，社会科学文献出版社 2001 年版，第 265 页。又如方艳：《〈穆天子传〉的文化阐释》，中国文联出版社 2015 年版，第 61 页。

洪水之神混沌拥有毁天灭地的巨大能量，因此在上古神话中具有很高的地位。《山海经·西山经》表明"混沌"还有另外一个名称——帝江。"帝江"一词不仅与水相关，而且也表明这位大神在先民的认识中具有崇高的地位。《庄子·内篇·应帝王》更直接说混沌是最高天神：

> 南海之帝为倏，北海之帝为忽，中央之帝为浑沌。倏与忽时相与遇于浑沌之地，浑沌待之甚善。倏与忽谋报浑沌之德，曰："人皆有七窍以视听食息，此独无有，尝试凿之。"日凿一窍，七日而浑沌死。

倏与忽分别是南海之帝与北海之帝，他们的直接上级就是中央之帝混（浑）沌。混沌不仅是最高天神，而且是一位相当有亲和力的大神。在倏、忽造访时，混沌招待得很殷勤，因此倏、忽商量要报答他。倏、忽知道混沌没有五官（即两眼、两耳、两鼻孔、一口），倏、忽二帝就商量着为他开凿这七个窍穴。他们每日凿一穴，凿了七日，开了七窍，却把混沌这位大神给凿死了。

混沌之死的神话历来有多种解读，有学者从文明发展的角度认为混沌代表没有开化的野蛮状态，而混沌因开凿七窍被凿死则标志着从野蛮状态进入了文明状态。本书也提供一种解读："无面目"的混沌代表了以自然形态出现的水灵，而倏忽为混沌开凿七窍则代表了自然形态的水灵向有具体形态的水神的转变。被开凿七窍的混沌死去了，代表了水灵崇拜的消亡。

水灵信仰是以自然形态的水体为崇拜对象的原始信仰。先民对自然水体的崇拜表现在很多方面，比如它们的手工艺术制品。良渚文化是江南地区的石器古文明，属于铜石并用的时代文化，距今约 5 200—4 000 年。良渚先民在农业种植方面积累了很多经验，当时的纺织、玉器制作、陶器制作等手工业也取得了很高的成就。良渚文化遗址中出土了很多有涡纹的陶器与玉器，本书认为这些涡纹正是江南先民水灵崇拜的产物。

涡纹也称螺旋纹、旋纹等，其主要纹路特征就是曲线沿着斜面不断变形，如同流动不歇的水波，是在后世陶瓷器具上常见的传统纹样。涡纹并不是一下子形成的，它也经历了一番演变。比如同样是分布于江南地区宁绍平原上的一支新石器文化——河姆渡文化（距今约 7000 年），其代表性遗址——河姆渡遗址的第

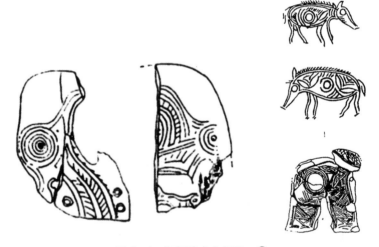

图 1-1 河姆渡文化涡纹—①

① 浙江省文物局等编：《河姆渡文化研究》，杭州大学出版社 1998 年版，第 231—232 页。

三、第四层的陶器、木器、骨器以及象牙雕刻上就常常出现涡纹。河姆渡文化涡纹表现出重圆的特征：既有单圆形的涡纹，又有同心圆形的涡纹。

部分学者认为这些涡纹体现了太阳崇拜，是对太阳形象的摹写。但是在少数器物上，涡纹表现出有方向性的螺旋形。

图 1-2　河姆渡文化涡纹二[①]

也有学者比较了河姆渡文化的涡纹与相距数千里的马家窑文化的涡纹，认为前者"是先民在生活实践中对周围沼泽环境的描摹，而与太阳崇拜没有多少关系"[②]。

到了良渚文化时期，涡纹进化了，出现了更多有方向性的形态。

从这些方向性的涡纹中更可见自然水体的象征意义。当然，代表自然水体的还有水波纹，如图 1-4 彩绘波形纹陶尊上的纹路。

---

① 浙江省文物局等编：《河姆渡文化研究》，杭州大学出版社 1998 年版，第233 页。
② 浙江省文物局等编：《河姆渡文化研究》，第 234 页。

图 1-3　良渚文化涡纹①

图 1-4　陶尊水波纹②

涡纹与水波纹相比，前者从外形上来说更像漩涡，而漩涡具有吞噬的巨大能量，更能体现先民所崇拜的水灵拥有的神力。这些描绘着涡纹的陶器、玉器等器具很可能是因为水灵崇拜而被制作出来的，其主要用途也很可能是为祭拜水灵。当然，因为时间太过久远，对于江南先民所崇拜的水灵的具体情况我们所知甚少，仅能做一些推知。

二、早期海（水）神崇拜及其神话

随着先民思维的不断发达，他们崇拜的水灵逐渐具有了自然

---

① 《江苏吴江梅堰新石器时代遗址》，《考古》1963 年第 6 期。《上海马桥遗址第一、二次发掘》，《考古学报》1978 年第 1 期。
② 《江苏吴江梅堰新石器时代遗址》，《考古》1963 年第 6 期。

水体形态之外的具体形象，从而转变为海（水）神，水灵神话也随之成为海（水）神神话。

（一）动物形态的海（水）神崇拜及其神话

最早出现的有具体形象的海（水）神呈单一的动物形，或由几种动物的特征共同构成的综合兽形。当然，担任海（水）神的动物一般都是水生动物，或与水有密切关系的动物。今天，我们还可以看到山东沿海的渔民将鲸鱼称为"老人家""老赵"等，视鲸鱼为海神。我国各地民众都将龙作为水神加以崇拜。在神话中，龙的基本功能是兴云布雨。龙也是一种图腾动物，其形象带有多种动物的特征，包括蛇、龟、鱼、水牛、马等，这些动物与水都有一定关系，其中不少也被当作海（水）神来崇拜。北宋《册府元龟·帝王部·感应》曾记录说："玄宗先天二年（713年）三月甲戌，帝以旱，亲往龙首池祈祷，有赤蛇自池而出，云雾四布，应时澍雨。"唐朝有一次发生旱灾，唐玄宗亲自前往长安龙首池祈雨。举行仪式时，有一条赤蛇从池中腾跃而出，瞬时空中布满云雾，很快就下雨了。在这里，赤蛇被当作水神。陈仁锡的《潜确类书》引《瑞应图》说："龙马者，神马也，河水之精。高八尺五寸，长颈，骼上有翼，旁有垂毛，鸣声九音，有明王则见。"龙马是神马，是河水中的精怪。相传，龙马高八尺五寸，脖子很长，长着翅膀，能鸣出九音，人间有圣明的帝王时，龙马才会现身。在这里，龙马被当作象征祥瑞的河神。

江南地区常见的动物形态的海（水）神是龙蛇形海神。

对蛇的崇拜在河姆渡时期就已经盛行。"河姆渡遗址出土的动物遗骨多达万件以上，共有 61 种，这些都是河姆渡古人吃其肉而遗其骨的结果，有些骨骼都被河姆渡古人击碎过的，但在许多骨骼中却没有发现蛇的遗骨，这说明了河姆渡人是禁食蛇肉的。地处水草丰茂的沼泽地的河姆渡，蛇类是繁殖很多的动物，遗址中没有蛇的遗骨，从另外一个方面说明了河姆渡古人对蛇的崇拜，因为崇拜图腾的氏族是禁食图腾肉的。"① 良渚先民同样延续了蛇崇拜，比如下图就来自良渚文化的陶罐纹饰——兽面、鱼、鸟、蛇纹组合：

图 1-5　良渚文化陶罐纹饰②

古越人是最崇拜龙蛇形海（水）神的江南先民，他们将蛇作为图腾祖先来看待。东汉许慎在《说文解字》中曾提道："闽，东南越，蛇种也。故字从虫。"这里的"蛇种"指的就是越地民众信仰的蛇图腾。《淮南子·原道训》载："九嶷之南，陆事寡而水事众，于是民人被发文身，以象鳞虫。"这里的"鳞虫"指出没在水中，体表长着鳞片的蛇类动物，也包括先民想象中的水生蛟龙，因此高诱注曰："文身刻画其体肉，墨其中，为蛟龙之状，以入水蛟龙不害也。"江南地区以水上生产为主的民众披散着头

---

① 姜彬：《稻作生产与蛇崇拜》，载上海社会科学院文学研究所编《多维视野的文学文化研究——上海社会科学院文学研究所论文精选》，上海社会科学院出版社2008年版，第6页。
② 吕洪年：《万物之灵——中国崇拜文化全览》，浙江文艺出版社2018年版，第128页。

发在身上刺上花纹，以表示自己是龙蛇的后代，从而避免受到它们的袭击。《汉书·地理志》也有提到越地先民"文身断发，以避蛟龙之害"。越地先民的蛇崇拜影响深远，春秋时期，吴王阖闾修筑规模庞大的都城时，曾将其中一个城门命名为"蛇门"，原因是"欲东并大越，越在东南，故立蛇门，以制敌国"。（《吴越春秋·阖闾内传》）因为越民以蛇为图腾，蛇不仅是它们崇拜之神，还是一种禁忌，所以阖闾将城门命名为"蛇"，是想在精神上压制越人。

后来，随着越人的四方迁移，蛇崇拜和相关传说也广布于我国的福建、台湾，以及琉球、日本等地。《隋书·东夷传·流求①国》载："（流求）妇人以墨黥手，为虫蛇之文。"台湾高山族先民据称主要来自闽越地区的古越族，他们喜好蛇样文身的习俗似乎也是越人崇蛇的遗俗②。今福建北部地区原本也属于越国境内，本已有蛇崇拜，越人南迁以后，蛇崇拜传播得更加广泛，以至于福建分布着不少与蛇有关的宫观，比如福建中部各地所建的蟒天洞主庙与九使庙就是专门奉祀蛇王的。相传，莽天洞主与其子巡游民间，常常出手惩治那些为害人间的山精水怪，被闽中民众视为保护神。明《榕荫新检》引《晋安逸志》载：

> 唐僖宗时，福清黄檗山有巨蟒为祟，邑人刘孙礼妹三娘，姿色妖艳，蟒入摄洞中为妻，孙礼不胜愤恚，必死之。遂弃家远游，得遇异人，授以驱雷秘法，归与蟒斗，是时，其妹已生十一子，孙礼杀其八，妹奔出再拜，为蟒请命，孙

---

① 流求即琉球。
② 王元鹿：《汉字中的符号之美》，文汇出版社 2015 年版，第 155 页。

礼乃止，其后三子为神，曰：九使、十使、十一使，闽中往往立庙祀之。

漳湖镇蛇王庙信众在每年七月初七举行盛大的"游蛇节"，表达他们对蛇王的崇敬之情。当地民众在农历六月就开始大量捕捉蛇类，将其献祭到蛇王庙正中的黑色瓮中，并由专人精心饲养。七月初七早晨，村民聚集在蛇王庙前，抬着神轿组成长蛇阵巡游，参加巡游的人还从瓮里取出蛇，缠绕在自己的胳膊上、腰间。巡游队伍所到之处，民众都手持香火相迎，以祈求五谷丰登、健康平安。巡游结束后，村民们汇集到闽江边将蛇放入江中，让它们回归自然。

江南地区先民将蛇作为海（水）神来崇拜的习俗在中华文化中影响甚远，比如《山海经》中的四海渚之神基本都表现为耳挂蛇、脚踏蛇的面貌，又如晋以前很多文献都记录了伏羲、女娲等创世大神为人首蛇身的样貌：

> 传言女娲人头蛇身，一日七十化。（王逸注《楚辞·天问》）
>
> 伏羲鳞身，女娲蛇躯。鸿荒朴略，厥状睢盱。（王延寿《鲁灵光殿赋》）
>
> 或云二皇，人首蛇形。神化七十，何德之灵。（曹植《女娲赞》）
>
> 庖牺氏、女娲氏、神农氏、夏后氏，蛇身人面，牛首虎鼻：此有非人之状，而有大圣之德。（《列子·黄帝篇》）
>
> 太昊帝庖牺氏，风姓也。蛇身人首，有圣德，都陈。

（《帝王世纪第一》）

女娲氏，亦风姓也，作笙簧，亦蛇身人首，一曰女希，是为女皇。（《帝王世纪第一》）

又见一神，蛇身人面，禹因与语。神即示禹八卦之图，列于金版之上。又有八神侍侧。禹曰："华胥生圣子，是汝耶？"答曰："华胥是九河神女，以生余也。"乃探玉简授禹，长一尺二寸，以合十二时之数，使度量天地。禹即执持此简，以平定水土。蛇身之神，即羲皇也。（《拾遗记》）

伏羲龙身，女娲蛇躯。（《文选·鲁灵光殿赋》注引《玄中记》）

著名神话学家闻一多先生曾讲过："我们疑心创造人首蛇身型始祖的蓝本，便是断发文身的野蛮人自身，当初人要据图腾的模样来改造自己，那是我们所谓'人的拟兽化'。"[1]

作为海（水）神的蛇，后来发展为龙。《汉书·地理志》载："今之苍梧、郁林、合浦、交趾、九真、南海、日南，皆粤分也。其君禹后，帝少康之庶子云，封于会稽，文身断发，以避蛟龙之害。"应劭注曰："常在水中，故断其发，文其身，以象龙子，故不见伤害也。"蛟龙为龙属，相传因其眉交生，才被称为"蛟龙"。蛟龙之外，还有不少如应龙、虬龙、螭龙等似龙非龙的类龙神物，这些类龙信仰在江南地区也曾存在，如《楚辞·大招》载：

---

[1]　闻一多：《死水·神话与诗》，贵州教育出版社 2014 年版，第 101 页。

魂乎归来!

无东无西,无南无北只。

东有大海,溺水浟浟只。

螭龙并流,上下悠悠只。

雾雨淫淫,白皓胶只。

魂乎无东!汤谷寂寥只。

魂乎无南……

螭龙即为无角龙。《大招》中的这一段说明当时民众认为螭龙居于东海,可能为东海之神。后世将蛟、螭等类龙作为海(水)神来崇拜的民俗心理,与汉以后传入我国的佛教中的龙王崇拜等相结合,形成了四海龙王信仰。

此外,江南不少地方的渔民还将海豚、鲸鱼等当作海神来崇拜。如浙江象山石浦港的渔民就将海豚当作海灵,在每年春天海豚成群结队地从石浦港东北的铜瓦门水道涌入石浦港时,渔民们就在岸上燃放香烛祭拜,祈求捕鱼顺利。舟山沈家门的渔民将鲸鱼作为鱼神,称为"乌耕将军"。每年立夏时节鱼汛期间,鲸鱼追赶海豚横渡舟山海峡时也会出现大量鱼群,渔民们便敲锣打鼓焚香祭拜。沈家门渔民还将大海龟和大海鱼当作鱼神,在海上捕鱼时,渔民一旦遇到大海龟或大海鱼,就会举行叩拜仪式,包括向海中撒米粒等,以求鱼神护佑。

(二)半人半兽形态的海(水)神崇拜及其神话

大约在原始社会中晚期,随着先民体力和智力的进一步提升,他们逐渐意识到人类比动物能力更强,本领更大,应该比动物更尊贵，所以，先民崇拜的对象逐渐从动物转移到人。这种崇拜观念的转移是先民试图掌握自身命运的体现，海（水）神的形态由此发生了转变，最终形态是人形。但海（水）神从动物形态到人形的转变经历了漫长的过程，是逐渐变化的，从动物形态先转到半人半动物的形态，最后才转变为人形。

先秦时期的不少文献都记录了半人半兽的海（水）神神话，比如《山海经》中的四海渚之神：

> 东海之渚中，有神，人面鸟身，珥两黄蛇，践两黄蛇，名曰禺䝞。黄帝生禺䝞，禺䝞生禺京。禺京处北海，禺䝞处东海，是惟海神。（《山海经·大荒东经》）
>
> 南海渚中有神，人面，珥两青蛇，践两赤蛇，曰不廷胡余。（《山海经·大荒南经》）
>
> 西海渚中，有神，人面鸟身，珥两青蛇，践两赤蛇，名曰弇兹。（《山海经·大荒西经》）

此外，根据文献记录，治水之神鲧禹父子有时也幻化为动物，相关叙事可以视为半人半兽形态的海（水）神神话的遗存：

> 昔者鲧违帝命，殛之于羽山，化为黄熊，以入于羽渊。（《国语·晋语八》）
>
> 禹治鸿水，通轘辕山，化为熊。谓涂山氏曰："欲饷，闻鼓声乃来。"禹跳石，误中鼓。涂山氏往，见禹方作熊，惭而去。至嵩高山下化为石，方生启。禹曰："归我子！"石破北方而启生。（《汉书·武帝纪》颜师古注引《淮南子》）

鲧违背天帝的命令偷盗息壤以治理洪水，被天帝派人处死在羽山。鲧的尸体化为黄熊进入羽渊。而大禹治水时，为了开山而化为熊。之前大禹曾与妻子涂山氏约定听到鼓声再去送饭。未料一块小石头无意间击中了鼓面，敲响了鼓。涂山氏匆匆忙忙去送饭时目睹了熊形态的丈夫后被吓跑，一直跑到嵩山脚下化为一块石头。此时，涂山氏已怀有身孕。大禹一路追来，对妻子化成的石头说："把儿子还给我！"石头向北方裂开，生出了启，也就是夏朝的第一位君主。

良渚文化最具代表性的饰纹——"神人兽面纹"就是江南地区半人半兽形态的海（水）神信仰的代表。神兽人面纹在良渚文化各时期的各种玉器（如玉琮、玉钺、玉梳、玉柱）上随处可见，异常集中。完整的神兽人面纹最早于1986年在余杭良渚反

图1-6　良渚神兽人面纹①

① 引自孙荣华：《良渚文化神人兽面纹探秘》，《中华文化画报》2012年第7期。

山墓地 12 号大墓中被发现，如图 1-6 所示。神人兽面纹可以分为上下两部分，上部为头戴冠的人面，下部为兽面，有着硕大的眼、人形的鼻子、人形的嘴巴，以及长獠牙。很多学者都认为人面所戴的冠为羽冠，据此得出此纹为鸟崇拜象征的结论。但我们也必须注意到兽面中的大部分纹路为代表水的涡纹，而神人兽面纹是典型的兽与人结合的面貌，联系到海（水）神崇拜的发展史，本书认为该纹饰可以视作江南地区半人半兽形海（水）神崇拜的代表。

上述这种判断并不是草率给出的，而是基于良渚先民的生活环境。以良渚古城为例。位于浙江省杭州市城北 18 公里处的瓶窑镇上有一处良渚文化时期遗留下来的古城遗址，总面积约有 290 万平方米，被称为良渚古城。良渚古城较为完整地保留了古城的形态，其中不仅有级差式的人居聚落——中心聚落、次中心聚落、普通聚落，还有祭坛墓地以及防护工程。尤其值得注意的是护城河与拥有 6 座水门的城墙。如果这座古城在中原地区，那我们毫无疑问地会认为护城河的功能就是防护，但这座护城河位于水道纵横的江南地区，其功能就值得思索了。良渚古城护城河与古城周围的水系紧密结合在一起，如图 1-7 所示。

从图 1-7 来看，护城河所环绕的地区（实际上也是城墙所环绕的内城）有两种重要建筑：一是贵族甚至是王族所居住的莫角山建筑群，二是反山墓葬区等宗教性和礼制性建筑。也就是说，除了贵族之外，与祖先崇拜、神灵信仰有关的区域也是需要特别保护的，所以包括 6 座水门的城墙与护城河的一重功能是分割区域与防护。

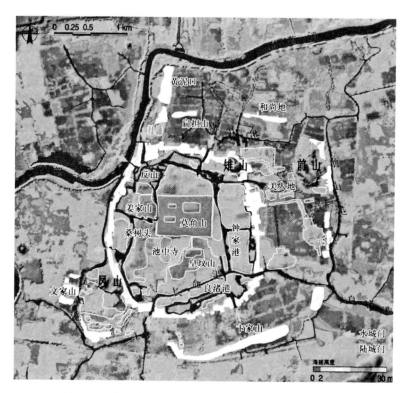

图 1-7　良渚古城三重结构、重要地台和水系分布图①

当代良渚古城遗址公园借助了新手段和新理念复原了良渚先民的生活场景，但由于地理环境变迁过大，现代人无法体会当时先民与水的那样一种密不可分的关系。城内的建筑群都位于台地上，也就是用土堆成的高台之上，而台地之外除了水域，即使是那些覆盖着绿色植物的地方也大多是沼泽地。而城外的民众也居住在台地上。台地与台地之间、城内与城外之间的交通都要依靠船。当代复原的良渚古城遗址有 6 个水门，但有学者猜测"当年

① 良渚博物院、良渚研究院组编：《良渚》，东南大学出版社 2020 年版，第 6 页。

良渚的自然环境是个水世界：良渚古城的八个城门全部都是水门，没有一个陆地的门。也就是说，当时良渚人出行，基本靠舟船，考古队员不仅发现有独木舟，还有人工码头——在河岸边，有大型的板桩构造，形成了人工的垂直河岸。这样，船只便可以直接靠泊在岸边"[1]。这是护城河与水门城墙的水上交通功能。此外，护城河与水门城墙还有蓄水、排水等其他功能。

在这种与水密不可分的生活环境中，良渚先民对水的仰赖应该超过任何一种力量，因而水神也应该是他们最崇信的神灵。当时已是原始社会中晚期，先民对人类自身的力量已经有了较多的了解，产生了人类应该优于动物的想法，所以良渚先民创造出半人半兽的水神加以崇拜，其代表形象就是神人兽面。这种对半人半兽水神的崇拜在当时可能达到一种极致：其形象出现在众多器物上。

（三）人形海（水）神崇拜及其神话

到了原始社会晚期，人形海（水）神逐渐成为江南地区的海（水）神崇拜及其神话中的主角，以防风氏为代表的治水英雄崇拜及其神话是其中的重要内容。

防风氏信仰的产生与良渚文化在江南地区的消失有关。防风氏是江南地区良渚后期的重要氏族，其生活中心在今浙江省湖州市德清县。防风氏族曾经很强大，应该做过良渚氏族联盟的首领。防风氏强大时期也是良渚先民常遭受洪水袭扰之时，因此防风氏族担负起了在江南治水的重任。

---

[1]　陈志坚：《州枕青山县枕湖——杭州城址变迁史话》，杭州出版社 2014 年版，第15—16 页。

公元前3000年左右，良渚文化所在的太湖流域发生过长时间、大规模的海水入侵。太湖流域原本平静的河道开始泛滥，并且此起彼伏，造成了大面积的水灾。良渚先民所生活的陆地一再缩小，更严重的是长时间的海水入侵导致了太湖流域的淡水变咸，甚至深井中的地下水也无法再饮用了。最后，良渚先民不得已迁移他处，从而导致了良渚文化在江南地区的消失。关于良渚文化的消失，有学者提出是战争导致的，但本书认为海侵导致的饮用水咸化的可能性更大。当然，从海水入侵导致河道泛滥，到最终逼走良渚先民，这中间应该经历过数百年。良渚先民曾经想方设法堵截和治理过入侵的海潮，对抗过饮用水咸化，也取得了不少经验，涌现出许多英雄，防风氏便是其中之一。

防风氏是防风氏族的首领，其外貌没有什么奇特之处，只是身高异于常人，是中华神话中的著名巨人。《国语·鲁语下》是目前所能见到的记录防风氏神话的最早文献：

> 吴伐越，堕会稽，获骨焉，节专车。吴子使来好聘，且问之仲尼曰："无以吾命。"宾发币于大夫，及仲尼，仲尼爵之。既彻俎而宴，客执骨而问曰："敢问骨何为大？"仲尼曰："丘闻之：昔禹致群神于会稽之山，防风氏后至，禹杀而戮之，其骨节专车。此为大矣。"客曰："敢问谁守为神？"仲尼曰："山川之灵，足以纪纲天下者，其守为神；社稷之守者，为公侯。皆属于王者。"客曰："防风何守也？"仲尼曰："汪芒氏之君也，守封、嵎之山者也，为漆姓。在虞、夏、商为汪芒氏，于周为长狄，今为大人。"客曰："人长之极几何？"仲尼曰："僬侥氏长三尺，短之至也。长者不过十

之，数之极也。"

吴伐越，占领会稽后获得巨大的骨头，一节就能装满一车。孔子答道："我听说，从前大禹召集各部族首领到会稽山集会，防风氏首领迟到了，于是大禹下令杀了他，他的一节骨头就有一辆车那么大。"孔子又解释说："防风氏是上古汪芒氏的君主，守护封嵎山，姓漆。舜、夏、商时叫汪芒氏，到了周时称为长狄，如今是一种身材高大的人。"

《国语·鲁语下》的叙事基本围绕着两个中心展开：一、大禹召集各地首领聚会，防风氏首领因迟到被斩杀；二、防风氏很高大。此后中原地区的不少文献都延续这两个叙事重点传承防风氏神话，如《韩非子·饰邪》中有"禹朝诸侯之君会稽之上，防风之君后至，而禹斩之"。司马迁的《史记》和刘向的《说苑·辨物》中完整收录了《国语》中关于防风氏的记录。赵晔的《吴越春秋·越王无余外传》转述了防风氏迟到被斩之事："禹三年服毕，哀民不得已，即天子之位。三载考功，五年政定，周行天下，归还大越。登茅山以朝四方群臣，观示中州诸侯。防风后至，斩以示众，示天下悉属禹也。"张衡在《思玄赋》中写道："朝吾行于汤谷兮，从伯禹乎稽山。嘉群神之执玉兮，疾防风之食言。"王充《论衡·语增》曾以防风氏身躯的高大为论据，"夫以千钟百牛，百觚十羊言之，文王之身如防风之君，孔子之体如长狄之人乃能堪之。"许慎《说文解字》注"嵎"说："嵎，封嵎之山也。在吴楚之间汪芒之国。"关于汪芒，在注"郹"时又有："郹，北方长狄国也。在夏为防风氏，在殷为汪茫氏。"

但在江南本地流传的神话中，防风氏的形象很不相同：

远古时候，封山上住着一个防风，防风有九九八十一个弟兄。那辰光天崩地裂，洪水泛滥，防风就挖了山洞，把弟兄移在山洞里。又伸手到天上挖来青泥，在一片低地上推成一座座大山。接着用脚踏出大块低地。防风是一个顶天立地的巨人。他的脚印大得野豁豁，深得吓煞人！……防风又看看地形，再用脚踏出一条条深沟，把洪水统统氽到低地里去。这块低地就是现在的太湖。治好了一方的洪水，防风名气也大了。[①]

尧王的时候开头天下太平，后来共工撞断了不周山，天下就遭灾了。天，哗地一下发起了大洪水。地，浑浑沌沌的，勿晓得沉到了啥地方。只有白茫茫的洪水荡来荡去，急溜溜的不周风吹呀吹的。洪水荡来荡去，荡出了一只玄龟，不周风吹呀吹的，吹出了一个防风。防风和玄龟就交了朋友。防风匹长匹参的，长得就要碰着天了。他看看脚底下全是白茫茫的洪水，看看头顶上全是青稀稀的青泥，稀奇煞了，就举起手来一摸。只听嗖地一声，落下来一点点灰尘。那灰尘一到地面就变成了一座巨大巨大的大山。尧王高兴煞了，把它封给了防风，防风就把它叫做封山。[②]

上述两段引文出自流传于浙江省湖州市德清县的防风与大禹治水神话。从所引内容来看，防风氏是江南地区的治水英雄，他的功绩和能力甚至超越了鲧禹，比如在第一则《大禹找防风》神

① 《大禹找防风》，《中国民间文学集成·浙江省湖州市德清县故事歌谣谚语卷》，浙江省民间文学办公室 1990 年版，第 21 页。

② 《尧封防风国》，载《中国民间文学集成·浙江省湖州市德清县故事歌谣谚语卷》，浙江省民间文学办公室 1990 年版，第 19 页。

话中，防风氏治水时不需要讲究任何方式方法，仅仅利用自己的身高优势就用脚踩出了水渠，将洪水引流。在第二则《尧封防风国》神话中，洪水淹没大地的时候，巨人防风氏摸了摸头顶上的青泥，掉下来的灰尘就变成了巨大的封山，成为天地间难得的一块陆地。

可见，防风氏是江南民众心目中的治水英雄，为平定江南的水患做出了巨大贡献。

第二章
江南地区海洋实践与
海洋神话发展史概述

　　进入文明时代以后，江南地区海（水）神信仰逐步分化，专司海洋与司江河湖泊的神祇有了比较清晰的职司与信仰范围。但是由于海洋本身就与江河湖泊相通，而且民众在祈求神祇护佑的时候，分得也并不那么清晰，所以海神有时会兼职江河湖泊之神，江河湖泊之神有时也会兼职海神。这是我们在探讨海洋崇拜及其相关神话时必须厘清的。海洋崇拜及其神话的发展与多种因素有关，如地理环境、民众心理，但其中最重要的应该是人类在开拓海洋的过程中产生的客观需要。如因为航海技术不发达常常遭遇海难而产生的对护航神的仰赖，因对海底环境不了解而产生的触礁恐惧激发了对礁神的崇拜等。纵观夏朝以后江南地区海洋崇拜及其神话的发展历史，其中最重要的变化可能是海神的"人神化"。

一、先秦时期江南民众的
海洋实践与海洋神话

　　吴国是江南地区历史上崛起的第一个强国。根据《左传》《国语》《穆天子传》《韩诗外传》《史记》《论衡》《吴越春秋》等文献的记录，周太王的大儿子泰伯（也称"太伯"）和二儿子仲雍为了让贤给三弟季历，主动逃往南方荆蛮之地，并"文身断发，示不可用，以避季历"。逃到南方的泰伯在当地自立为王，号"勾吴"，也称"工吴""天吴"等。因为他道德高尚，立国初来归附的当地人就有 1 000 多户。吴国的中心前期在梅里，到西周时期转移到太湖平原，并日渐强大。吴王寿梦时期，吴国的国力开始强盛，至阖闾、夫差时期，国力达到鼎盛，吴国成为春秋中后期强大的诸侯国之一，后被越国吞并；越国是江南地区崛起的第二个强国。根据《史记》《吴越春秋》等文献的记载，初代越王为夏王少康之庶子无余。因奉命为其祖大禹守陵，无余一支迁居江南，以今浙江绍兴大禹陵为中心居住，逐渐壮大并自立为王，号"於越"。越王允常时与吴国发生矛盾，开始相互攻伐，最终允常之子勾践灭吴。勾践由此成为春秋时期最后一位霸主。公元前 333 年，越王无疆在北上伐齐、攻楚途中身亡，越国自此分崩离析，东越国、闽越国皆为越王后代所建。

　　先秦时期的江南先民长期生活于江河湖海之中，主要的交通工具是舟楫，正所谓"水行而山处，以船为车，以楫为马，往若飘风，去则难从"。（《越绝书·外传记地传》）江南先民擅舟楫的特长也早已为中原地区所知，"汤武，圣主也，而不能与越人乘干舟而浮于江湖"。（《淮南子·主术训》）高诱注解"干舟"说："小船也，危险。越人习水自能乘之，故汤武不能也。"由于长期生活于江河湖海之间，江南先民的水性与行船技术都很好，他们乘坐的小船即使是圣明的汤武也乘坐不了。长期的水上生活使江南先民练就了高超的造船技艺，《艺文类聚》卷七十一引《周书》记录了周成王时期"於越献舟"之事，说明江南地区造船技术发达，船舶质量很好，所遗之船成为献给天子的礼物。勾践时期，越国设有专门管理造船的官署和场所，"舟室者，勾践船宫也，去县五十里"。（《越绝书·外传记地传》）如此高超的造船技术自然也应用在军事中，无论是吴国还是越国，其水军之强大都是当时罕见的。我国最早的海战就发生于吴国崛起之时。公元前485年，吴国联合鲁国进攻齐国的战争中就包括海战，由吴国大将徐承率领战舰从海上发起对齐国的进攻。

先秦时期关于海神的记录在文献中留存很少，大多数都是泛泛地谈自然神，如《礼记·祭法》云："山林、川谷、丘陵，能出云，为风雨，见怪物，皆曰神。有天下者祭百神。"《礼记·月令》说："天子命有司祈祀四海、大川、名源、渊泽、井泉。"而当时的江南先民在长期的海洋生产生活和军事实践中对于东海的范围、方位等有了进一步的了解，如："无余初封大越，都秦余望南，千有余岁而至勾践。勾践徙治山北，引属东海，内、外越别封削焉。"（《越绝书·外传记地传》）"禹穴之时，以铜为兵，以凿伊阙，通龙门，决江导河，东注于东海，天下通平，治为宫室，岂非圣主之力哉！"（《越绝书·外传记宝剑》）"勾践伐吴，霸关东，从琅琊起观台。台周七里，以望东海，死士八千人，戈船三百艘。"（《越绝书·外传记地传》）江南先民因此也创造了代表东海形象的"东海之神"。

《山海经》中的东海神神话有着较为原始的面貌。《大荒东经》载："东海之渚中，有神，人面鸟身，珥两黄蛇，践两黄蛇，名曰禺䝞。黄帝生禺䝞，禺䝞生禺京。禺京处北海，禺䝞处东海，是惟海神。"与北海神、南海神、西海神相比，东海神的地位显然更高一些。第一，他被安排为黄帝的儿子，出身更高贵。第二，他被安排为北海神的父亲，一家占据了两个海神职位，力量更强大。当然，《山海经》中的东海神形象是带有原始信仰特征的半人半兽形态。进入文明社会，东海神崇拜及其神话有了进一步发展，或者说另起炉灶了。《太公金匮》载：东海之神曰勾芒，南海之神曰祝融，西海之神曰蓐收，北海之神曰玄冥。《山海经》中的禺䝞还不是正式的东海神，仅仅是东海中一座岛上的神，即东海之渚之神。到了这时，已经有明确的"东海之神"的称呼了，这位神还有了名字。

从东海之渚之神到东海

图2-1　禺䝞像（清　汪绂《山海经存》插图）

之神，这中间的变化不仅是字面上的，还反映了江南先民基于海洋实践的海洋认知的变化。"东海之神"概念的诞生标志着先民对东海的位置和范围已经有了整体认知，而不仅仅是基于方位的"东边的海"的意思。不论当时东海的范围与今日之东海有多少差别，但基于海洋探索与生产实践，先民已经有了清晰的东海认知，这是非常有意义的。

二、秦汉至南北朝时期江南民众的海洋实践与海洋神话

秦并六国以后，包括江南地区在内的整个中华的海洋文化都有了极大的发展。一方面，秦王朝的统一使南北海疆成为一个整体，包括江南地区港口在内的各口岸都有了交流的机会；另一方面，江南与齐鲁等曾在海上有优势的地区长期积累的技术和经验在统一的王朝得到了整合发展。秦汉时期，中华对外交流史上不得不提的一个重要事件是徐福（市）东渡："齐人徐市等上书，言海中有三神山，名曰蓬莱、方丈、瀛洲，仙人居之。请得斋戒，与童男女求之。于是遣徐市发童男女数千人，入海求仙人。"（《史记·秦始皇本纪》）徐福东渡可能是中国历史上最早的外海航行记录，这次伟大的航海壮举把先进的技术带到了海外，带动了所到之地的发展，并传播了中华文化，有重要的历史意义。有传说认为，徐福东渡的启航地就在江南地区，比如江苏的连云港，浙江的慈溪、岱山等地。当然，本书无意探究历史上徐福东

渡的真正启航地，关注的仅是神话传说透露出来的徐福启航地认同。被神话传说认作徐福启航地的连云港、慈溪、岱山等都是江南地区历史上海洋文化发达之地，形成了重要港口，有成为徐福启航地的可能。这样借助神话传说表达的认同，反映了秦朝江南先民海洋实践的丰富性。

到了三国，江南地区又崛起了东吴这样一个海上强国。东吴时期是江南先民海洋实践的大发展时期，进入了大规模航海时代。当然，东吴航海实践的发展与其所处的地理位置也有一定关系，北有魏国，西有蜀国，都是强国，东吴扩张的野心只能向东边的大海转移，因此掀起了大规模的航海活动。当时东吴建了多所造船基地，如今天浙江温州的横屿船屯，今天福建福州的温麻船屯等。这些船厂为东吴民众的大规模航海提供了各式海船，正如左思《吴都赋》云："弘舸连舳，巨舰接舻，飞云盖海，制非常模。"在这种优越的造船条件的支持下，东吴船队的足迹不仅遍及中国南北，甚至抵达今天的越南、柬埔寨、泰国、缅甸，以及印度的恒河口附近。公元230年，东吴将军卫温、诸葛直曾率领约万名士兵寻访夷州和亶州。这支海军成功地跨越了台湾海峡，到达了传说中的夷州，也就是今天的台湾，"得夷州数千人还"。这可能是有史书记载的大陆与台湾之间的第一次通航。东吴船队的远航虽然带有明显的政治和军事意图，但依然从客观上推动了航路的开辟和航海技术的提高，在江南民众的航海实践史上留下了辉煌的一页。

在国家组织的海洋探索实践之外，江南民间的海洋生产也有了很大发展。上海简称之一"沪"就源于晋时的渔业生产。"沪"本写作"扈"，意思是一种捕鱼工具。上海现存最早的地方志

《云间志》引陆鲁望《〈渔具诗〉序》曰："列竹于海澨曰沪,吴之沪渎是也。"此种捕鱼方式大致是这样:将连成一排的短竹竿插在海滩上。涨潮时,海潮带着鱼虾冲上岸,退潮时,大一些的鱼虾就被竹竿阻拦在沙滩上。在古吴淞江下游入海口的水道附近,有大量渔民借助这种方式捕鱼,该水道因此被称为"沪水""沪海"或者"沪渎"。《云间志》引《吴郡记》说:"松江东泻海曰沪海,亦谓之沪渎。"

在上述这些海洋实践中,江南先民与海洋的关系越来越紧密,他们创造的海洋崇拜及其神话也越来越多。在此时期,江南民众信仰的海神发生了很多新变化:第一,随着先民与海洋关系的密切,海神也更加贴近民间生活,越发世俗化;第二,由于民众的需要越来越具体,他们也创造出了职司非常具体的单一职能海神;第三,江南海神信仰中还出现了人死而为鬼的"人神化"现象。

（一）四海神神话

汉朝以后,江南先民信仰的海神日趋世俗化。以东海海神为例,他不仅有了像人一样的名字,还娶了妻子。"东海海神姓冯,名修青;夫人姓朱,名隐娥。"(《龙鱼河图》)晋朝,四海海神还发展出了各自的庞大家族,如同人间的家族那样。《搜神记》卷四载:

> 文王以太公望为灌坛令。期年,风不鸣条。文王梦一妇人,甚丽,当道而哭。问其故,曰:"吾泰山之女,嫁为东海妇。欲归,今为灌坛令当道有德,废我行。我行必有大风

疾雨。大风疾雨，是毁其德也。"文王觉，召太公问之。是日果有疾风暴雨，从太公邑外而过。文王乃拜太公为大司马。

《搜神记》还载："陈节访诸神，东海君以织成青襦一领遗之。"这些记录说明此时期江南地区的海神信仰可能已有了较为清晰的谱系。

在汉朝，东海海神祭典还与其他海神祭典一起进入国家祀典。我国在先秦时期就出现了祭海仪式，正如《礼记·学记》所载："三王之祭川也，皆先河而后海，或源也，或委也。"河、海都是威力广大的存在，不仅能润泽万物，还有着潜在的危险，因此要以天子的名义举行国家祭祀，安抚河海，祈求平安。汉朝形成了修建宫庙、定期祭祀的祠祀海神制度。《汉书·郊祀志》记载说："（宣帝神爵元年）制诏太常：夫江、海、百川之大者也，今阙焉无祠。其令祠官以礼为岁事，以四时祠江、海、洛水，祈为天下丰年焉。"此后，我国开始了对四海海神的正式而有规律的官方祭祀。

（二）捍海神霍光神话

从文献来看，汉朝已经出现了比较成熟的单一职能海神。单一职能海神是相对于全能海神而言的，它们仅负责一方面的职司，如涛神、船神、网神等。梁简文帝在《船神记》中提到的"船神名冯耳"就是此时期的单一职能海神。捍海神霍光也是。

宋绍熙《云间志》引《吴越备史》载：

图 2-2　霍光像（明《新刻历代
圣贤像赞》插图）

大将军霍光，自汉室既衰，旧庙亦毁。一日吴主皓染疾甚，忽于宫廷附黄门小竖曰："国主封华亭谷极东南，有金山咸塘，风激重潮，海水为害，非人力所能防。金山北古之海盐县，一旦陷没为湖，无大神力护也。臣汉之功臣霍光也，臣部党有力，可立庙于咸塘，臣当统部属以镇之。"遂立庙，岁以祀之。宣和二年赐显忠庙，五年封忠烈公。建炎三年，辛道宗领舟师，由海道护行在所，奏加封忠烈顺济，且赐缗钱，以新庙貌。四年，加封昭应。

汉将霍光被当作上海金山地区的捍海神，主要职能在于捍卫海塘。上文的忠烈昭应庙即捍海神庙在上海金山，主祀之神为西汉大将军霍光。霍光信仰可能产生于三国时期。金山位于杭州湾北岸，这一带的海岸线在历史上经历了不断的内坍，目前在浅海下的土地与三座相邻的小岛——大金山岛、小金山岛、浮山岛都曾是陆地。大约从东晋开始，杭州湾北岸成为海潮频繁侵袭之地，房屋倒塌、田地淹没，人力无法抗拒，捍海神霍光的信仰就在这种背景下产生了。清朝汪巽东的《云间百咏》为竹枝词作品，其中一首写道："报功崇阙祀将圯，昭应金山庙更荒。可忆迢迢一千载，只凭神力护咸塘。"作者解释说："吴主皓疾，神附小黄门曰：国主封界有海患，非人力所能防。臣汉功臣霍光，可立庙于咸塘以镇之。遂立庙。后废，土人各祀于家，号金山神主，今建在朱泾东惠民桥。"自大金山沦海后，民众来往金山神庙不便，庙宇因此废弃。但捍海神霍光信仰并未就此消歇，其神像被民众供奉在家中，成为金山地区的保护神，人称"金山神主"。甚至金山以外的上海民众也将他作为守护神来崇拜，纷纷造起了金山庙奉祀。今上海城隍庙的前身本是金山庙，又称霍光行祠（意思是金山祖庙的分庙），明朝才改为城隍庙，但至今仍供奉着霍光神像。上海民众认为，霍光与明朝被封为上海城隍神的秦裕伯同有护佑地方之能。这是海神转为地方保护神的案例。

（三）潮神伍子胥神话

海神的"人神化"最早发生于汉朝。"人神化"与前文提到的海神由动物形态发展为人形的"人形化"不同，"人形化"虽然代表着先民对于人类优越性的初步认知，但这种认知是比较朦胧的，他们崇拜的神依然是自然力量的代表，仅具有人形而已。但"人神化"却代表着先民掌握自身命运的意识真正觉醒，此后产生的掌控江河湖海的人形神其实就是人类的代表，如东晋葛洪的《枕中书》提道"屈原为海伯，统领八海"，又如著名的伍子胥信仰。

伍子胥信仰是江南地区特有的一种单一职能的海神信仰。伍子胥本为楚人，其父兄被楚王冤杀后，伍子胥立志报仇并投奔吴

国，最终带领吴兵大败楚国。后来吴国又打败了越国，越王勾践作为人质被扣留在吴国。伍子胥建议杀掉勾践，吴王没有采纳，后来释放了勾践。此后，伍子胥多次规劝吴王对越国用兵，惹恼了吴王。在奸佞的挑拨下，吴王赐伍子胥宝剑自尽，其尸体后来被投入钱塘江中，成为潮神。

潮神伍子胥信仰起于汉朝。《史记·伍子胥列传》载："吴王闻之大怒，乃取子

图 2-3 伍子胥像（明《新刻历代圣贤像赞》插图）

胥尸盛以鸱夷革，浮之江中。吴人怜之，为立祠于江上，因命胥山。"大约在伍子胥死后不久，吴人就为伍子胥建起了祠庙，伍子胥信仰就此产生。到了汉朝，这种信仰已广泛流传，江南不少地方都建起了伍子胥庙、伍君庙、伍相庙、伍员庙等，并将伍子胥信仰与涛神信仰联系起来。

《越绝书》与《吴越春秋》集中记录了潮神伍子胥神话。《越绝书》载："胥死之后……王使人捐于大江口。勇士执之，乃有遗响，发愤驰骋，气若奔马，威凌万物，归神大海。仿佛之间，音兆常在。后世称述，盖子胥，水仙也。"这里的"水仙"即水神，但从记录内容来看，实际上指向的是江潮之神。《论衡·书虚》记录说，时人认为其灵有操纵江涛之能，为涛神：

传书言：吴王夫差杀伍子胥，煮之于镬，乃以鸱夷橐投之于江。子胥恚恨，驱水为涛，以溺杀人。今时会稽丹徒大江、钱塘浙江，皆立子胥之庙。盖欲慰其恨心，止其猛涛也。夫言吴王杀子胥，投之于江，实也；言其恨恚驱水为涛者，虚也。屈原怀恨，自投湘江，湘江不为涛；申徒狄蹈河而死，河水不为涛。世人必曰："屈原、申徒狄不能勇猛，力怒不如子胥。"

（四）潮神曹娥与岱石王神话

相传，钱塘江潮在农历五月五日最为凶猛，不少江南民众选择在端午节祭祀潮神伍子胥。在伍子胥信仰与端午节俗结合的过程中，还产生了潮神曹娥信仰。曹娥为东汉时期的浙江上虞人，也是著名的孝女。根据《后汉书》卷八十四《孝女曹娥传》、汉末邯郸淳的《曹娥碑》等相关文献的记录，曹娥的父亲曹盱是一位巫祝。汉安二年（143年）农历五月初五，在江上举行迎潮神活动时，曹盱不幸溺水而亡，且死不见尸。当时曹娥只有14岁，她沿江号哭七日，投江而死，数天后与其父的尸体一起浮出水面。当地民众为了纪念其孝行而为她立祠。在这些记录中，本书关注曹娥的牺牲和成神，认为它与江南地区端午节迎潮神伍子胥的仪式相关。《曹娥碑》载："孝女曹娥者，上虞曹盱之女也。其先与周同祖，末胄景沉，爰来适居。盱能抚节案歌，婆娑乐神。以汉安二年五月，时迎伍君，逆涛而上，为水所淹，不得其尸。"《世说新语·捷悟》引《会稽典录》也载："孝女曹娥者，上虞人。父盱。能抚节按歌，婆娑乐神。汉安二年，迎伍君神，溯涛而上，为水所淹，不得其尸。"后来，有民间传说将曹娥视为伍子胥之女，并将二神同视为潮神。

图2-4 孝女曹娥像（清《历代名媛图说》插图）

潮神伍子胥信仰主要在江苏的苏州、浙江的嘉兴等地流行，而在浙江台州地区则流行着另外一种潮神信仰——岱石王信仰。岱石王信仰大约产生于南朝刘宋时期。岱石王生前为浙江金华人，喜欢到处旅游，最后死在大石山上。他死后，暴雨闪电，山石剥落，形成高百余丈、宛若人形的巨石。黄岩民众认为这是神显灵，便上奏朝廷，将他敕封为岱石王，并立庙奉祀。相传，岱石王曾与钱塘潮神伍子胥争势，并分得了钱塘江的三分潮。清朝光绪年间的岱山庙北还有比较宽阔的河道，潮来时激起高五六尺的惊涛，类似钱塘江潮。《光绪黄岩志》《赤城志·祠庙门》等文献对此有记载。

三、隋唐五代时期江南民众的
海洋实践与海洋神话

从两汉到南北朝，江南地区造船术与航海技术继续发展，大大领先其他地区。为了把先进的造船技术牢牢把控在皇家手中，隋文帝于开皇十八年（598年）下诏："其江南诸州，人间有船长三丈以上，悉括入宫。"到了唐朝，江南地区的造船技术更加发达，《资治通鉴》卷一百九十八《唐纪十四》载："（太宗贞观二十一年）八月戊戌，敕宋州刺史王波利等发江南十二州工人造大船数百艘，欲以征高丽。"隋唐时期江南先民的海洋实践，既有官方以军事和政治为目的的大型航海活动，又有民间海上生产与航海贸易活动，异常丰富。

唐朝的航海技术也有所发展，航海家善于利用季风来驾驶海船，利用日月星辰来确定航行的方位，同时还出现了下钩、以绳结铁等测量海水深度和了解海底情况的方法。随着航海技术的提高，唐朝人开辟了多条对外航线，培育出了中国历史上四大著名港口：扬州港、明州港、广州港、泉州港，其中前两个位于江南。唐帝国不仅保持着与邻近国家和地区的频繁交往，还开辟了远达东非的航线。在这样的大背景下，唐朝的航海贸易进入了繁荣期，其重要标志是市舶使的建立。市舶使是为管理大规模海外贸易而设立的机构，相当于现在的海关。

唐帝国统治结束以后，在江南地区又崛起了一个重要的区域政权——吴越国。吴越国以今杭州为都城，强盛时据有今天的浙江全境、江苏南部、上海、福建东北部等。吴越国祚虽仅有 72 年，但由于一直采取休养生息的政策，社会经济保持了稳定的发展。吴越国主重视农桑、兴修水利，并且注重对外贸易，其所产的纺织品、瓷器等远销朝鲜半岛、日本和西亚。航海贸易是吴越国经济的重要支柱，政府对此保持了积极鼓励和支持的态度与政策，对外国货物实行较低的税率，力保交易的公平合理。

在上述丰富的海洋实践中，隋唐五代时期江南地区的海洋崇拜及其神话得到了大发展。一方面，江南地区两大重要海神信仰——龙王信仰和南海观音信仰在此时期形成；另一方面，职能单一的海神不断被创造出来，海神形象出现了"人格化"特征。

（一）东海海神的祠祀与神话

国家祭典四海神一改过去有仪式无祠庙的状态，开始实行立祠祭祀，这种情况始于隋朝。"隋制……祀四海，东海于会稽县界，南海于南海镇南，并近海立祠。"（《通典》卷四十六）在江南地区的会稽县内设立东海神庙实行国家祭祀。到了唐朝，国家祭祀的东海神祠改在了莱州，"其牲皆用太劳。祀官以当界都督刺史充"。（《通典》卷四十六）天宝十载（751 年），唐朝廷提高了对四海神的重视，为之封王，封东海龙王为广德王。朝廷对四海龙王的敕封促进了海龙王信仰在民间的传播。根据嘉庆《松江府志》的记录，上海地区在唐五代时期就建有通济龙王祠。

（二）南海观音神话与信仰

江南地区重要的海神信仰——普陀山南海观音信仰在隋唐时期初步形成。根据《高丽图经》《宝庆四明志》，以及日本的《元亨释书》等文献记录，唐时，日僧慧锷大师从五台山请了观音像乘船归国，至莲花洋遭遇风浪，无法前行，遂认为观音不肯东渡，于是将观音像留在普陀山供奉，称为"不肯去观音"。此后，普陀山就成为供奉观音的专门道场。当然，普陀山成为南海观音的道场也与海上丝绸之路的发展密切相关，普陀山上的新罗礁、

图 2-5　南海观音像（明《三才图会》插图）

高丽道头等遗迹都证明这里是东亚海上丝绸之路的停泊点和中转站。

（三）潮神伍子胥神话

单一职能的海神大量涌现，人格化特征鲜明。所谓的人格化就是赋予神以人的性格特征。潮神伍子胥的性格特征在此时期发展得更鲜明，如唐末五代的杜光庭在《录异记》中这样记录伍子

胥的传说：

> 钱塘江潮头，昔伍子胥累谏吴王，忤旨赐属镂剑而死。临终诫其子曰："悬吾首于南门，以观越兵来伐吴；以鲮鱼皮裹吾尸，投于江中，吾当朝暮乘潮以观吴之败。"自是自海门山，潮头汹涌，高数百尺，越钱塘，过渔浦，方渐低小，朝暮再来。其声震怒，雷奔电激，闻百余里。时有见子胥乘素车白马，在潮头之中，因立庙以祠焉。

钱塘江潮也称为海宁潮，是浙江杭州湾钱塘江口的涌潮。钱塘江入海口呈喇叭形，起潮时海水受狭窄江岸的束缚形成涌潮，涌潮又受到江口拦门沙坎的阻拦，如此波涛后推前阻，形成竖立江面的巨浪。江南先民除在农历五月初五祭祀伍子胥之外，还将农历八月十八日设为潮神生日，相传这一日钱塘江潮汛最大。潮神有了生日，也是潮神人格化的表现。潮神的人格化发展与唐朝对伍子胥信仰的官方认证相关。狄仁杰持节下江南时，曾禁毁淫祠1 700多座，只留下供奉大禹、泰伯、季札、伍子胥四种神的民间祠庙。唐景福二年（893年），伍子胥被封为"广惠侯"。同样是在唐朝，出现了以复仇报恩为主线的《伍子胥变文》（敦煌），怒气冲冲、具有复仇性格特征的潮神形象越来越清晰。

潮神伍子胥是江南海神家族中的重要成员。五代时期，为了抵御海潮入侵，吴越王修筑了捍海塘。相传捍海塘的修筑遇到了问题，一段海塘屡筑屡塌，吴越王钱镠到供奉伍子胥的胥山祠中祷告，第二天带着500名弓箭手射向潮头，抑制了波涛，捍海塘终于修建成功：

武肃王开平四年八月筑捍海塘，怒涛冲激，版筑不就。表告于天，祷胥山祠，函诗一章置海门云："传语龙王并水府，钱唐借与筑钱城。"因采山阳之竹，造矢三千只，羽以鸿鹭之羽，饰以丹朱，炼钢火之铁为镞，以丙夜三更子时属丁日，上酒三行，祷云："六丁神君，玉女阴神，缪以此丹羽之矢射蛟灭怪，竭海枯渊，千精百怪，勿使妄干，惟愿神君，佐我助我。"明日募强弩五百人，以射潮头。人用六矢，每潮一至，射以一矢。射至五矢，潮乃退。（《吴越备史》）

在潮神伍子胥崇拜的基础上，唐朝还形成了钱塘弄潮习俗。弄潮就是在潮水涌入时游水做戏，《唐语林》《梦粱录》《武林旧事》等文献中都有记录。精通水性的江南民众在观潮之日手持彩旗，迎着潮头在惊涛骇浪中游泳。这些弄潮儿水性高超，弄潮结束上岸以后所持彩旗也不会沾湿，正如宋人潘阆在《酒泉子》中所描述的那样："弄潮儿向潮头立，手把红旗旗不湿。"

（四）地方海神神话涌现

隋唐五代时期也是江南地方海神初步发展时期。这些海神生前都是有功于地方之人，死后被奉为神。

鲍盖是宁波的重要地方海神。早在唐朝明州（即宁波）建州之前，当地就已经有了供奉鲍盖的灵应庙，也称永泰王庙，民间俗称大庙。鲍盖为晋朝明州人，曾任鄮县小吏。鲍盖为官清正廉明，深受民众热爱。相传建兴年间鲍盖负责押运漕粮时在海上遇到风浪，漕船驶入鹿江（今宁波东钱湖高钱村）暂避。当时宁波正闹灾荒，鲍盖见饿殍遍野，心有不忍，便以漕粮赈灾。事后，他因无法交差而投江自尽，其灵被奉为海神。唐以后，关于鲍盖航海显灵的神话传说多起来，鲍盖信仰逐渐发展为海上保护神信仰。宋以后，鲍盖受封为"忠嘉神圣惠济广灵王"。鲍盖信仰在宁波一带广泛传播，根据民国《鄞县通志》的记录，当时供奉鲍盖的祠庙有 68 处①。

江夏侯黄晟为明州地方海神。黄晟生前任明州刺史，因为官清正而深受百姓爱戴。相传，宁波三江口有蛟龙兴风作浪，危害民众，黄晟入江中与蛟龙搏斗，为民除害，此后当地产生了"黄晟三江口斩蛟"神话。后来，黄晟在疏通河水时殉职，被民众立庙供奉。北宋时期，黄晟被敕封为"江夏侯""灵翼饮飞将军忠济王""顺济候"等。作为海神，江夏侯的主要神职是护航。供奉黄晟的庙宇被称为饮飞庙，历史上鄞东、鄞西、奉化与江北等地都曾建饮飞庙。

江南沿海岛屿的海神信仰也得到了一定的发展，产生了较早的岛神，比如洋山大帝李讳被渔民奉为嵊泗列岛小洋岛岛神。相传，隋初，位于长江口的小洋岛是漕船必经之处。有一次小洋岛上发生灾荒，负责押送漕船的漕官李讳开仓赈灾。事后，李讳觉得无法复命而投海自尽。岛民感念其恩德而建庙奉祀，据说唐太宗时，李讳曾被册封为洋山大帝②。

---

① 李广志：《宁波海神信仰的源流与演变》，载张伟主编《浙江海洋文化与经济》（第 5 辑），海洋出版社 2011 年版，第 285 页。
② 金涛：《嵊泗列岛古庙宇及岛神信仰》，《民间文艺季刊》1989 年第 4 期。

四、宋元时期江南民众的海洋实践与海洋神话

宋元是我国海疆进一步开拓的时期，沿海地区经济由此得到迅速发展。江南沿海地区在海上交通、造船与海外贸易等方面的发展速度都大大超越前代。

先来看海外贸易活动。宋元时期的海外贸易扩展非常迅速，并取代西北陆地贸易，成为对外贸易的重点，也是朝廷财税收入的重要来源。因此宋元两朝对于海外贸易采取了相当宽松的政策，不仅实施了海外贸易管理的市舶制度与管理措施，而且给予海商减税、授官等鼓励与奖励。在此时期，民间海商成为海外贸易的主角，甚至是主导力量。尤其是在元朝，朝廷停止了对于舶货的统购和专卖业务，仅保留对舶商抽取货物税和舶税两项，所以海外贸易的主角让位于民间海商。这些措施对江南地区的农业、手工业等产业结构的调整和发展有着极大的影响。

宋元时期江南地区的港口发展也很迅速，明州港成为江南最重要的对外贸易港口，尤其是在南宋，由于明州港靠近都城临安，其重要性大大超过了其他港口。元朝建立以后，第一批设立的市舶司有 4 个，其中的 3 个都位于江南地区，即上海市舶司、澉浦市舶司、庆元（宁波）市舶司。第二批增设的 3 个市舶司中位于江南地区的有两个，即杭州市舶司、温州市舶司。可见当时江南沿海港口贸易的繁荣。

宋元时期的航海技术也有了巨大进步，值得一提的是，指南针应用于航行开启了航海史上的新时代，马克思曾评价它的意义是"打开了世界市场并建立了殖民地"[①]。由于指南针的应用，航船可以较为准确地到达目的地，因此出现了不少专门载客的客船。在海上交通方面，元比之宋更甚，涌现出了诸多著名的航海家，比如周达观。1296年，周达观随同元使团前往真腊（今柬埔寨）及其附近出访，出访船队从江南地区的明州港出发，并从同样位于江南地区的温州港进入大海。周达观随船队的这次出使前后历时3年，回国后，他根据沿途见闻，写了《真腊风土记》，此书是研究13世纪海外交通的珍贵史料。也是在元朝，我国发明的罗盘、火药和印刷术通过阿拉伯传入欧洲，从而极大地推动了世界文明的进程。

元朝与江南海洋崇拜及其神话发展密切相关之事，不得不提的还有倡行漕粮海运。元朝早期，江南漕粮通过南北大运河运抵京城，但所费巨大，而且运河淤浅，允许通航的船只不大，因此运输量受到了极大限制。为了节约人力、物力，丞相伯颜提议海运。践行漕粮海运的是上海人朱清、张瑄。他们最初从太仓装粮，经扬州，过海门以东的黄连沙咀和万里长滩，之后向西北航行，到达淮安、盐城、再继续向北，在荣成转向西，到达登州，继续西行到达天津。后来航线有了调整，主要是绕过浅滩和暗礁，在深海中航行一段，如此航路更安全，时间更短。

在宋元时期海外贸易和海上交通大发展的背景下，江南海神崇拜也迎来了大发展时期：一方面，产生于福建沿海的妈祖信仰

---

① 《马克思恩格斯全集》第47卷，人民出版社1965年版，第427页。

传入江南地区，成为江南地区最重要的海神信仰之一；另一方面，江南本地海神进入繁荣发展时期，大量地方海神涌现，造就了江南海神崇拜的丰富性。

（一）对东海神的持续加封及其神话

宋元时期的东海海神持续受到朝廷的加封和重视。北宋初，东海海神被封为广德王。到康定元年（1040 年），东海神再次被加封为渊圣广德王。元丰元年（1078 年），安焘奉使高丽顺利返回，上书请奏在明州建东海行祠，得到允许。此后分别在大观四年（1110 年）和宣和五年（1123 年），同样是出于安全返回的高丽使的奏请，宋帝下诏对东海海神分别加封"助顺"和"显灵"。宋室南渡后，对东海神更加重视。建炎四年（1130 年），宋高宗下旨改封东海神为"助顺佑圣渊德显灵王"。乾道五年（1169年），宋孝宗下诏将东海海神改封为"助顺孚圣广德威济王"。乾道五年在江南地区的东海海神信仰史上是一个重要年份，东海神主祠于这一年迁移至明州。

北宋元丰年间曾在明州设立东海行祠，所谓的行祠就是分庙，而东海神主祠还在山东的莱州。时任太常少卿的林栗上奏说："国家驻跸东南，东海、南海实在封域之内。检照国朝祀仪，立春祭东海于莱州，立夏祭南海于广州，其西、北海远在夷貊，独即方州行二时望祭之礼。自渡江以后，惟南海广利王庙岁时降御书祝文，令广州行礼，并绍兴七年，加封至八字王爵，如东海之祠。但以莱州隔绝，不曾令沿海官司致其时祭，殊不知通、泰、明、越、温、台、泉、福，皆东海分界也。"林栗的陈述很客观，国家祭祀四海海神是一种沿袭很久的制度，南海海神庙在

图2-6　海神、潮神、水神、波神群像（《三教源流
搜神大全》插图）

南宋疆域内，可以派遣官员代表皇帝进行祭祀，而东海神莱州主庙已不在南宋境内，无法祭祀，但实际上南宋境内沿海各地都是东海与陆地的分界，而且北宋元丰年间已经根据安焘的奏请在明州定海县建立一座东海神庙，"东海之祠，本朝累加崇奉，皆在明州，不必泥于莱州矣"。于是，宋孝宗根据他的建议在明州设立了东海神本庙，成为国家祭祀的新场所。（《文献通考·郊社考》）

（二）妈祖信仰与神话的传入与初步扩散

宋元时期产生的最重要海神要属妈祖了。妈祖本是福建莆田的地方海神，宋徽宗宣和五年（1123年），给事中路允迪从明州

出使高丽，在黄水洋中遇到大风暴，8条船中7条被毁，只有路允迪感觉妈祖在桅杆上，所以向妈祖叩求庇佑，大风暴骤然停止，路允迪所乘之船平安到达。后来，路允迪将此事上奏给宋徽宗，徽宗赐了"顺济"二字作为通贤灵女庙（妈祖庙）的庙额，还诏令妈祖专司海岳。南渡杭州后，南宋政权开始恢复北宋时期的许多制度，包括皇帝出巡京都四郊，祭拜四方山川诸神的"郊典"。在绍兴二十六年（1156年）的郊典中，通贤灵女被列入祭祀范畴，宋高宗还给她送上"灵惠夫人"的封号。（《宋会要辑稿》礼一〇之六一）南宋给妈祖最高的封号是妃。宋光宗绍熙年间某地大旱，妈祖托梦给地方官提示下雨的时间，这日果然下雨，地方官上奏妈祖救民奇勋，光宗于是颁诏，晋封妈祖为"灵惠妃"。周煌《琉球国志略》、徐葆光《中山传信录》，以及《古今图书集成·神异典》都记载此事。

随着两宋皇帝的不断敕封，妈祖神话的扩散速度加快，信众群体也不断扩大。到南宋后期，甚至连首都杭州的民众也信奉妈祖。《梦粱录》卷一四"祠祀"条载："顺济圣妃庙，在艮山门外。又行祠在城南萧公松桥及候潮门外、瓶场河下、市舶司侧。按，庙记姓林，

图2-7　妈祖天妃像（《三教源流搜神大全》插图）

莆田人氏，数著灵异，立祠莆之圣堆，宣和间赐庙额……其妃之灵者，多于海洋之中佑护船舶，其功甚大，民之疾苦，悉赖骈襱。"当时杭州有艮山门外、萧公松桥、候潮门外、瓶场河下、市舶司侧等5座妈祖行祠，妈祖已经成为长江以南海疆诸地民众共同信仰的海神，这其中官方敕封推波助澜的作用不容忽视。

（三）灵感弘佑公、绍兴孚佑王等潮神信仰和神话的兴起

元朝江南地区最著名的3位海神是天妃妈祖、盐官灵感弘佑公与潮神伍子胥。元大德三年（1299年）二月，皇帝下诏加封了3位海神——泉州海神曰护国庇民明著天妃、浙西盐官州海神曰灵感弘佑公、吴大夫伍员曰忠孝威惠显圣王。其中两位海神的信仰中心都在江南地区。神话讲述说，灵感弘佑公生前为盐官人，名朱彝，宋治平初溺死于海，死后为神，非常灵异，曾被敕封为佑灵将军：

> 朱将军庙，袁花塘北黄冈西。邑人朱彝，力能拔牛尾倒行。宋治平初，溺海为神，著灵应。宝祐三年十月，敕封佑灵将军。元大德二年，以捍海立庙黄冈西。进封护国弘佑公。敕曰：爵有德，禄有功，凤著《礼经》之训。御大灾，捍大患，载遵祀典之文。爰示褒崇，庸彰显应。盐官州海神闽灵浙右，安宅海隅。江汉朝宗，无远勿届。雨旸时若，有感必通。比闻高岸之倾摧，能免下民之垫溺。导水波而潜复，益固堤防，足财计以阜通，仍输斥卤。尝阅省臣之表，具知神力之雄。肇锡嘉名，丕昭令闻，聿严庙貌，时俾恩封，可赐号"灵感弘佑公"。万历末，里人孙必达重建。又，

袁花河北塘亦有庙。(明《海昌外志》)

从上述神话叙事来看,灵感弘佑公是镇潮神。镇潮神与潮神是江南地区比较多见的单一职能海神,这与江南地区水道纵横且与东海相通,容易受到海潮倒灌的影响有关。

绍兴孚佑王也是此时期产生的比较重要的一位潮神。绍兴孚佑王是浙江绍兴地区民众敬奉的潮神,其信仰最晚产生于北宋时期。根据《续文献通考·群祀考》的记录,北宋政和六年(1116年),绍兴宁济庙潮神被封为顺应侯;南宋淳熙年间,因护卫高宗灵驾有功,该神又被加封为忠应翊顺灵佑公;到庆元年间,该神再次被封为孚佑王。作为潮神,绍兴孚佑王信仰的影响不及伍子胥,后来就消歇了。

在宋元时期的上海地区,民众把西楚霸王项羽当作古吴淞江的潮神。吴淞江在上海境内河道曲折,入海口又很开阔。涨潮时,潮水由阔入狭,在曲折的地方汇集为汹涌的潮水,常常倒灌而发生潮灾。上海民众认为这是项羽之灵沿长江支流乌江到达另一条支流吴淞江,并在此作祟,因此他们将吴淞江潮称为"霸王潮"。为了镇伏霸王潮,上海地区民众奉曾与项羽对抗且取胜的汉初功臣为镇潮神,在吴淞江两岸建起了不少汉初功臣庙,祀奉萧何、曹参、彭越、英布、灌婴、纪信等。

(四)晏公等护漕神信仰与神话的兴起

元朝海神信仰及其神话的发展,与漕粮海运有很大关系。比如后来成为妈祖副神的晏公就是在元朝漕粮海运的背景下流传到上海地区的。晏公生前为元朝江西临江府清江人,曾担任运输漕粮的小官，死后被当作护漕神。上海地区在元朝开辟漕粮海运方面发挥过重要作用，因此上海民众也引入了护佑漕运的晏公信仰，建起了晏公庙。明初以后，在吴淞江边、淀山湖畔，乃至于崇明岛都建有晏公庙。

图2-8　护漕神晏公像（《三教源流搜神大全》插图）

除外来的晏公信仰之外，各类庇佑漕运的本土神也在江南各地纷纷被创造出来，比如金总管、李王、沈总管、王太尉、陈总管等。金总管名为金昌，生前随宋室南渡迁居苏州，死后成神，元朝受封为总管。江南地区被民众奉为"总管"的神很多，金总管是其中最重要的一位；李王本为土地神，后来在元朝海运出发地之一的常熟，演变为民众崇奉的海神，主要为漕粮海运的护航神；沈总管、王太尉、陈总管是江阴民众所信奉的海神。

五、明清时期江南民众的
海洋实践与海洋神话

　　明初推行海禁政策，禁止沿海居民私自出海。为了防备倭寇，从洪武十七年（1384年）开始，明太祖在浙江、福建沿海要地修筑城寨，增设卫所，实行严格的海禁政策。"洪武十七年正月壬戌，命信国公汤和巡视浙江、福建沿海城池，禁民入海捕鱼，以防倭故也。"（《明太祖实录》卷一五九）宋元时期繁荣的私人海上贸易大多已经停歇，留存的少量合法私人海上贸易也受到严格的管理。"凡泛舟客商，船舶到岸，即将货物尽实报官抽分，若停塌沿港土商、牙侩之家不报者，杖一百，虽供报而不尽者，罪亦如之。货物并入官，停藏之人同罪。告获者，官给赏银二十两。"（《大明律》卷八）明太祖的海禁政策为明王朝严格的海洋管理政策定下基调。这种禁海的管理制度对于江南沿海地区是一个沉重打击，民间造船、航海等产业的发展都受到极大限制。比如永乐二年（1404年）皇帝下诏说："禁民间海船，原有海船者，悉改为平头船，所在有司，防其出入。"（《明太宗实录》卷二七）又如嘉靖四年（1525年）诏令曰："浙、福二省巡按官，查海船但双桅者，即捕之。所载即非番物，以番物论，俱发戍边卫。官吏军民，知而故纵者，俱调发烟瘴。"

　　虽然明廷对民间航海贸易多方禁止，却大力发展官方朝贡贸易，尤其是在朱棣时期，郑和下西洋成为中国航海史上最辉煌的篇章。郑和前后 7 次下西洋，共访问了 30 多个国家和地区，最远到达非洲东海岸、红海和麦加。当然，从明廷的角度看，郑和下西洋的目的主要在于海外诸夷的归化和臣服。位于江南地区的刘家港（又称太仓港）是郑和下西洋的主要启航地。春秋时期，吴国已在太仓港设驻军，并置屯粮的"东仓"，这便是太仓一名的由来。直到三国吴时期，太仓港依然扮演着海防要地和军囤粮仓的双重角色。到元朝，太仓港已经成为漕粮集散的大港口，有"天下第一港"之称。在长期发展过程中，太仓积累了强大的运输能力、一流的船舶制造技术和技师，以及上佳的仓储条件。郑和船队在太仓集结物资、招募人员等一系列活动也带动了太仓社会的发展，当时从刘家港到太仓城之间的娄江两岸，分布着海运仓、市舶司、海运总兵公馆、造船场、铁锚场等诸多为航海服务的机构和场所。郑和船队从太仓港的启航也促进了太仓当地海神信仰的发展，刘家港天妃宫成为当时最重要的一座妈祖宫庙。

清朝建立以后，为了重建和巩固中央政权，也采取了严格的海洋管理政策。比如顺治十三年（1656 年）曾下令禁海，规定："海船除给有执照许令出洋外，若官民人等擅造两桅以上大船，将违禁货物出洋贩卖番国，或将大船赁与出洋之人，分取番人货物者，皆交刑部分别治罪。至于单桅小船，准民人领给执照，于沿海附近捕鱼取薪，管汛官兵不许扰累。"（光绪《大清会典》卷六二九）这些措施主要是为了防止沿海民众与郑成功反清武装力量勾结，顺治十四年（1657 年）甚至执行了"迁界令"。直到康熙二十年（1681 年）三藩之乱平息，明郑政权衰落，清廷才逐渐松弛了海禁。康熙二十四年（1685 年），江苏、浙江、福建、广东四地设置了海关。其中位于江南地区的江苏海关和浙江海关主要管辖沿海贸易和对日贸易的中国商船。

在前代海神信仰发展的基础上，在明清航海技术、造船技术等继续发展的背景下，江南地区海神信仰进入了多元化发展时期：不仅全能海神信仰得到了大发展，而且各类单一职能海神也如雨后春笋一般出现，职能分野越来越清晰，如渔业保护神、引航神、护航神等。在沿海岛屿，一大批岛神、礁神迅速发展起来。此外，大量地方海神进入爆发式增长时期。

由此，以全能海神为中心，各类单能海神为支点构成的江南海神信仰的层级谱系愈发清晰。核心层为江南三大海神——东海龙王、南海观音、妈祖，次级层为防风氏、大禹等早期神祇，以及伍子胥、关帝、晏公、金总管、夙沙氏等影响范围较广的单一职能海神，而其他影响范围较小的海神为外围层，如图2-9所示：

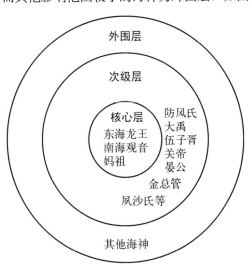

图2-9　江南海神信仰层级谱系图

（一）船神、护航神和岛神关帝神话

关羽在江南沿海是一位有重要影响的海神，扮演了船神、护航神和岛神诸多角色，作为船神被敬奉的现象可能更普遍。在舟山、宁波一带，渔船上都设置圣堂舱，其功能是为了供奉护船神，最常见的护船神是关帝，被渔民称为"船关老爷"。嵊泗列岛渔船的圣堂舱中普遍将妈祖与关帝一起作为护船神供奉，称为"船关菩萨"，即船关老爷和妈祖菩萨。此外，也有江南渔民将宋朝寇承女奉为船神，称为"圣姑娘娘"。有学者研究了明朝陆楫在《古今说海》中引用的梁简文帝《船神记》提到的"船神名冯耳"后指出，关帝可能早在南朝就被当作船神敬奉了：

> 船神的名字应是冯耳，但需要指出的是冯耳与关羽可能是一个人。这是因为，关公姓"冯"而不姓"关"。这点在吴地神歌《关帝》中能找到证明，歌中云："俺，云长是也。家住山西蒲州府解良县。寄父冯文秀，母亲张氏……某家一时大怒，三拳两腿将狗官活活打死。我一时无奈只得逃奔江户，已有四五六载。来此已是关隘。就此指关为姓了便了。"除此之外，因关羽在桃园三结义中排行老二。所以"关二爷"也即"冯二爷"。因二字近音，日久相混，所以船神"冯耳"变成了船神"冯二"，即关羽①。

渔民将关羽作为船神崇拜，在航行中遇到问题时，渔民也自

---

① 陈政禹：《从海神信仰视角看关公》，《兰台世界》2015年第4期。

然向关羽祈求，因此关帝
也兼护航之能。而在嵊泗
列岛的马关岛、小洋岛、
大洋岛等岛屿，民众也将
关帝作为岛神看待。当然，
最有名的将关羽视为岛神
的案例是在福建的东山岛，
全岛居民都将关帝奉为祖
先与岛主。

关帝信仰历史悠久，
关羽实有其人，为东汉末
年刘备麾下将领，晋朝陈
寿在《三国志·蜀志·关
羽传》中概括了关羽的生
平事迹，主要突出了关羽

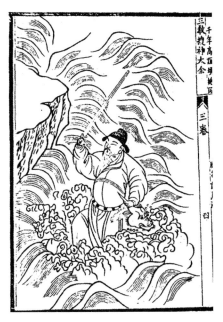

图 2-10 海神关羽像（《三教源流搜神大全》插图）

勇猛与忠义的形象。关羽传说受到民众的普遍喜爱，在两晋南北
朝的传播过程中，逐渐增加了神异情节，南朝史学家裴松之注解
《三国志》时就记录了一部分关羽的神异传说，我们可以将其视
为关公信仰的萌芽。此后，关公作为民间信仰的神祇逐渐发展起
来，有了神像与神庙。唐五代时期，关公崇拜主要在民间流行，
宋以后关公才进入官方祭祀体系。在宋朝，关公被封为崇宁真
君、武安王、义勇武安王等；在明朝，关公获得了"协天护国忠
义帝""三界伏魔大帝、神威远镇天尊关圣帝君"等封号；在清
朝，关公累封为"忠义神武灵佑仁勇威显护国保民精诚绥靖翊赞
宣德关圣大帝"。受官方持续加封的影响，关公崇拜遍布全国各

地，逐渐成为全民族的精神寄托与象征。

关帝被当作海神崇拜的重要原因在于他的忠义。古代江南渔民在海上捕鱼条件相当艰苦，捕鱼劳作需要全体船员同心协力才能完成。渔船供奉关帝，通过祭祀仪式的举行和神话传说的流传，关帝的忠义成为促进船上成员团结协作的重要精神纽带，这大概是关羽信仰在明清时期转为海神信仰的重要原因。

本书发现在江南各地普遍存在着海神关羽与其他海神的合祀现象，比如关帝与妈祖的合祀、关帝与海龙王的合祀。其中，妈祖与关帝的合祀现象最为多见，供奉妈祖的大多数江南宫庙中，往往在主神妈祖神像一侧同时供奉关公神像。除了宫庙，从江南地区启航的船舶也常将妈祖与关帝神像一起请到船上，共同敬祭。比如受海上风浪等因素影响，从中国沿海出发的船舶有时会漂流到琉球群岛，《历代宝案》记载了不少清朝的漂船事件，在来自江南的漂船舱内的祭祀物品中，关帝神像往往与妈祖神像一同出现。与关帝合祀的神基本都是处于前述的江南海神层级谱系中核心层级的三大海神，这些海神与关帝的合祀现象其实可以说明关帝在江南海神系统中的重要位置。也就是说，虽然关帝不是三大海神之一，但他的地位仅次于三大海神，因而在民间广受崇奉。

（二）渔业保护神渔师神话

象山和台州渔民所崇奉的渔师神就是渔业保护神。《象山县志》载："渔师庙在石浦二湾头，一名鱼司庙，每岁三月三日，海鱼游至门港，昂首向庙，扬鬐鼓鬣，摇尾而去。"这里将渔师庙称为鱼司庙，司即管理，可以得知渔师神管理、保护渔业生产的职能。在民间，渔司、渔师也常常混用。这座渔师庙地处港湾附近山坡，香火极其旺盛，尤其是鱼汛开始时，石浦渔民都先后前往祭拜，祈求出海捕鱼一帆风顺。相传每年春天，有海豚成群结队地从石浦港东北的铜瓦门水道涌入，游动至渔师庙前时，姿态犹如拜祭。渔民认为海豚也是海灵，便在岸上燃放香烛祭拜。据了解，海豚拜渔师的情形，在 20 世纪 70 年代还可以见到。

台州地区也流行渔师神信仰。台州民众将渔师神称为渔师菩萨，也称渔师爷。台州民众认为，渔师菩萨生前是一位船老大，他是发现黄鱼捕捞季节规律的第一人，还总结了根据水色、潮流、气温等判断黄鱼鱼群所在地的经验。台州渔师庙极富海洋渔业特色，庙门口悬挂着大海螺，是为插"天香"所用的香炉，庙内渔师菩萨神像为坐像，右手举鱼耙，左手擎黄鱼，也有一手举渔网，另一手举鱼叉的。台州民众将农历三月二十三日或者二十六日视为渔师菩萨的寿诞，渔嫂渔姑们会在前一天的晚间就到渔师菩萨庙中为其贺寿。凡鱼汛前后，台州渔民都会到渔师庙中祈愿、还愿。

（三）其他网神与船神神话

江南地区的网神信仰大约也在明清时期形成。在中国古代神话中，伏羲是张网捕鱼的发明者，因此他在江南民间也被奉为网神。此外，海瑞也被江南民众视为网神，相传海瑞曾发明了一种捕墨鱼的轮子网。根据文献记录，在康熙年间的舟山定海曾建有伏羲庙，伏羲被当作网神而受到渔民的奉祀，新船下网之前，定海渔民会把渔网抬到伏羲庙请网神检视和祝福，并供奉三牲礼品。

船神信仰与网神信仰相关，都属于渔业保护神信仰。江南各地民众信仰的船神具体所指不同，比如舟山不少渔民将杨甫老大视为船神，也称船菩萨，常常被供奉在渔船的圣堂仓中。相传，有一位信仰杨甫老大的福建寡妇，本来捕到一船梅童鱼，进港贩卖时却变成了一船大黄鱼，寡妇因此发了大财。寡妇到舟山酬神，发现杨甫老大是定海岑港老白龙所化①。

（四）盐神夙沙氏与盐婆婆神话

江南不少地方的盐神信仰也是在明清时期发生发展的。清朝的江苏扬州和泰州都兴建了盐宗庙，供奉传说中的夙沙氏为盐神。夙沙氏为神话中煮海为盐的第一人，被后世尊为盐宗。夙沙氏煮海为盐的神话在先秦时期已广为流传，但将其立庙奉祀之事最早可能发生在汉朝。《路史·后记四》引汉朝的《世本》说今山西运城的安邑县东南十里有盐宗庙。但江南地区立庙祭祀夙沙氏的历史并不久远，可能因为其他海神兼有了盐神的功能，比如浙江沿海盐民有不少信奉妈祖，显然将妈祖当作盐神。扬州盐宗庙建于同治十二年（1873年），在康山旁的南河下街。泰州盐宗庙建于同治元年（1862年），有《新建泰州盐宗庙记》留世，为两淮盐运使乔松年所撰，其中提到清以前两淮未有盐宗庙之事："盐之资于人久矣，江淮间盐利尤饶，上以佐国赋，下以给民用，凡官商胥吏士大夫与市井纤夫，仰给于斯者无虑数万人，顾未尝求始事之人而祠之，无乃礼之缺欤！"

---

① 《渔船上供奉船老爷的由来》，载雪犁主编《中华民俗源流集成·信仰卷（下）》，甘肃人民出版社1994年版，第356—357页。

除夙沙氏之外，江苏连云港等地的盐民还敬奉盐婆婆为盐神。相传，盐婆婆姓严，曾发明海水晒盐的方法，死后被尊为"盐婆婆"。民间认为农历正月初六为盐婆婆生日，在这一日，盐民会带着香烛、纸马到滩头给盐婆婆烧纸，或带着盐婆婆画像贴在滩头供奉，祈求盐婆婆保佑盐民[①]。

（五）岛礁神与引航神神话

浙江沿海岛屿众多，其数量高居我国沿海各省第一，众多的岛屿、礁石促发了民众对于岛神、礁神的想象，如嵊泗列岛的大洋岛有圣姑礁，礁上有庙供奉礁神圣姑娘娘。相传，圣姑娘娘可以提灯巡行海上，为迷航的船舶指明航向[②]。从这个传说来看，作为礁神的圣姑娘娘兼有引航神的职能。

慈溪民众信奉的胜山娘娘、舟山中山街列岛渔民信奉的笼裤菩萨都是专职引航神。相传，胜山本为海中孤山，山上曾住着一位老婆婆，常年为出海的渔民点灯指引航向。渔民在海上迷失方向或者遇到大风浪，只要向老婆婆祈祷就会化险为夷[③]。她去世后，民众为其建庙塑像，称为胜山娘娘或胜山老外婆；笼裤菩萨又称才伯公，相传为福建渔民，他曾经到舟山群岛的中街山渔场捕鱼。突如其来的风暴把才伯公的船打翻，才伯公抱着一块舱板漂到庙子湖岛的海滩上。为了防止类似悲剧再发生，他爬上山顶点起火，救了很多迷航的渔民。后来为了纪念他，渔民在岛上建

---

① 《盐婆婆生日》，《中国民间故事集成·江苏卷》，中国 ISBN 中心 1998 年版，第414 页。
② 金涛：《东亚文化圈海神信仰概论》，《中国民间文化》1996 年第 2 期，第 401 页。
③ 《胜山庙会》，载宁波市文化广电新闻出版局编《甬上风华——宁波市非物质文化遗产大观卷》，宁波出版社 2012 年版，第 237 页。

造了才伯公庙①。

（六）金龙四大王护漕神神话

金龙四大王是此时期受到崇奉的护漕神。金龙四大王名讳为谢绪，浙江人，生活在南宋末年，宋亡后投水自尽。到了明朝，谢绪受到朱元璋的提倡，被奉为主管黄河和护佑漕运之神。金龙四大王信仰随着漕运的发展而四处传播。在江南地区，金龙四大王庙也随处可见，比如上海的老闸大王庙供奉的就是金龙四大王。其实在元朝，已有不少漕运护航神，但经历过改朝换代以后，新朝需要通过提倡新信仰来巩固自己的政权，这是金龙四大王信仰产生的重要原因。在明朝，黄河改道、泛滥决堤等使漕运受到冲击，但定都北方的朝廷的正常运转仰赖漕运供给，而黄河的彻底治理极其困难，民众只能将希望寄托在新的神灵上。

（七）楚太、泗洲大帝与羊府大帝神话

民间信仰神灵的职能随着民众的需要而转移，所以江南地区很多海神信仰的职能是不明确的。如江苏海州湾一带渔民信仰供奉的地方海神是楚太。楚太为佛山的船老大，能呼风唤雨，生前就有半仙之称，后来为保护同船人的性命而牺牲，死后被奉为楚太，其神职包括护航神与渔业保护神。相传，海州湾一带的船老大在行船时常常四处眺望，称为"望楚太"，希望楚太能为其指引正确的航向②；泗洲大帝是嵊山岛渔民崇奉的重要海神。相传

---

① 《菩萨穿笼裤》，载忻怡主编《中国民间故事丛书·浙江舟山普陀卷》，知识产权出版社 2019 年版，第 93—95 页。
② 刘兆元：《海州湾渔风录（三）》，《民俗研究》1991 年第 3 期。

泗洲大帝为徐堰王。奉徐堰王为祖的徐氏后代曾驾舟移居嵊泗，将徐堰王崇拜带入。早期的徐堰王崇拜应该属于祖先崇拜，后来随着嵊泗民众渔业生产的需要而转为全能海神；羊府大帝也是舟山渔民供奉的一位偏向全能型的海神。关于羊府大帝成神的经历有不少神话传说：其一认为羊府大帝曾是西晋大将军羊祜，他精通医术，常常悬壶济世；其二讲他是舟山一位姓羊的船老大，曾多次救助遇难的渔民，被认为是羊祜转世；其三认为羊府大帝曾是唐朝明州刺史，曾剿灭了入侵的海盗，保护了民众的生命和财产。浙江岱山是羊府大帝的信仰中心。

第三章
江南地区早期海洋政治神话与
国家认同的建构

夏以前的江南先民创造了光彩夺目的历史，先后出现了河姆渡文化、良渚文化等文化样式。但进入文明时代以后，华夏政治、文化和经济中心长期集中在黄河流域，由于距离遥远，江南常被中原人视为未开化的蛮荒之地，《管子·水地》有"越之水浊重而泊，故其民愚疾而垢"的描述，其实是因陌生而产生的偏见。事实上，夏商周时期，在中原文明不断发展的同时，江南文明也同样取得了辉煌的成就，并通过与中原地区的各种交往，不仅从行政区划上，也从文化、经济上逐渐融入了华夏大家庭。留存至今的一些江南海洋神话叙事集中表现了早期江南地区与中原地区的往来，显示了江南地区从国家文明产生之初就是华夏重要组成部分的政治认同与文化认同，由于这些神话叙事大多与早期行政区域的划分、诸侯国的建立以及守卫和巩固海防等主题相关，本书将其称为海洋政治神话。

一、大禹底定震泽神话

江南地区多水域、与大海相连通的特点导致这一片地域常常发生水灾。为了尽早摆脱被洪水围困的情况，以及避免在洪水中受到伤害，江南民众中产生了治水英雄崇拜。即使是外来水神或治水英雄，也很容易被江南民众接受，比如大禹。

相传，江南地区曾是大禹治水的重点区域之一，大禹在江南地区的治水叙事即大禹底定震泽神话：

> （禹）于吴，则通渠三江、五湖。（《史记·河渠书》）
>
> 彭蠡既潴，阳鸟攸居。三江既入，震泽底定。（《尚书·禹贡》）

《河渠书》是我国第一篇水利通史，简要叙述了从上古到秦汉的水利发展情况。其开篇采用了大禹治水的神话，说大禹曾疏通三江、五湖。不少古代学者都曾指出这里的"五湖"就是太湖，而"三江"就是太湖平原最重要的 3 条入海通道。《集解》载："韦昭曰：'五湖，湖名耳，实一湖，今太湖是也，在吴西南。'"《集解》即《史记集解》，为南朝宋时裴骃所作。它引用三国韦昭的论述，认为大禹所通之"五湖"是湖名，而非五片湖泊，指的就是太湖。《索隐》引郭璞《江赋》也认为"五湖"就是太湖，太湖周长有 500 里，因此称为"五湖"。《索隐》即《史记索隐》，为唐朝司马贞所撰。它引《地理志》，认为北、中、南三江分别从会稽郡的毗陵县（今属江苏省常州市）、阳羡县（今属江苏省宜兴市）和吴县（今属江苏省苏州市）入海，"三江，按《地理志》：北江从会稽毗陵县北东入海。中江从丹阳芜湖县东北至会稽阳羡县东入海。南江从会稽吴县南东入海。故《禹贡》有北江、中江也。五湖者，郭璞《江赋》……又云：'太湖周五百里，故曰五湖。'"南齐人庾仲初在《扬都赋》中提道："今太湖东注为松江，下七十里有水口分流，东北入海为娄江，东南入海为东江，与松江而三也。"也就是说，三江是太湖三条重要入海通道，如果三江淤塞，太湖平原就会洪水泛滥，因此大禹在江南地区的治水任务主要是疏通三江，正如北宋科学家沈括在《三江考》中所言："盖三江之水无所入，则震泽壅而为害；三江之水有所入，然后震泽底定。此水之理也。"（《梦溪笔谈》卷四）

大禹在江南治水的神话还曾以歌谣的形式流传。《乐府诗集》卷五十七收录了一首早期歌谣《襄陵操》，又名《禹上会稽》，词曰：

> 呜呼！洪水滔天，下民愁悲，上帝愈咨。
> 三过吾门不入，父子道衰。
> 嗟嗟！不欲烦下民。

这是一首第一人称视角的歌谣，《乐府诗集》引《琴集》云："《禹上会稽》，夏禹东巡狩所作也。"北宋朱长文在《琴史》卷一中也说："大禹悼鲧绩不成，而哀尧民之蛰危，于是乘四载，历九州，过家不入，以平水土。观洪水襄陵泛丘，乃援琴作操，其声清以溢，潺潺志在深河也。名曰禹操，或曰《襄陵操》。"今天来看，这首歌谣其实是先民想象大禹形象，追忆大禹功绩，传承传播大禹神话的作品。

以太湖为中心的江南地区既然是大禹治水的重要区域，治水成功后也理所当然地成为他治下的一部分。《尚书·禹贡》载：大禹治水成功后，将天下划分为九州，江南大部属当时的古扬州。其中写道：

> 淮、海惟扬州。彭蠡既猪，阳鸟攸居。三江既入，震泽底定。篠簜既敷，厥草惟夭，厥木惟乔。厥土惟涂泥，厥田惟下下，厥赋下上上错。厥贡惟金三品，瑶、琨、篠簜，齿、革、羽、毛惟木。岛夷卉服，厥篚织贝，厥包橘柚锡贡。沿于江、海，达于淮、泗。

"淮、海惟扬州"指的是古扬州的地域范围，即淮河以南，大海以西北。经过大禹的治理，彭蠡①汇聚了许多河流，成为候鸟的好居所。彭蠡以东的诸江已流入东海，太湖水域也治理好了。"震泽"即太湖，后世因此习用"震泽"指称太湖。太湖平原的水患治理好之后，正式被纳入华夏版图，定时向中央缴纳贡物。这些贡物包括青铜、白铜、赤铜等金属，各类美玉、大小竹材、象牙、皮革、乌羽、牦牛尾以及木材，还有特产的丝织品和妥善包装的橘子、柚子等。进贡船只沿着长江、黄海直达淮水和

---

① 彭蠡，指长江北岸的大湖泊，可能为今之蠡泽湖。

泗水，再沿徐州贡道进入黄河。

古扬州向中央缴纳贡物之举，将江南与中原连接为一体。大禹厎定震泽和划分九州的神话叙事反映的正是夏朝建立之前古九州逐渐统一的历史，以及江南地区对中央政府的认同。

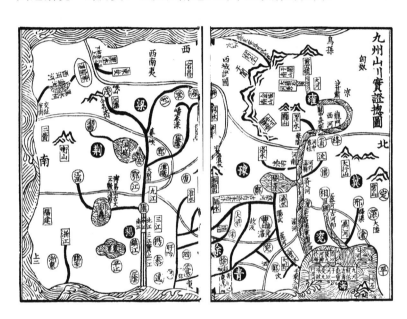

图3-1 《九州山川实证总图》（南宋雕版墨印地图
《禹贡山川地理图》插图）

大禹因疏通三江，平息太湖水患，保护了民众的生命和财产安全，江南民众因此将大禹奉为治水神，向大禹祈求水域风平浪静和人财安全，这便是江南地区的大禹信仰。江南地区大禹信仰历史悠久，供奉大禹的宫庙很多，从海滨到太湖中的岛屿，江河湖海流经之处，处处可见大禹宫庙。比如在濒海的象山半岛上，渔民们将大禹奉为平水大帝。在象山半岛东门岛门头山山腰一座佛寺中的一间厢房门额题为"唐东门庙",内供平水大帝、平水夫人和关公神像。根据寺僧介绍,此庙在唐朝已有。早在供奉妈祖之前,象山居民已经将大禹奉为海神。大禹并非普通海神,他首先是中华民族的共祖,开创了九州一统的新局面,带领着各原始族群迈入了文明的新时代。平水大帝宫庙目前在浙江台州、丽水等地也得到了保存,历史上这些地方的渔民之间很可能有过深入的交往,由此促进了海神大禹信仰及其神话的传播。

二、无余守陵建国神话

作为中国历史上第一个国家夏的奠基者,大禹特别重视距离政治中心较远的江南地区的安定。他不仅亲临江南治理太湖,登基后还到江南地区巡视,"及其王也,巡狩大越,见耆老,纳诗书,审铨衡,平斗斛"。(《越绝书·外传记地传》)很不幸,大禹死在南巡路上,后来就近安葬在会稽山:"禹东教乎九夷,道死,葬会稽之山,衣衾三领,桐棺三寸,葛以缄之,绞之不合,通之不坎,土地之深,下毋及泉,上毋通臭。既葬,收余壤其上,垄若参耕之亩,则止矣。"(《墨子·节葬下》)位于浙江省绍兴市的会稽山大禹陵保存至今。

相传,大禹之灵为报答江南先民的厚葬之功,也为免除民众的劳作之苦,向他们传授了一种神奇的"鸟田"方法。什么是鸟田呢?《越绝书·外传记地传》描述说:(其他地方的民众)"畴粪桑麻,播种五谷,必以手足。大越海滨之民,独以鸟田,小大有差，进退有行，莫将自使"。也就是说江南先民下种时不需自己亲自动手，而是由群鸟有条不紊地代为播种。

图3-2　绍兴大禹陵碑亭

大禹陵选址会稽山是一个有趣的话题，其中固然有就近安葬的考量，但更重要的原因恐怕还是要发挥大禹的政治影响力和文化影响力以安定江南。相传，禹的儿子启在会稽山修建了禹庙，每年春秋派使者到此祭禹，这其中也不乏宣扬他的权威、震慑地方的目的。

但大禹担心之事在夏初还是发生了。大禹之孙、夏启之子太康执政时期，因东南沿海族群对王权的觊觎，夏王朝遭遇了一次严重的失国危机。《尚书·五子之歌》记录说："太康尸位，以逸豫灭顾德，黎民咸贰。及盘游无度，畋于有洛之表，十旬弗反。有穷后羿因民弗忍，距于河。"这场危机是由有穷氏首领后羿引发的，有穷氏是生活于东部沿海地区的九夷部族的一支，九夷部族分布的范围也包括今江南的一部分。夏王太康喜好游乐，丧失民心。有一次他到洛水南面去游猎，过了100天还不回来。后羿趁机发难，率兵阻挡了太康回国都之路。

这次失国危机延续时间很长，影响了太康、仲康、相、少康四朝，少康复国后，特别注意防范沿海地区的叛乱，特意将庶子无余封于会稽山，为其祖先大禹守陵。无余便以会稽山为中心，建立起越国。记录无余到越地守陵建国神话的文献很多，例如：

> 越王勾践，其先禹之苗裔，而夏后帝少康之庶子也。封于会稽，以奉守禹之祀。文身断发，披草莱而邑焉。后二十余世，至于允常。允常之时，与吴王阖庐战而相怨伐。允常卒，子勾践立，是为越王。（《史记·越王勾践世家》）

> 少康恐禹祭之绝祀，乃封其庶子于越，号曰无余。余始受封，人民山居，虽有鸟田之利，租贡才给宗庙祭祀之费。乃复随陵陆而耕种，或逐禽鹿而给食。无余质朴，不设宫室之饰，从民所居，春秋祠禹墓于会稽。（《吴越春秋·越王无余外传》）

无余初到越地时，江南先民还过着一种较为原始的生活，身上有花纹，头发不系结，也不会纺织制衣，唯一值得一提的就是神奇的鸟耕技术。当然，鸟耕是神话叙事，并非真实的技术，鸟耕叙事的形成或与江南先民的鸟崇拜有关，或表现了江南先民曾使用过的一种自然物候历，如同古人所概括的二十四节气之一的春分以"玄鸟至"作为提示春播的一种物候特征。无余虽贵为王子，也只能过起了简单、原始的新生活，他没有大兴土木新建宫殿，而是居住在越地常见的住房中，因此赢得了民心。

无余一支迁到越地居住，表面上看是为了保证其先祖大禹的祭祀不断绝，符合传统文化敬奉先祖的传统和道德要求，但实际上这种行为具有重要的政治功能，即守护江南地区的安定。

即使将无余封到越地，夏朝的统治者们也没有放松对江南的管理，夏王们发明了一种比大禹时期的巡视更具有震慑力的巡狩。夏王巡狩诸侯国，不仅可以掌握地方侯、伯的情况，还可以调动大规模的军队在诸侯国进行军事演习，以震慑地方。《竹书纪年》载：夏王芒曾率领九夷的军队东狩于海，也就是到东海边进行大型军事演练，这次军事演习从陆地延伸到东海中，并捕获了一条很大的鱼——这被认为是夏王芒受神庇佑的吉兆。夏王东狩于海获大鱼，这是神话叙事，而隐藏在这一神话叙事背后的则是夏朝统治者安定江南地区的政治行为。

三、太伯奔吴建国神话

继夏初越国在江南地区出现之后，到了商朝晚期，吴国也在江南地区出现了。记录吴国建国历史的也是一段海洋政治神话——太伯奔吴建国神话。神话的主角是周文王的大伯与二伯，也就是周太王的长子太伯（也称"泰伯"）和次子仲雍：

> 吴太伯，太伯弟仲雍，皆周太王之子，而王季历之兄也。季历贤，而有圣子昌，太王欲立季历以及昌，于是太伯、仲雍二人乃奔荆蛮，文身断发，示不可用，以避季历。季历果立，是为王季，而昌为文王。太伯之奔荆蛮，自号勾吴。荆蛮义之，从而归之千余家，立为吴太伯。太伯卒，无子，弟仲雍立，是为吴仲雍。仲雍卒，子季简立。季简卒，

子叔达立，叔达卒，子周章立。是时周武王克殷，求太伯、仲雍之后，得周章。周章已吴君，因而封之。乃封周章弟虞仲于周之北故夏虚，是为虞仲，列为诸侯。（《史记·吴太伯世家》）

古公三子，长曰太伯，次曰仲雍，雍一名吴仲，少曰季历。季历娶妻太任氏，生子昌。昌有圣瑞。古公知昌圣，欲传国以及昌，曰："兴王业者，

图3-3　泰伯像（明《新刻历代圣贤像赞》插图）

其在昌乎！"因更名曰季历。太伯、仲雍望风知指，曰："历者，适（同"嫡"）也。"知古公欲以国及昌。古公病，二人托名采药于衡山，遂之荆蛮，断发文身，为夷狄之服，示不可用。古公卒，太伯、仲雍归。赴丧毕，还荆蛮。国民君而事之，自号为勾吴。（《吴越春秋·吴太伯传》）

当周还是商朝治下的诸侯国时，已有了兴旺之象。周太王生了3个儿子，老三季历最有才干，还生了一个从小就有圣主之相的儿子，也就是后来的周文王姬昌。周太王想让季历继承王位，但依照嫡长子继承制，排行老三的季历显然是没有机会的。太伯和仲雍领会了父亲的意图，奔向了还是荆蛮之地的江南，并且像

当地民众那样文身、断发，表示自己失去了继承王位的资格。商晚期的江南虽然已经有了一定的发展，但与集中垦拓的中原地区相比，还是稍显落后，尤其在海滨之地，民众的服装和发饰还较为原始。"文身"即在身体上文绘类似龙蛇的图案，主要是为了表示自己是龙蛇海神的后代，以在江河湖海中劳作时避免伤害以及祈求护佑；"断发"即披散着头发，头发过长就剪短而不是系结。太伯、仲雍来到江南濒海之地后，也将自己打扮成土著的样子，向周太王表示自己放弃了继承权。太伯在江南自立为王，自号"勾吴"。因为他道德高尚，立国初来归附的当地人就有1000多户。武王伐纣之时，当时的吴君周章帮助了他，武王取得天下后就正式册封周章为吴王，并将周章的弟弟封为虞王。武王的册封，进一步密切了江南地区与中原地区的联系。

四、康王东游建城神话

虽然周朝已有吴国这一同姓国在江南地区，但周天子依然很重视江南地区的经略，以及对江南各诸侯国的统治。周武王的弟弟周公曾主持营建了东都成周，成周建成时举行了盛大的庆典，东部、南部沿海各诸侯国都来祝贺，并奉上了当地土特产。《逸周书》载："扬州，禺禺。""东越，海蛤。""且瓯，文蜃。""若人，玄贝。"扬州、东越、且瓯、若人是居住于今江苏、上海、浙江、福建等东南沿海的族群，"禺禺"是一种鱼，"海蛤""文蜃""玄贝"都是海生贝类。又如《艺文类聚》引《周书》载：

西周第二位天子周成王执政时期，东南沿海的越人敬献了精美的舟船作为贡物。还如，为了掌管地方事务，周王设立了"职方氏"一职。《周礼》载：职方氏"掌天下之图，以掌天下之地。辨其邦国、都鄙、四夷、八蛮、七闽、九貉、五戎、六狄之人民，与其财用、九谷、六畜之数要，周知其利害。"也就是说，职方氏主要是管理沿海、沿边地区的官职，其管理的重点就是临海的幽州、兖州、青州、扬州等地，包括今江南地区。

周虽是农耕族群，但自太伯奔吴开始，也与海洋产生了紧密的联系。周代商后，从维护统治的需要出发，周天子依然延续了从夏至商的天子巡狩、震慑沿海地区的仪式。这不仅代表了一种政治传统的延续，而且具有实际的政治功能。

武王克殷建周后不久便去世了，接替他的是年幼的周成王姬诵。武王之弟姬旦（也就是周公）在伐纣过程中逐渐成为周族的第二号政治人物。武王死后，为了防止因天子年幼而引发叛乱，周公便代成王摄政。武王的另外 3 个弟弟管叔、蔡叔、霍叔此前已接受武王派遣，与商纣王之子武庚一同管理商朝曾经的统治中心。管叔觊觎王位，煽动蔡叔、霍叔、武庚发动了叛乱，还怂恿尚未被正式纳入周朝领土的沿海东夷部族加入叛军。这便是周初著名的三监之乱。周公是平定此次叛乱的最大功臣，他组织大军，亲自统帅，很快镇压了管叔、蔡叔、霍叔和武庚率领的叛军，又乘胜向东方、南方进军，灭掉了九夷 50 多个方国，彻底平定了沿海地区。幼年时期的政治动荡极大地影响了周成王亲政后的执政措施，使他特别重视沿海地区的安稳，并采取了一系列武力征伐行动安定东部沿海。成王在位 22 年后因病驾崩，其子姬钊也就是周康王继位。康王继续推行成王的政策，注重沿海地区的稳定，创造了从成王延续到康王，长达40多年没有使用刑罚的太平盛世，史称"成康之治"。

相传，康王姬钊不仅到东部沿海巡狩，举行大型军事演习活动，还修筑了一座军事堡垒。周康王修筑的这座城后来因年久失修而倒塌了，只有康王建城神话流传了下来。目前所知最早载录康王建城叙事的是成书于北宋大中祥符年间（1008—1016年）的江南地方志《越州图经》，也称《祥符图经》。乾隆《绍兴府志·经籍志》载："《越州图经》九卷，宋李宗谔修，李垂、邵焕纂。"越州为隋朝设置，后改名为会稽郡。从隋至唐反复易名，辖境不断变化。北宋至道三年（997年），越州属两浙路，治越州。《越州图经》讲述说："昔周康王东游镇大海，遂筑此城，南接金山，因以为名。"所谓的"镇大海"就是在沿海举行巡狩、祭祀等仪式以扬天子之威，震慑地方势力。姬钊的这次巡狩活动不简单，最后还在金山沿海修筑了一座城。《越州图经》认为：此城南接金山，因此被称为金山城。金山城的具体位置是在今杭州湾中大金山岛的北部、小金山岛两侧的一片河谷平地上。

图3-4 康王像（明《新刻历代圣贤像赞》插图）

《越州图经》后来散失了，其所载的康王建城叙事收录于现存最早的上海地方志，成书于南宋绍熙四年（1193年）的《云间志》卷上《古迹》。《云间志》将姬钊所建之金山城作为地方古迹，并描述了它的地理位置和规模："金山城在（华亭）县南八十五里，高一丈二尺，周围三百步。旧经：昔周康王东游镇大海，遂筑此城，南接金山，因以为名。""旧经"即《越州图经》，《越州图经》成书100多年后出了《新修绍兴图经》，为进行区别，《越州图经》便被称为"旧经"。《云间志》说金山古城的规制为"高一丈二尺，周围三百步"，很明显是比较适合驻扎士兵并开展军事防御活动的军事堡垒。金山古城是军事堡垒的定位也符合从成王到康王注重沿海地区稳定的政治追求。

康王东巡建城神话对上海金山地区来说有着重要意义，区域名称便得名于此神话。从表面上看，金山区域之名来自海中大金山，地因山名。大金山海拔约103米，虽然与江南其他地方的高山无法相比，但它是上海海拔最高点，所以对金山地区和上海来说都相当重要。这座山因康王而得名。金山古称钊山。"吴郡，东南到东海钊山四百五里。"（《通典》周郡十二"古扬州下"）"（苏州）东南至海岸钊山四百五里。"（《太平寰宇记》卷九十一"苏州"）这些记录以今天的苏州为参照，写出了古钊山的地理方位，指的就是现在的大金山岛。南宋淳熙年间，华亭人（也就是现在的上海人）许尚作《华亭百咏·金山城》，诗前小引证明当时人还了解金山原名钊山之事，并讨论了"钊山"之名的来历："金山古名钊山，周康王名钊，是山因康王筑城而得名，抑城因山名而附会为康王所筑，无考。"钊山因周康王姬钊而得名的可能性较大，但钊山为何又被称为金山？本书认为，大约是因为"钊"字的繁体字形"釗"的左边为"金"，在传抄的过程中发生了讹误，所以钊山就逐渐被称为金山了，而金山所接的城也就成了金山城。但在钊山改名为金山之前，古金山城的名字应该不同，可能为钊山城。

周康王建金山古城的神话叙事说明江南沿海地区自古就是海防要地。《云间志》"城社"章说："县之有城，盖不多见，华亭邑于海，或者因戍守备御而有之。"其"镇戍"章又说："华亭襟江带海，上而吴、晋，近而吴越，尝筑城垒置防戍，所以控守海道者至矣。"从军事防御的角度看，康王所建之金山古城绝不是第一座军事堡垒，只是因为时间过于久远，相关信息已经丢失，仅有部分神话流传下来而已。

五、始皇南巡会稽神话

秦王嬴政二十五年（前222年），秦将王翦平定了原楚国辖下的长江以南地区，降伏了越地首领，置会稽郡①，将江南地区纳入了秦的版图。

秦虽国祚不长，但依然对江南地区产生了巨大影响，比如郡县制的设立结束了诸侯国各自为政、相互隔离的局面，促进了江南地区内部的一体化；又如秦推行统一的文字、车辆规制、度量衡等，极大地改变了江南地区的文化面貌，进一步促进了江南与

---

① 有资料显示秦统一六国后可能曾在原会稽郡西部设故鄣郡（也称鄣郡）。

中原的沟通与融合。因为秦始皇对江南区域发展做出过很大贡献，他死后得到了江南民众的崇奉，南朝孔灵符在《会稽记》中记录了唐以前诸暨秦始皇庙屡毁屡建的过程："始皇崩，邑人刻木为像祀之，配食夏禹。后汉太守王朗弃其像于江中，像乃溯流而上。人以为异，复立庙。唐叶天师焚之。开元十九年县尉吴励之再建。庆历五年知县寇中舍毁之，改作回车院。今院侧仍有小庙存。"除诸暨秦始皇庙外，上虞、海盐等地也都曾建秦始皇庙，说明江南民众对秦始皇有着不一般的感情。海盐县秦驻山秦始皇庙中一块南朝梁天监二年（503 年）的碑文甚至将秦始皇与炎黄、太昊和颛顼相比：

前览灼灼，后圣茂哉。始皇承天，越授帝命。业超上古，歼周灭郑。

七雄靡余，六国是并。功齐太古，道深前王。埒炎均昊，美冠颛黄。

通灵七代，敬构商堂。纵圣凝神，将纪百几。庵蔼余辉，蜚声万祀[1]。

秦三十七年（前 210 年），秦始皇携左丞相李斯、少子胡亥出巡，先到湖北云梦泽，朝九嶷山的方向望祭虞舜，然后顺长江而下，"观籍柯，渡海渚。过丹阳，至钱唐。临浙江，水波恶，乃西百二十里，从狭中渡。上会稽，祭大禹，望于南海，而立石刻颂秦德……还过吴，从江乘渡，并海上，北至琅邪"。（《史

---

[1] 《秦驻山碑记》，原载宋《武原志》，转引自《海盐县水利志》，浙江人民出版社 2008 年版，第 497 页。

记·秦始皇本纪》）以秦始皇南巡会稽为蓝本，江南各地都产生了一些相关神话，其中很多神话与海洋或与海洋连通的水域相关，举数例如下。

其一，秦始皇驱山铎神话。驱山铎神话在晋朝就有流传，讲述了秦始皇得到神器驱山铎，欲驱山填海，不料中途失去神器，返回途中因病崩殂的故事。《艺文类聚》卷七九引晋《三齐略记》说："始皇作石桥，欲过海观日出处，于时有神人，能驱石下海，城阳一山石，尽起立，巉巉东倾，状似相随而去，云石去不速，神人辄鞭之，尽流血，石莫不悉赤，至今犹尔。"秦始皇驱山铎神话可能早期在山东地区流传，后流布各地，尤其在濒海之地有了新的演绎。唐人马湘有《登杭州秦望山》诗，其中有"秦皇谩作驱山计，沧海茫茫转更深"一句，说明至少在唐朝，江南地区也已经有了相关神话。南宋《嘉泰会稽志》卷十三认为秦始皇驱山铎的丢失之处就在越溪："唐人于越溪获铎，以问僧一行，答云：此秦始皇驱山铎也。"

其二，秦始皇缆船石神话。南宋《乾道临安志》卷九载："秦王缆船石在钱塘门外。昔秦始皇东游泛海，舣舟于此。陆羽《武林山记》云：自钱塘门至秦王缆船石，俗呼西石头。北关僧思净刻大石佛于此。旧传西湖本通海，东至沙河塘，向南一岸皆大江也。故秦始皇缆舟于此。"秦始皇上会稽山祭大禹时曾途经会稽郡所辖的钱唐县（秦置）。相传他到达钱塘以后曾在宝石山一带停留，当时宝石山还是水中孤岛，秦始皇曾将船缆系在临水的大悬石上，这块石头后来就被称为"秦始皇缆船石"。此石后来被思净和尚凿成了一座半身佛像，建造了佛殿，也就是后来的葛岭大佛院。明朝张舆在《秦皇缆船石》诗中也记录了此神话：

"葛仙岭西大石头,祖龙东来曾系舟。不闻登仙入蓬莱,徒见作佛①如嘉州。"

其三,秦始皇造桥渡浙江神话。现在为省级行政单位名称的"浙江"一词,本为江名,包括富阳段的富春江和杭州段的钱塘江。相传秦始皇曾打算在连山造一座横跨钱塘江的大桥,终因钱塘江波涛险恶而不能如愿。《嘉泰会稽志》载:"连山在县西一十二里。旧经云:连山,长冈九里,西北至定山。秦始皇欲置石桥渡浙江,石柱数十列于江际。其旁别有小山,号石井山。"宋人王十朋在《会稽风俗赋》中也记录了此神话,文中提到"连山如珠,秦皇之所驱兮",注曰:"连山在萧山县西,夏侯曾先志云:连山,长冈九里,西北至定山,秦始皇欲置石桥渡浙江,今尚有石柱数十列于江际,世称始皇驱山塞海。"

其四,秦始皇驰道与秦驻山神话。秦始皇统一六国后修建了驰道。驰道就是秦朝的高等级公路。秦始皇统一中国之前,六国各自为政,车道有宽有窄,马车也大小不同。这种情况在中国统一之后就出问题了,车辆在不同的车道上行走很不方便,于是秦始皇就下令"车同轨",即统一全国车辆两轮间的距离,这样全国各地车辆来往就方便了。"车同轨"具有重要的意义,让整个中国连成一体,一辆车可以走南闯北。但车辆的迅速行驶对路面的要求也很高,所以秦始皇又运用国家力量修建了四通八达的适合马车行走的道路。但秦始皇修建驰道的历史太过久远,它究竟如何分布,已经没有确切的记载。有学者对驰道进行了研究,认为其中有一条驰道通向会稽郡的滨海道。②

① 佛,指乐山大佛。
② 参见管真编著:《图说上海600年》,上海世界书局2010年版,第44页。

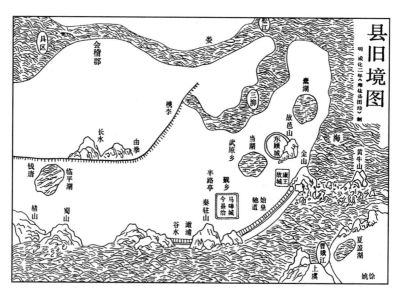

图3-5　海盐县旧境图（明成化《海盐县图经》插图）

　　秦始皇驰道和秦驻山神话在古海盐县境内集中流传。明朝
《海盐县图经》载：沿着海盐境内的秦皇驰道，可以从秦驻山到
达金山[①]，后随着杭州湾北岸的坍塌而沦入海中。北宋华亭县[②]
县令唐询作过一首名为《秦始皇驰道》的诗："秦德衰千祀，江
滨道不修。相传大堤在，曾是翠华游。玉趾如将见，金椎岂复
留。怅然寻旧迹，蔓草蔽荒丘。"诗前有小序，说："在县西北昆
山南四里，相传有大冈路，西通吴城，即驰道也。"王安石、梅
尧臣都有同名诗："穆王得八骏，万事得期修。茫茫万载间，复
此好远游。车轮与马迹，此地亦尝留。想当治道时，劳者尸如
丘。"（王安石《次韵唐彦猷华亭十咏·始皇驰道》）"秦帝观沧

① 即今杭州湾中大金山岛，位于今上海。
② 华亭县部分辖区属古海盐县，今属上海。

海，劳人何得修。石桥虹霓断，驰道鹿麋游。车辙久已没，马迹
亦无留。骊山宝衣尽，万古空冢丘。"（梅尧臣《依韵和唐彦猷华
亭十咏·秦始皇驰道》）华亭县城西北的一条路，民间相传就是
秦始皇修建的驰道。秦始皇修建驰道的传说不仅在民间流传，载
录在古诗中，还进入地方志。明《松江府志》载："萧塘，在十
三保，相传秦始皇东游望海由此塘而南，故名。"《民国奉贤县志
稿》也有类似的记录："萧塘，旧名秦塘，因秦始皇驰道所经，
故名。"萧塘位于今奉贤境内，当地老百姓说它以前叫作秦塘，
据说秦始皇修建的驰道从萧塘边上经过，因此得名。

　　相传，秦始皇曾在秦驰道附近登山望海，该山由此被命名为
秦驻山、秦望山或秦山。北魏《水经注》卷二十九载："秦于其
地置海盐县……县南有秦望山，秦始皇所登以望东海，故山得其
名焉。"今海盐与上海金山皆有秦望山，可见秦始皇驰道及其望

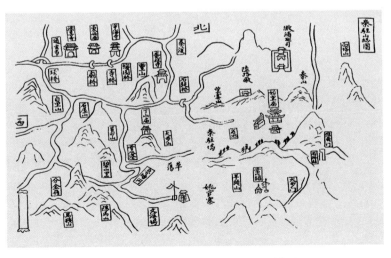

图3-6　秦驻山总图（明嘉靖《续澉水志》插图）

海神话的影响。

　　从大禹底定震泽神话到始皇南巡会稽神话，明显表现出江南地区对以中原为政治中心的国家政权认同的逐步深入。夏朝的建立者大禹虽然为江南地区的早期发展做出了巨大贡献，但对江南民众来说，他依然是一个外来者。而无余和太伯虽然出生自中原，却因种种原因迁居江南，他们建立的越国与吴国极大地推动了江南地区的发展，客观上促进了江南与中原的融合，由此形成的吴越文化也成为江南文化史上的辉煌篇章。到周秦时期，江南各地对中原政权的认同已经达到了前所未有的高度，他们将天子巡狩地方看作一件荣耀无比的大事，甚至将地方名山的命名权都让渡给天子。

第四章
江南地区陆沉神话与独特的
地理单元

　　江南地区是一个独特的地理单元，其主体是长江入海之前形成的冲积平原，即长江三角洲。长江三角洲地势低平、河湖纵横，主要河湖有长江、钱塘江、富春江、太湖、淀山湖、阳澄湖等，京杭运河自北向南倾斜贯穿。作为一个独特的地理单元，江南地区曾经历过多次的海陆变迁。在距今 12000 年的冰期，全世界的海平面比现在低 100 多米，当时三角洲的前沿到达现在的东海外缘。冰期结束后，海面回升，大约 6000 年前，长江口内缩到今镇江、扬州之间，以东皆是一片浅海。后来长江裹挟大量泥沙入海，在江流和海潮的共同作用下，在江口外堆成南北两条沙嘴，并最终合拢。沙嘴内的今太湖原为海湾，后与大海隔开成为潟湖，大部分逐渐淤积为陆地，其余演化为太湖等淡水湖泊。同时，由于长江干流和支流裹挟大量泥沙入海，河道容易淤积，在海平面上升时往往造成风暴潮灾害，淹没田地和屋舍。以这种独特的地理单元为背景，江南地区集中产生了一批陆沉神话。

一、由拳县城沉没神话

由拳县早在秦始皇时期就设立了，治所在今浙江嘉兴境内，辖境包括今上海部分区域，是江南地区最古老的县城之一，悠久的历史也引发了不少神话，比如由拳县得名的神话。北宋《太平寰宇记》卷九十五"嘉兴县"条载："始皇碑在嘉兴县，吴主立于长水县。土人谣曰：'水市出天子'。始皇东游从此过，见人乘舟水中交易，应其谣，遂改由拳县。"相传，由拳县原名长水县，长水县流传着一首谶言式的歌谣——"水市出天子"。秦始皇东游时偶然听闻了这一歌谣，并见到当地百姓乘船在水中交易的情形，意识到有出新天子的危险。为了破除这种威胁，秦始皇便下令将县名改为"由拳"。南宋王象之在《舆地纪胜》卷三中也记录了一个类似的神话："由拳县在嘉兴南五里。秦始皇见其山上出皇气，使诸囚合死者来凿此山，其囚倦并逃走，因号为囚倦山，因置囚拳县。后人语讹，便名为由拳山。其处产佳纸。"秦始皇（或其近臣）通过望气看到这一带有王气，而且这种王气大约是因为水流而引起的，因此调了一队死囚来凿山断水，试图毁掉此地的王气。但死囚们厌倦了凿山，乘机逃跑了，该山因此被称为囚倦山，该县也由此得名囚倦县。后来口耳相传中发生了讹误，"囚倦"被传为了"由拳"。由拳得名的神话产生早，流传久，以至于清朝人把它们当作史实，清顾祖禹《读史方舆纪要》卷九十一说："秦三十七年改长水县为由拳县。"清陈芳绩《历代地理沿革表》也载："秦三十七年长水县改名囚倦，后转语为由拳"。

历史如此悠久的由拳县哪里去了呢？相传它陷为湖了。东晋《搜神记》卷十三载：

> 由拳县，秦时长水县也。始皇时，童谣曰："城门有血，城当陷没为湖。"有妪闻之，朝朝往窥。门将欲缚之。妪言其故。后，门将以犬血涂门。妪见血，便走去。忽有大水欲没县。主簿令干入白令。令曰："何忽作鱼？"干曰："明府亦作鱼。"遂沦为湖。

北魏《水经注·沔水》引《神异传》也载了此神话，内容大体相同：

> 由卷县，秦时长水县也。始皇时，县有童谣曰："城门当有血，城陷没为湖。"有老妪闻之，忧惧，旦往窥城门。门侍欲缚之。妪言其故。妪去后，门侍杀犬，以血涂门。妪又往，见血，走去，不敢顾。忽有大水长欲没县。主簿令干入白令。令见干，曰："何忽作鱼？"干又曰："明府亦作鱼！"遂乃沦陷为谷矣。

该神话中出现了预言式而非谶纬式的童谣，童谣预言了由拳县城即将到来的灭顶之灾，可惜只有一个老妇人相信。守门人为了捉弄老妇人，用狗血涂在城门上，预言应验，城陷为湖，县城的官员和民众都化作湖底之鱼。

上海青浦属古由拳县旧地，由拳县城相关神话在此也有流传，清康熙五十年（1711年）修纂的《青浦县志》卷八载：

> 秦时由拳县，始皇出列改为长水县①。先有童谣曰：城门有血，陷没为湖。有老妪闻之，每旦往窥，城门守者欲缚之。妪言其故，得释。后守者杀犬以血涂门。妪明旦复往见血，亟去。忽见大水至，沦没为谷，因为谷水。

从神话内容来看，青浦流传的神话将由拳县得名神话与县城沦为湖的神话整合为一体。

由拳县城沦为湖的神话在青浦还有了进一步发展。明《五茸志逸》卷五载：

> 相传长泖为由拳旧县，汉末沉没。每天色晴明，水面无风，则见水底屋脊瓦石焉。万历元年，新筑青浦城，苦无石，父老言于邑令，使人入水得石甚多。今城头佳石，多长泖中物也。

五茸是松江的别称，作者吴履震是明朝松江府人，而青浦当时为松江府所辖。《五茸志逸》所辑多为府志、县志所未记载的神话材料，颇为珍贵。这里所记录的水中由拳县城的神话在清《青浦县志》卷十二中也有记录："由拳一名囚倦，神异传云，秦

---

① 这里大约是传抄之误，应为"秦时长水县，始皇出猎，改为由拳县"。

始皇时为由拳县，又为长水县，汉末沦陷为谷，故长泖为由拳旧地。每天色晴明，则水底城址街道历历可见。"由拳县得名神话、县城沦为湖的神话以及水下县城神话被组合为一体，当代学者甚至用此神话建构了古由拳县的历史："秦代充满传奇色彩的由拳县，于汉平帝元始二年（公元 2 年）为大水淹没，人众成了鱼鳖，昔日繁华一时的由拳县，沉没在今青浦境内的泖湖中。"①"由拳县，今青浦西南境，也下陷为谷水，即今青浦县的泖湖。"②

由拳县城沦为湖的神话直到 20 世纪 80 年代还在流传。当时在上海全市民间文学普查中，发现青浦练塘镇一带流传着一则《泖河的神话》③，梗概如下：

> 在古由拳县城突然传开了一首童谣，说的是哪一天城门上有血，县城就会陷落。小孩子们嘻嘻哈哈地唱着歌，但没有人信以为真。只有一位有心的老太太听了歌谣后天天去看城门上是否有血。守城的兵勇感到好笑，为了捉弄老太太便在城门上涂了狗血。老太太看到城门真的出了血，就急忙赶回家，招呼邻居逃走。当大家一边扶老携幼地向城外拥去的时候，县城的土地还在不断下沉。等到他们逃到练塘镇东面的东环桥时，整个由拳县城已经成为一片汪洋，沉入了泖河

---

① 吴申元、夏林根、张哲永主编：《上海词典·上海概况》，复旦大学出版社 1989 年版，第 3 页。
② 王育民：《秦、汉以后上海地区的建置沿革》，载《中国历史地理概论（下册）》，人民教育出版社 1987 年版，第 675 页。
③ 《泖河的神话》，载《中国民间文学集成上海卷·青浦县故事分卷》，1989 年版，第 139—140 页。

底。据说，冬天河水干枯而天气晴朗的时候，大家还能见到水底的石街。万历元年，青浦县主石继芳还派人从泖河中打捞大石头筑起了青浦县新城。

不少学者认为由拳县城沉没神话"是从更古老的《历阳沉而为湖》神话发展而来的"①。《历阳沉而为湖》神话也就是历阳县城沉没神话，是文献著录的中国最早的陆沉神话，也是唐以前最出名的陆沉神话。西汉《淮南子·俶真训》中有"夫历阳之都，一夕反而为湖"的记录，说明在汉初历阳城沉没神话已广为流传。历阳为秦朝古县，也就是今安徽和县，位于安徽省东部，长江下游北岸。历阳属大禹所划分的古九州之古扬州，春秋时先属吴，后属越、楚，为江南所涵盖的范围。汉初，历阳为淮南国所辖，《淮南子》是淮南王刘安的宾客集体所撰，因此历阳城沉没神话一定不是文学创作，而是对当地流传神话的真实记录。东汉高诱为此句进行注解时，补充了叙事细节：

> 历阳，淮南国之县名，今属江都。昔有老妪常行仁义。有二诸生过之，谓曰："此国当没为湖。"谓妪："视东城门阃②有血，便走上北山。勿顾也。"自此，妪便往视门阃。阃者问之，妪对曰如是。其暮，门吏故杀鸡，血涂门阃。明旦，老妪早往视门，见血，便上北山，国没为湖。与门吏言其事，适一宿耳。

东汉《论衡·命义》也载:"闻历阳之都,一宿沉而为湖。"到了唐朝,历阳城沉没神话依然很流行,李白有诗云:"太古历阳郡,化为洪川在。"(《历阳壮士勤将军名思齐歌》)杜牧也有诗云:"历阳前事知何实,高位纷纷见陷人。"(《和州绝句》)在神话流传的过程中,还形成了"历阳湖波"的典故,用以形容人生常遭遇不测,前途未卜,比如李贺曾写道:"我虽跨马不得还,历阳湖波大如山。"(《公无出门》)

许多学者对历阳城沉没神话进行过解读,并结合文献记录分析神话产生的客观原因,得出它是"关于地陷或地震的神话"[①]的结论,有学者结合汉文帝元年(前 179 年)四月地震的记录,推测"历阳成湖时间,是在汉文帝元年(公元前 179)四月"[②]。本书认为,上述结论尚待商榷,主要是因为我们不能将神话完全当作真实的历史来看待,高诱的叙述明显已经是情节生动的神话,而非历史。学界倾向于认为《淮南子》成书于景帝在位期间(前 156—前 141 年),距离汉文帝元年的地震不过 30 多年,这么短的时间能否形成神话且成为淮南国民皆认同的地方叙事?但有一点可以肯定,历阳县城沉没神话的确有其自然灾害(地震、水灾等)发生的客观背景,不过神话所反映的灾害一定较为久远,并不一定发生在淮南国,而是对整个江南地区濒海多水域,容易遭受灾害的地理环境的反映。

---

① 刘守华:《中国民间故事史》,商务印书馆 2017 年版,第 58 页。
② 和县地方志办公室编:《和县简史》,安徽人民出版社 2017 年版,第 14 页。

二、东京城陷落神话

东京城陷落神话是江南地区常见的另一种陆沉神话，比如余姚流传的《坍东京涨宁绍》①、舟山流传的《坍东京》② 等。本部分以上海流传的东京城陷落神话为例进行分析，20 世纪 40 年代，学者陈志良曾采录到一则《沉东京，尖崇明》：

> 从前东京城里有个孝子，只有一个老母亲在堂，他非常孝顺她。有一晚，他梦见一个仙人对他说："这个城快要沉没了！你如果见到城隍庙前石狮子的眼睛出了血，此城马上沉没，赶快驮了你的母亲逃走。"那孝子信以为真，每日在天未亮之前先到城隍庙前看看石狮子的眼睛有没有出血，一连好几天，天天碰到杀猪摊的人（上海杀猪的起身最早）。杀猪的奇怪他的行动，盘问明白那孝子的原委。于是在第二天大清早，杀猪的把手上的猪血预先涂抹了石狮子的眼睛。等到孝子一到，看见石狮子的眼睛果真出了血，马上回家驮了老母就逃，他的前脚跨出，后脚已沦为湖了。于是那东京城就沉没而为湖；崇明岛却渐渐地尖了起来③。

---

① 鲁永平主编：《中国民间故事丛书·浙江宁波余姚卷》，知识产权出版社 2015 年版，第 266—267 页。
② 中国民间文学集成全国编辑委员会等：《中国民间故事集成·浙江卷》，中国 ISBN 中心 1997 年版，第 430—432 页。
③ 陈志良：《沉城的故事》，《风土杂志》1944 年第 2—3 期，第 77 页。

记录者陈志良说:"我对于这个故事(指沉城故事)发生兴趣的动机,开始于上海黄浦江中船夫叙述的《沉东京,㲀崇明》。因为我家在黄浦江中有几条载货的驳船,我小时候常与'老大'(指船夫)接近,听得了这个故事。"陈志良于 1908 年生于上海,他最早听闻此神话的时间是在 20 世纪初。作为陆沉神话,东京城陷落神话与由拳县城沉没神话在具体情节上有差别,主要表现在发出预警的主体不同和灾变征兆不同。在由拳县城沉没神话中,发出沉没预警的是童谣,灾变征兆是城门有血。在东京城陷落神话中,发出灾难预警的是仙人,灾变征兆是石狮子出血。神话由童谣示警向仙人示警的变化,可能反映了陆沉神话在流传的过程中逐渐摆脱了秦汉间巫术思想的影响。以石狮子出血作为灾变征兆明显要晚于城门有血。关于石狮子出血在陆沉神话中的出现,有学者这样解释:"故事中由城门出血、到石龟眼中出血、再到石狮子口中出血,也不难找到合理演变的轨迹。中国古代认为门是'生气之门',具有灵性,因为城门见血即为凶兆,此外龟是四灵(龙凤麟龟)之一,古代龟卜盛行,所以石龟也常常出来扮演预言家的角色。明朝以后乌龟被人们视为卑贱邪恶之物,而从汉朝开始传入中国的狮子却成为吉祥威猛的神兽,雕刻精美的石狮子在中国城乡随处可见。人们很自然地将他们熟悉的石狮子视作可显现灾变预兆的神物编入故事,城门出血和石龟眼中出血,这些古老而陌生的说法就在口头神话中被淘汰了"[1]。在上海流传的陆沉神话叙事中,以石狮子出血为征兆的较为多见。

县城为何会沉没呢?由拳县城沉没神话没有给出解释,历阳

---

[1] 刘守华:《中国民间故事史》,湖北教育出版社 1999 年版,第 81 页。

城沉没神话说那个唯一幸免于难的老妇人"常行仁义",东京城沉没神话说得到仙人预警的是一个孝子,也就是说大多数沉城神话都将灾难与道德联系起来了。20世纪80年代在上海金山采录的《话说东京》更清晰地表现了此方面的内容①,神话内容概括如下:

> 东京城方圆二十里都是黑心人,观音要试探一下东京城内还有没有好人,她化作卖油人,给钱沽油都由顾客自付自取。买油的人都付很少钱而拿很多油。第三天来了一个小孩子,付了半瓶油钱拿了一瓶油。小孩子回家后被祖母批评,遂返回油铺还了半瓶油。观音认定他是好人,于是告诉他看到石狮子眼睛出血时就马上背起祖母逃命。一个屠夫故意在石狮子眼睛上涂抹了血,小孩子看到后立即回家背起祖母逃跑。等他实在跑不动停下来后,身后的海水也停止了奔腾。祖孙两后来就在这海滩上生活下去,这就是后来的漕泾镇。

《沉东京,氽崇明》的结局是东京城陷入湖中,《话说东京》的结局则是东京城最终陷入海中。考虑到上海濒海,且河道多与大海相通,这样的区别可以忽略。实际上,上海地区流传的陆沉神话中,城池被海水吞没是最常见的情节。《话说东京》清晰地指出东京城被淹没的原因是"方圆二十里都是黑心人",而考察东京人的道德水平并最终决定是否降灾的是观音,很明显,此神话融入了观音信仰和善恶有报的理念,这是佛教的传播为民间信

---

① 《话说东京》,载《中国民间文学集成·上海卷·金山县故事分卷》,1989年版,第104—106页。

仰和神话带来的影响。

上海川沙地区也流传着一则表现东京城被海水吞没的神话——《塌东京长崇明》①，神话内容简述如下：

> 东京城里出了忤逆星，民心日坏，玉帝因此想要毁灭它，便先派观音去探探还有没有好人。观音化作卖汤圆之人要试试东京城里有没有买给父母吃的孝子。三年多，她才遇到了一位吴孝子。观音叮嘱孝子如果南门外的石狮子眼睛出血，就要背起老母迅速离开。一个屠夫听闻此事起了作弄之心。当吴孝子看到屠夫涂抹在石狮子眼睛上的鲜血后就立即背着母亲逃命。在他的身后地面不断下陷。吴孝子一直背着母亲来到崇明新开河地区，回头一看背后是汪洋一片。他母子二人就在此地定居，这地方就是后来的崇明岛。

《塌东京长崇明》也明显受佛教思想的影响，观音信仰和善恶报应的观念依然是神话主线，但与《话说东京》相比，该神话还显示了民间信仰中佛道合流的现象：道教的玉帝想毁灭东京城，派了佛教的观音去试探当地老百姓。这是民间信仰和神话的普遍情况。

东京城陷落的陆沉神话在江南地区广泛流传。但江南距离历史上真实存在过的东京汴梁（也就是现在的开封）相当遥远，即使有移民带来相关神话，也很难造成流传如此广泛的局面，最合理的解释就是独特的地理环境造成了江南各地历史上陆地被淹没

---

① 《塌东京长崇明》，载《中国民间文学集成·上海卷·川沙县故事、歌谣、谚语分卷》，1988年版，第145—147页。

的情况频繁出现，在江南民众的集体记忆中留下了难以磨灭的印记。

仍以上海为例，在《话说东京》的流传地金山地区，历史上确实存在过一个与东京类似的地名，而且城池曾被海水吞没，这就是梁设立而南宋沦入海中的前京县城，位置在原金山南境，今杭州湾中的大金山附近。南宋王象之在其编纂的《舆地纪胜》卷三载："前京城在华亭县东南，旧经云，以近京浦，因以为名。其城梁天监七年（508年）筑。"前京县先属梁，后属陈，约有70余年的历史，前京城遗迹到南宋淳熙时尚存，且可登临，南宋许尚的《华亭百咏》中就有一首《前京城》："庐落皆无有，依稀古堞存。登临认遗迹，林莽暮烟昏"。诗前小引说："府南八十五里，《舆地志》云：'本海盐县，以地近京浦，故以为名'。"京浦，指的是金山境内连通杭州湾的小官浦。陈志良在记叙《沉东京，浮崇明》神话后评述说："至于东京在什么地方呢？谁也没有考究过。"他只听当地农民说过："当时沉没的东京城，就在金山的外边。"从这里叙述的地理位置来看，上海民众所指的"东京城"确乎就是历史上的前京城。

上海历史上陷没的城不止前京县城一座，秦朝设立的古海盐县城，最初在今上海金山境内，西汉后期因海潮侵袭而陷为柘湖，县城西迁至今浙江平湖境内。《汉书·地理志》曰："海盐，故武原乡，有盐官，莽曰展武。"北宋初期的《太平寰宇记》卷九十五引《吴郡记》说该县"海滨广斥，盐田相望"。南宋绍熙《云间志》卷上"古迹"条载："柘湖，《旧图》：在县南七十里，湖中有小山生柘树，因以为名。《吴越春秋》《元和郡国土志》：海盐本秦县，汉因之。其后县城陷为柘湖，移于武昌乡，后又陷为当湖。"明正德《金山卫志》也云："去卫城东北六里，周五千一百十九顷，中有小山，即柘山（即今甸山，位于山阳乡内）。"又云："故海盐（县治）在柘湖境上，其地即今里人所谓金山嘴①是也。"清乾隆《乍浦志》记录说：当地民众曾在乍浦南三里许的海中，在大海的低潮时发现古城遗址，并拾得新莽货币"大泉五十"一枚，以及天凤五年展武县官秤锤一个。以古海盐县城、前京县城为代表的陷落古城是上海沉城神话产生和传播的客观原因。

上海地区还流传着一些特别的陆地沉没神话，具有明显的时代特色。比如在金山一带流传的《上海金山的来历》②讲述了杭州湾中大小金山岛的来历，神话内容概括如下：

> 有一年海水倒灌，冲垮了海边一个村庄的所有房舍，大多数人都逃命去了，只有地主笑面虎舍不得家产。当大水来临时，笑面虎抓起两只金元宝逃到树上。他饥饿的时候，看到一个躲海水的农民有两只馒头。笑面虎企图用一只金元宝换一只馒头，农民不换，吃完馒头后游走了。最后，笑面虎连同两只金元宝都沉入海中。海水退去以后，海面上露出两座山头，被称为大金山和小金山。

大小金山岛曾是陆地的一部分，约在南宋淳熙年间，由于海岸线塌陷，陆地沉降，大小金山逐渐沦入海中，成为近岸海

---

① 明朝的金山嘴已沦入海中。
② 《上海金山的来历》，载《中国民间文学集成·上海卷·杨浦区分卷》，1989年版，第116—117页。

岛①。从情节上看，《上海金山的来历》并不具备陆沉神话的典型情节，更像陆沉神话的"续集"。神话是从"海水冲垮房舍，大家都逃命去了"这样一个灾难性的后果开始的，这个开端就是陆沉神话的结尾。《上海金山的来历》极像是为陆沉神话续写故事：大家都逃命去了，剩下个要钱不要命的笑面虎，抓了两个金元宝爬上了树。灾后余生的还有一个拥有两个馒头的农民。笑面虎企图用一个金元宝换一个馒头，农民不同意，吃完馒头后游走了，只留下一个潇洒的背影和即将饿死的笑面虎。海水退去后，海中出现了两个金元宝变幻的大小金山。该神话大约是从大小金山的山头外形与馒头相像这一比较衍生而成。神话的主角是具有阶级对立关系的地主和农民，地主笑面虎是典型的坏地主，因而在危难关头没有得到农民的帮助。这样的人物设置具有鲜明的时代特色，据此，本书推断此神话大约产生于从解放战争时期到中华人民共和国成立初期这一段时间内，或在当时进行过改造。在当时的环境下，陆沉神话隐去了善恶报应的佛教思想，代之以阶级斗争的观念。

三、崇明岛出现神话

在江南地区还流传着一些独特的陆沉神话，它们的共同点是以海水退去，甚至海中出现新陆地为结尾，与前述《沉东京，浮

---

① 张明华：《大小金山入海的缘由》，载氏著《考古上海》，上海文化出版社 2010 年版。

崇明》相类，上海及其周边流传的崇明岛出现神话是此类神话的代表，比如曾在上海虹口地区采录的一则《崇明岛的来历》[①] 就同时讲述了陆地的沉没和岛屿的创造，神话内容简述如下：

> 朱元璋当皇帝以后梦到一个女子拦路哭诉，说她本是招宝山神的女儿，后来嫁给东海龙王的四太子当媳妇，本来每年都要回家几趟，但自从新任的浙江按察佥事章溢上任后，怎么都回不去了。朱元璋当即答应她解决这个问题。梦醒以后，朱元璋不顾太监的反对，召回了章溢。不久，一场罕见的风暴和海啸袭来，招宝山被冲塌，周边村庄和农田也无一幸免。朱元璋得知后十分后悔。当天晚上他又梦到来道谢的招宝山神的女儿，就责备她不该毁了这么多完税的农田。女子辩解说会让她丈夫补偿。第二天，朱元璋就接到奏报，说东海口涨出一大块岛屿，上面全是沙土，可以开垦作良田。朱元璋知道是女子的丈夫来还债了。于是下令当地官府劝民上岛开垦，并十年不征赋税。因为这块岛屿形成于明朝，所以当地人称之为崇明岛。

《崇明岛的来历》塑造了感情用事的朱元璋和鲁莽的招宝山神女儿的形象，以女神回娘家解释风暴和海啸冲垮招宝山，并以女神丈夫的补偿解释崇明岛的出现。该神话极富生活气息，并且具有一种淡定的、充满希望的生活态度：虽然海水冲垮了城池和乡村，淹没了道路和农田，但大自然依然会补偿民众，海中能涨

[①] 《崇明岛的来历》，载《中国民间文学集成·上海卷·虹口区故事分卷》，1989年版，第270—271页。

出陆地供民众生活。这种水中涨出陆地的情节，体现了江南民众面对海陆变迁所保持的淡然的生活态度，乃至于在困境中保持了乐观的心态。

也有不少关于崇明岛来历的神话没有淹没陆地的情节，只有岛屿的创造。比如一则在崇明地区采录的《长江三岛》①讲述了八仙造崇明岛、长兴岛和横沙岛的过程，神话内容简述如下：

> 台湾岛和海南岛土质不好，百姓很艰苦，为了建造更理想的宝岛，八仙寻访人间，准备再造一个平坦的宝岛，既便于排水，也有利灌溉。铁拐李在众仙的怂恿下，在长江口上空甩下一只鞋，变成了崇明岛，甩下另一只鞋，结果摔成两块，变成了长兴岛和横沙岛。从此长江口就有了三个岛。

神话认为长江口的崇明岛、长兴岛、横沙岛是八仙为了造福民众而创造的，岛屿被创造出来的同时并没有土地被淹没。另一篇同样采自崇明地区的神话《崇明沙由来》②也认为崇明岛是被创造出来的，但创造崇明岛的并非仙人，神话内容简述如下：

> 李世民要渡海远征高丽，但刚出海就晕船了，想班师回朝。徐茂公担心东征不成，薛仁贵想出一个办法，调动三军砍伐树木，在黄河口造了很大的木筏，又在木筏上盖上厚泥土，筑起城池，让三军乔装成平民进入城中，然后奏报给李

---

① 《长江三岛》，载《中国民间故事丛书·上海崇明卷》，知识产权出版社2016年版，第72—73页。
② 《崇明沙由来》，载《中国民间故事丛书·上海崇明卷》，第73—74页。

世民说黄河中涨起仙岛。李世民信以为真，登上木筏到城楼吃酒。同时，木筏启航，将李世民和大军送到了高丽。战后，废弃的木筏被潮水冲到东海之滨，搁浅在长江入海口，成为今日的崇明岛。

陆地沉没神话与海岛出现的神话在上海共同流传，客观上与上海濒海的地理环境有关。今上海市南部位于杭州湾北岸，其东北部则是长江入海口。历史上的海陆变迁给上海的南部和东北部造成了不同的影响。总的来说，位于杭州湾北岸的上海南部曾发生过大规模的陆地沦海，而在东北部的长江口，短短几个世纪内，却生长出了几个岛屿，其中就包括我国第三大岛，上海第一大岛——崇明岛。这两个方位的海陆变迁，正应了那句俗语——"此消彼长"。

位于杭州湾北岸的上海南部历史悠久，在戚家墩、查山、亭林等地先后发现过古代文化遗址，出土了大量古代文物。根据考证，这里的历史可以追溯到 6 000 多年前。在这一块土地发生大规模的陆地沦海事件之前，"今上海奉贤的柘林到浙江海盐的澉浦之间，海岸线向东南伸展，与今之杭州湾中的王盘山相连。今海盐、乍浦、金山卫以东，则是一片广袤的陆地"①。大约在东晋时期（317—420 年），杭州湾北岸遇到强海潮的冲击，其西南部大片陆地塌陷于海中。首先沦入海里的是王盘山，其次是大小金山。不过这中间相隔还是比较远，到南宋绍熙年间《云间志》成书时，大小金山刚刚沦入海中。《云间志》这样描述大金山中

① 参见《浙江地理简志》，浙江人民出版社 1985 年版，第 329 页。

的"寒穴泉"："在金山，居大海中，咸水浸灌，泉出山顶独甘洌，朝夕流注不竭。毛泽民作《寒穴泉铭》，以为与惠山泉不分等差。王介甫、唐彦猷、梅圣俞皆有诗。"元以后，这一带沦海的速度才减缓。

在上海东北部，崇明岛及几个岛屿逐渐从水中涨了出来。这一历史可以追溯至唐武德年间（618—626 年），当时的长江口涨露东沙、西沙两块沙洲。"唐武德年间，吴郡城东三百余里，忽涌二洲，谓之东西二沙，见积高广，渔樵者依之，遂成田庐"①。随着沙洲的不断扩大，到五代初（约 907 年），吴国杨溥在西沙设立了崇明镇，崇明之名始于此②。北宋天圣三年（1025 年），"续涨一沙，与东沙相接。民多徙之，而姚、刘二姓为盛，因名姚刘沙"③。到了南宋，在崇明岛西北又出现了一个小沙洲，距离崇明岛 50 多里，名三沙，也称崇明沙。南宋嘉定年间在崇明岛设盐场，命为天赐，属淮东制置司。此后岛上人口渐多。除了盐业的发达，崇明岛的船舶航运也很发达，出过著名的海盗兼海商朱清和张瑄。适合多沙海域航行的平底海船因多产自崇明沙而被命名为沙船。随着经济的发达，人口的繁衍，到了元朝至元十四年（1277 年），因崇明民居繁庶而置州，隶属扬州路。

不过，崇明岛也并非仅涨不塌。其南部最早涨出来的老沙洲

---

① 参见顾祖禹：《读史方舆纪要》卷二四《江南六》。东沙、西沙及顾俊沙，都是崇明的旧沙，关于它们的形成说法不一。
② 关于崇明镇名的来历有两种说法。顾祖禹《读史方舆纪要》引《五代史》云：杨溥改顾俊沙为崇明镇。清嘉庆《直隶太仓州志》卷三《沿革》曰："神龙初，立崇明镇于西沙。"神龙为唐中宗李显的年号，神龙初在 705—706 年。
③ 参见顾祖禹：《读史方舆纪要》卷二四《江南六》。关于姚刘沙的得名，《元史》卷五十九载："宋建炎间有昇州句容县姚、刘姓者，因避兵于沙上，其后稍有人居焉，遂称姚刘沙。"

后来相继沦入海中，"明时初坍姚刘沙，继坍三沙及其他沙"。（民国《崇明县志》卷二《地理志·沿革》）但北部的沙洲却也不断涨出，而且涨的速度要远远大于坍的速度。沙洲的沦海导致元朝崇明州城不断搬迁。到了明朝初年，崇明州改为崇明县，县城的迁徙更加频繁。"自宋迄明，江流益趋东南，故自初城至二迁，不得不北徙，三迁至五迁，不得不东南徙。"（民国《崇明县志》卷二《地理志·沿革》）崇明旧城从东沙先后迁至秦家村、马家浜西南、平洋沙、长沙等。历史上出现过的许多繁华市镇也先后坍没于水中，如周家埭镇、合洪镇、王家港镇、五滧镇、三和镇、新兴镇、海梢镇等（清光绪《崇明县志》卷三）。今天崇明岛的轮廓，一直到明朝中后期才基本定型，形成长 200 里、宽 40 里的大岛。而崇明岛南部的长兴岛和横沙岛的涨出，则是晚清至近代发生的事情了。清顺治元年（1644 年），长江口南支水道露出一块沙洲，后来被称为鸭窝沙，也就是现在长兴岛，当时也被称为长兴沙。到道光二十四年（1844 年），民众开始在这里围滩造田，长兴岛逐渐发展起来。

在崇明岛的对岸，上海陆地的东北边缘也发生过沧海现象。明永乐十年（1412 年），在今浦东高桥海滨曾为给进出船舶导航而垒成一座高 30 余丈的"宝山"。该工程从明万历四年（1576 年）开始，耗时两年完成，但 6 年后，海潮冲毁了李家浜，洪水泛滥，新宝山城因此被吞没，"宝山"也坍塌，造成了极严重的损失。《崇明岛的来历》除以上海民众对崇明岛涨出的集体记忆为基础之外，也讲述了海潮冲毁李家浜，进而吞没宝山城之事。因为此次灾难贻害地方不小，民众以神话的形式将其记录下来。神话大约形成于明中后期，人们对唐朝开始涨出崇明岛的事实已经十分模糊，所以认为"崇明"的得名和其出现与明朝相关。

江南地区沉城神话的内容其实相当丰富，有一些独特篇目具有特殊价值，但很难归类分析。陈志良在 20 世纪 40 年代还记录了一则在上海地区采录的名为《阳城湖的来历》的陆沉神话，全文如下：

> 从前某朝，天下大乱，人民四处逃难，家庭拆散，骨肉分离；有母子二人，也在逃难时纷乱中失散了。十几年之后，儿子已经成人，其母为贼人掳得，扎在麻袋内，称斤变卖。有人要买女人做老婆时，只能用手向袋中摸，不能用眼看，中意了称斤买去。其子因为要成家立业，摸得了年纪较大的一位妇人做了妻子，住在阳城县。后来生了一个孩子，可是那孩子的头发是逆生的，大家都觉得奇怪。据说母子相配而生的孩子，头发才是逆生的。他们才仔细地盘问各人的根由底细，方才明白他们原是分散的亲母亲子。但是木已成舟，没有别法可想。这个消息却为阳城县大老爷查到了，以为母子相交，是个大逆不道的事，把他们都杀了。皇天见到阳城的百姓太坏，于是在一夜之间，将那座城池，沦陷到地下去，变成了湖，这就是现在的阳城湖。①

《阳城湖的来历》不仅包含陆沉母题，同时含有杂婚主题。杂婚是指男女两性之间不论血缘与辈分，随意发生性关系，这可

---

① 陈志良：《沉城的故事》，《风土杂志》1944 年第 2—3 期，第 79 页。

能是人类社会最原始的婚姻形式。陆沉神话与原始洪水神话具有某些联系。在洪水神话中，兄妹婚等血缘婚姻形式经常出现。从这个角度看，《阳城湖的来历》具有古老的历史。但这里的母子杂婚与洪水神话中的兄妹婚不同，尤其不能为世人所容忍，阳城县大老爷将其处死，上天则因此降灾于阳城。这里存在着逻辑矛盾，刘锡诚分析说："母子结合的血缘婚，为人们所不容，惨遭杵杀，皇天对百姓此举恼怒，决定陷城以示对他们的惩罚。这种结构和价值取向显然与一般所说的洪水后再殖人类的结构和价值取向不同，因而不能认为属于同一形式的神话。百姓对母子杂婚这种血缘婚的大逆不道表现不容，与皇天对这种血缘婚的宽容形成鲜明的对照，又当做何解释呢？"[①] 根据神话的叙事逻辑可以看出，战乱是导致母子杂婚的源头，并非自愿。城中百姓知道了他们是母子，"但是木已成舟，没有别法可想"。这句叙述代表了百姓已经谅解了这对不明真相的母子。但大约是百姓之间的言传使阳城县大老爷也知道了此事，最终杀了他们。"皇天见到阳城县的百姓太坏"，这里"太坏"的既指杀人性命的阳城大老爷，也指传播消息最终导致母子被杀的普通民众，于是皇天才将城池沦陷。

《阳城湖的来历》是江南陆沉神话发展史上很重要的一则神话，原因并不在于它包含的杂婚主题，而在于由杂婚而一步步导致的沉陷，为陆沉神话给出了一个陆地为何沉没的原因。早期陆沉神话中陆地沉没的原因不详，后来一部分陆沉神话给出了解释，如《塌东京长崇明》《话说东京》，原因是当地百姓

---

① 刘锡诚：《陆沉传说再探》，《民间文学论坛》1997年第1期。

"坏"，或是因为"黑心人"，或是"出了忤逆星"，而百姓的"坏"可能正是从这则充满矛盾的《阳城湖的来历》引发的。《阳城湖的来历》使用大量篇幅叙述了城池沦陷的原因，联系陆沉神话的发展过程来看，似乎是因为民众觉得需要给出一个陆地一夜之间变成汪洋的原因，而创造了这个重在解释陆沉原因的神话。按照民间思维，最合理的解释莫过于上天降灾。上天为何降灾？因为城里都是坏人：普通民众揭破了母子的真实身份，并传播消息，导致阳城大老爷最终处死母子。被处死的不仅是因无知而杂婚的母子，还有无辜的婴儿，刽子手正是阳城百姓及大老爷。从该神话解释陆沉原因的角度，其实可以将《阳城湖的来历》视为陆沉神话的"前传"，它们共同构成了比较完整的陆沉神话情节。可惜，从20世纪80年代上海全市民间文学普查结果来看，《阳城湖的来历》似乎没有流传下来，各区县民间文学集成中并没有出现一则类似的重在解释原因的陆沉神话。大约是因为该神话中的"杂婚"主题在某些时候成为禁忌而无法传播，一段时间以后，此神话就自然消亡了。

尽管陆沉神话在我国分布较广，除沿海地区外，甚至流布至湖北、河南、西藏等地，可以说凡是有湖港河汉的地区几乎都有流传。但很明显，在河网湖泊广布且濒海的江南地区，此类神话分布更密集，正如刘锡诚先生所述："陆沉神话最早出现于吴地的沼泽湖网地区""在吴地的流传比其他任何地区都更为密集"①。陈志良先生也曾在《沉城的故事》中说过："民国二十四

① 刘锡诚：《陆沉传说再探》，《民间文学论坛》1997年第1期。

年吴越史地研究会在江浙两省考古热闹时，有人叙述到的（大约是吴稚晖先生）江浙两省湖沼密布，沟渠纵横，这些湖沼的来历"，便有"陆沉的原因"。[①] 总之，陆沉神话正是江南地区独特的地理单元的产物。

---

① 陈志良：《沉城的故事》，《风土杂志》1944 年第 2—3 期，第 79 页。

第五章
江南地区海洋神话的传播与
港口发展

江南自古就是中国海上交通比较发达的地区，在漫长的历史发展过程中，先后出现众多港口，最终成为我国港口密度最大的地区之一，著名港口如今嘉兴市的澉浦港，今杭州市的会稽港、杭州港，今绍兴市的越州港，今宁波市的勾章港、明州港、庆元港，今舟山市的舟山港，今台州市的章安港、回浦港，今温州市的东瓯港、永嘉港、温州港等。从功能上看，它们有些是军港，有些是贸易港，军事功能与贸易功能兼而有之的情况也很普遍。本书注意到一个特别现象：江南沿海贸易港从单向贸易港向双向贸易港的转变远远早于我国其他沿海地区。这种转变具有重要意义，它是中国传统海洋观念转变的直接表现与重要结果，也极大地推动了中国古代海上丝绸之路的发展，更促进了江南海洋神话的对外传播。

一、隋唐以前江南海洋神话的
传播与港口发展

隋唐以前江南海洋神话对外传播的内容主要是以蛇、蛟龙等为代表的自然海神信仰及其神话。在这些早期江南海神信仰与神话的影响下，日本和朝鲜都产生了龙蛇海神崇拜。

最初从江南地区向外传播的应该是江南先民的蛇崇拜及其神话。百越先民以蛇为祖先，所谓"披发文身"，文的就是蛇图案。在日本创世神话——记纪神话①中，我们看到大量的蛇崇拜内容，比如三轮山神话与八岐大蛇神话。

三轮山神话讲道：每晚有男子来少女住处同寝，第二天早晨就消失了。后来少女意外怀孕，父母为弄清男子的身份，让少女在其衣襟插上带麻线的针，天亮后顺着麻线寻到了三轮山神社，原来与少女同寝之人就是镇守三轮山的大神大物主神。此神为蛇体。《日本书纪》卷五载：

> 是后，倭迹迹日百袭姬命为大物主神之妻。然其神常昼不见，而夜来矣。倭迹迹日百袭姬命语夫曰："君常昼不见者，分明不得视其尊颜。愿暂留之。明旦仰欲观美丽之威仪。"大神对曰："言理灼然。吾明旦入栉笥而居。愿无惊吾

---

① 记纪神话指日本现存最古老的两部史书——《古事记》和《日本书纪》中所记录的较为系统完整的日本神话。

形。"爰倭迹迹日百袭姬命心里密异之。待明以见栉笥，遂有美丽小蛇，其长大如衣纽，则惊之叫啼。时大神有耻，忽化人形。谓其妻曰："汝不忍令羞吾。吾还令羞汝。"仍践大虚，登于御诸山。爰倭迹迹姬命仰见而悔之，急居，则箸撞阴而薨，乃葬于大市。故时人号其墓，谓箸墓也。①

八岐大蛇神话讲述说：破坏神速须佐之男被从天界放逐后，来到下界出云，发现老翁、老妪和他们的一个女儿在哭泣，原来他们曾有 8 个女儿，怪物八岐大蛇每年吃掉他们一个女儿，仅剩的一个女儿眼看也要保不住了。速须佐之男设计除掉了蛇怪，并娶了老夫妻的女儿为妻。

一些学者通过分析后认为上述蛇身神叙事有着较为明显的中国源头，比如日本学者安田喜宪认为："《日本书纪》记载的八岐大蛇神话讲述了稻作渔猎文明从（中国）长江下游传到日本列岛的历史。"② 直到今日，日本各地的祭祀中依然可以见到对蛇的崇拜。作为八岐大蛇神话发生地的日本岛根县东部出云地区，蛇崇拜现象更突出，如出云大社的神社祭中有蛇的形象，又如出云各地村落入口、山谷口、神社内的大树上常常可以见到用草绳做成的蛇体，以示民众对蛇的祭祀。从地理位置来看，出云靠近从中国江南起航方便到达的九州地区，对于吸收中国江南文化方面具有很大的优势，其中就包括蛇崇拜这一古老的海神信仰。

当江南先民信奉的蛇慢慢转变为蛟龙，日本先民的信仰和神

---

① 〔日〕舍人亲王：《日本书纪》，四川人民出版社 2019 年版，第 79 页。
② 〔日〕安田喜宪著、程海芸译：《日本神话与长江文明》，《日语学习与研究》2018年第 2 期，第 30 页。

话也受到了影响，《三国志·魏书·乌丸鲜卑东夷传》认为以海为生的日本先民有文身的习俗是受中国江南先民的影响："（日本）男子无大小皆黥面文身。自古以来，其使诣中国，皆自称大夫。夏后少康之子封于会稽，断发文身以避蛟龙之害。今倭水人好沉没捕鱼蛤，文身亦以厌大鱼水禽，后稍以为饰。诸国文身各异，或左或右，或大或小，尊卑有差。"

在江南蛟龙海神崇拜及其神话的影响下，不仅日本出现了蛟龙信仰及其神话，而且朝鲜半岛也出现了。

蛟龙在朝鲜半岛最初的神话——檀君神话和朱蒙神话中都没有出现。前一个神话是关于古朝鲜建立的神话，也是朝鲜半岛最古老的图腾神话，其中出现的图腾动物是熊与虎，熊变成女人，嫁给了天神桓因的儿子桓雄并生了儿子，这个儿子就是古朝鲜的开国君主——檀君。后一个神话是高句丽建国神话。高句丽始祖朱蒙为卵生，并生活于东扶余国的金蛙王宫中。朱蒙神话也是古老的图腾神话，其中出现的图腾动物是蛙和鸟，而鸟崇拜在朝鲜半岛东南部曾相当流行，以至于后来新罗也被称为"鸡林"。高丽时代（918—1392年）编纂的《三国遗事》中较早出现了将龙视为人间帝王象征的意思。《三国遗事》卷一记录了鸡龙神话，讲述说新罗始祖赫居世王的妻子阏英是从鸡龙的左胁出生的故事：

> 杨山下萝井旁异气如电光垂地，有一白马跪拜之状。寻捡之，有一紫卵，马见人，长嘶上天。剖其卵，得童男，形仪端美。惊异之，浴于东泉，身生光彩，鸟兽率舞，天地振动，日月清明，因名赫居世王。位号曰居瑟邯。时人争贺

曰：今天子已降，宜觅有德女君配之。是日，沙梁里阏英井边有鸡龙现，而左胁诞生童女。姿容殊丽，然唇似鸡嘴。将浴于月城北山，其嘴拨落，因其名川，曰拨川。营宫室于南山西麓，奉养二圣儿。男以卵生，卵如瓠，乡人以瓠为朴，故因姓朴。女以所出井名名之。二圣年至十三岁，以五凤元年甲子，男立为王，仍以女为后。国号徐罗伐，又徐伐，或云斯罗，又斯卢。初王（后）生于鸡井，故或云鸡林国，以其鸡龙现瑞也。①

在讲述高丽王朝时期的神话中，关于龙的内容就更多了。这说明朝鲜半岛民众的信仰受外来影响才发生了变化。考虑到从江南出发的古老的北航线的存在，这种影响很可能是从江南地区传入的。

唐以前，江南沿海港口几乎都是军事港口，主要职能是拱卫陆地的安全。比如著名的宁波港，其雏形就是古代越国营建的水上要塞句章港。宁波历史悠久，鄞、鄮、句章、明州、庆元等都是宁波的古称。江南争霸时期，宁波所在的甬江流域社会经济得到了一定发展，造船业的进步尤其突出。越国在句章设置造船厂，制造战船，兴建水师，促进了越地港口的形成，句章港由此脱颖而出。宁波地处海道要冲，容易受到来自海上的军事侵袭，宁波港发挥了较长时间的军事港口功能。元人袁桷在《清容居士集》卷二〇中指出："庆元（宁波古称）联蛮国，入海最近，稍失控御，兵衅不可测。"句章港以外，江南沿海具有重要军事拱

① 〔韩〕一然撰，〔韩〕权锡焕、〔中〕陈蒲清译：《三国遗事》，岳麓书社2009年版，第40—41页。

卫功能的早期军港还有不少，如会稽港（今杭州市境内）、回浦港（今临海市境内）、东瓯港（今温州市境内）等。以会稽港为例，会稽在先秦时期为越国都城，有停泊战船的军港名为"石塘"，"石塘者，越所害（辖）军船也。塘广六十五步，长三百五十步。去县四十里。"（《越绝书·外传记地传》）到汉朝，会稽港依然是重要军事港口，建元三年（前 138 年）武帝派中大夫严助驰援东瓯国（今温州）从会稽港发兵，建元六年（前 135 年）大司农韩安国袭击闽越也从会稽港出兵。

大量军港的建设，是为了实际的军事用途，但更重要的是身处内地的中原政权对海洋有一种天然的排斥，害怕受到来自海洋的侵犯。这种心态与早期海洋观有关。古代中国是以陆地文明为主的国家，对海洋资源的探索与开掘长期局限于沿海地区。与当代浪漫、诗意的海洋印象不同，海洋在先民观念中是一片阴森可怖、昏暗凶险的地域，充满了未知的危险。比如汉字"海"从"水"从"晦"，汉《释名》说："海，晦也。""晦"是昏暗的意思，指农历初一月亮最晦暗之时或太阳落山，海就代表着昏暗。晋《博物志》也说："海之言，晦昏无所睹也。"海就是暗昧幽冥、茫然不知边际的地狱。这样的"海"并不一定指自然水体，而是指疆域边缘。《尔雅·释地》说："九夷、八狄、七戎、六蛮，谓之四海。"古人还将岭南和闽越这些地区统称为南海。

在早期海洋观的影响下，隋唐以前官方组织的海洋探索活动主要出于政治、军事目的，很少允许民间自由开展对外贸易。

从江南地区出发的东海丝绸之路是江南海洋神话对外传播的重要渠道。唐以前，东海丝绸之路主要走北线。历史上，江南地区对外航线大致有 3 条，即北线（也称北路）、岛线（也称岛路）

与南线（也称南路）。其中官方往来最先使用的是北线，大约在唐朝才公开使用了岛线与南线。岛线，顾名思义是经过诸岛的线路，大致从长江口出东海，先横渡石垣岛，经过久米岛、奄美诸岛、屋久岛、种子岛，然后到达日本九州。南线比岛线更南，从长江口出发横渡东海，到五岛列岛，再到九州。北线的大致走向如下：沿东海岸向北，到达山东半岛，此后再越过渤海湾到达朝鲜半岛。从朝鲜半岛到日本列岛的这一段比较容易，存在着古老的天然航线，即：越过朝鲜海峡到达对马，从对马再渡过玄界滩就到达日本北州。所以九州是从江南启航的船队最早能定点到达的日本地区，同样是也是江南海洋神话和信仰最早传播到日本的地区。至今，九州的长崎市还有唐人街、孔子庙、妈祖庙，以及江南商人所建的佛寺等古迹。北线一直到唐前期都是江南与朝鲜半岛和日本列岛的主要交通路线，也是江南海洋神话与信仰传播到这些地区的主要路线。

当然，除了官方路线之外，江南先民与域外早有往来。比如："会稽海外有东鳀人，分为二十余国。又有夷洲及澶洲。传言秦始皇遣方士徐福将童男女数千人入海，求蓬莱神仙不得。徐福畏诛不敢还，遂止此洲，世世相承。有数万家，人民时至会稽市。会稽东冶县人有入海行遭风，流移至澶洲者。所在绝远，不可往来。"（《后汉书·东夷传》）"东鳀人"即日本人，"夷洲"为我国台湾岛，"澶洲"为琉球群岛。从这段记录来看，日本先民曾航海到江南的会稽进行商品贸易，而江南先民也有渡海者，只是航海技术有限，常常受到季风、洋流等自然因素的影响，漂流到琉球群岛去了。从会稽越海直接到日本，这条航路大致属于东海丝绸之路的南线。这条航线路程最短，但受海底暗礁的影响，在航海技术不发达的时候，这也是一条比较危险的航线，所以官方往来一直到唐中期才开始使用此路线。

二、隋唐时期江南海洋神话的传播与港口发展

隋唐时期港口和海外贸易较之前代都有了很大发展，这主要得益于隋朝南北运河的开通。隋王朝的建立，结束了此前数百年的分裂局面，形成了南北统一的强大国家。面对这样一个庞大的国家，如何进行管理，加强有效控制便成为隋朝统治者需要思考的问题。他们选择建设水运。与陆运相比，水运更适合远距离、大批量货物的运输。因此，在隋王朝建立之初，统治者就很重视漕运，且修渠通漕成为贯穿王朝始终的任务。虽然隋朝仅有38年的历史，但却先后修建了广通渠、山阳渎、通济渠、永济渠与江南运河等多条重要运河，构筑起全国性的水运网。

隋朝大运河连通了海河、黄河、淮河、长江和钱塘江五大水系，连接了南北地区。大运河为陆地东部的江南地区海港的发育成长提供了绝佳的条件，成为港口提升商品流通便捷性以及与中原内地交通往来的最佳方式。同时，隋朝大运河的开通，在某种程度上也决定了唐朝海港的分布格局。一部分拥有广阔内陆腹地支持以及便利的内河航运条件的沿海港口迅速成长起来，比如有海道可通，同时也是南北大运河沿线重要水陆转运枢纽的港口——扬州。

扬州港是江南北部地区最重要港口，同时也是唐朝三大港口之一。扬州城的历史起自春秋末期，与人工运河密切相关。根据《左传·哀公九年》的记载，公元前486年，吴国筑邗城，并开凿沟渠来沟通江淮。这是扬州城的最早记录。当时，吴王夫差开凿邗沟的目的是为了到中原去争霸。邗沟开凿后不久的公元前482年，夫差率大军通过邗沟到达今天的河南封丘西南与诸侯会盟。后来，隋朝两代皇帝先后扩凿了邗沟。隋炀帝时期的邗沟宽40步，渠旁还修筑御道，并栽种了柳树进行美化。隋炀帝还开凿了广济渠和永济渠，形成了沟通江、淮、河、海四大水系的南北大运河。扬州正位于南北大运河与长江的交汇点。因此隋唐时期的扬州在全国的位置比之前代更加重要。

在唐朝，扬州是长江入海口的唯一大港，也是中国最重要的国际贸易港口之一。从东亚、东南亚各国到西亚各国都有商船到达扬州港。波斯（今伊朗）和大食（今沙特阿拉伯）的商人最早沿着陆上丝绸之路进入中国的长安，再抵达扬州。他们乘坐扬州制造的航海大船出入波斯湾，从海上丝绸之路往来于东亚、西亚之间。不少波斯商人客居扬州，有些甚至定居于此。当时，其聚居之地被称为"波斯庄"，他们开设的珠宝商店被称为"波斯店"。《旧唐书》卷一二四《田神功传》称：唐朝中叶军阀田神功到扬州劫掠，大食商人、波斯商人及旅客死了几千人。可见当时在扬州的外国商人数量之多。扬州在唐朝能迅速发展为最知名港口主要基于其优越的地理位置。当时它东距大海仅100公里，长江从城南流过，古邗沟穿城北去，南有江南平原为腹地，北接中原，拥有临长江襟运河的宽阔港口。唐中叶以后，日本直达扬州的南路新航线开辟，使其真正成为经营江河与海洋的综合性大港。

除贸易港之外，扬州港还负担了较多的文化功能。新罗、日本派出的遣隋使、遣唐使有不少都选择先抵扬州，再通过运河北上的路线。唐朝对于外国使节进京的时间和人员都有规定和限制，所以大量人员滞留扬州一带，使扬州成为中外文化交往的中心。第一，唐朝的扬州是当时东亚佛教文化传播的中心。日本僧人圆仁曾于公元838年随着遣唐使船只西来，于第二年在扬州登陆。圆仁在中国居留了10年，著有《入唐求法巡礼行记》。日本不仅派遣了大批留学生、学问僧到中国学习，同时也积极邀请中国的学者和僧人前往日本。唐天宝年间，扬州僧人鉴真东渡日本开创了律宗。随鉴真东渡的弟子中就有越南和西亚的僧人；第二，扬州也是伊斯兰教较早传入中国的地区。唐朝大批阿拉伯和波斯商人来此经商，其中有相当一部分人，由于在扬州娶妻定居，其子孙亦逐步由侨居的外国人演变成土生土长的中国穆斯林。他们既是扬州早期的穆斯林，也是伊斯兰教在扬州乃至中国东南沿海的传播者。

可惜的是，扬州港的繁荣并没有持续太久。晚唐的古运河已经不很通畅了。五代时期，割据势力为了争夺地盘而决堤纵水，更导致运河完全瘫痪。到了宋朝，由于长江河道继续南迁，距离扬州仅40多里的真州港（今江苏仪征）开始兴起。

唐朝江南地区的另一个重要港口是位于南部的明州港。明州包括今天的宁波、慈溪、奉化、象山、定海和余姚地区。虽然明州港不能与扬州港相比，但作为江南地区唯一的滨海海港，明州港的地位也相当重要。唐五代时，明州港有3条主要对外航线：其一，北至楚州（今江苏淮安）、登州（今山东蓬莱县），在登州接渤海航路，可至新罗。其二，南达温州、福州、广州，在广州接南洋航线，可穿越马六甲海峡，西行经霍尔木兹海峡，直至波斯湾。其三，东渡东海，至日本肥前值嘉岛，入博多津。最后这一条航线是中日两国使节与民间商船往来的重要路线。

唐时，明州港最重要的功能是贸易港，而主要贸易对象是新罗和日本。同时，沿南海航线，明州港同东南亚、南亚与西亚各国也有贸易往来。当时的明州港成为"海外杂国、贾船交至"的主要对外贸易港口，与扬州、广州并列为我国对外开埠的三大港口。天宝十一载（752 年），日本 3 艘遣唐使船停泊明州，这是明州港首次停泊遣唐使船。此后，明州港成为中日两国使节出入的重要门户。根据统计，日本派遣遣唐使 17 次，实际到达 13 次，其中 3 次在明州登陆。除此之外，明州港的民间海外贸易也值得一提。遣唐使团成员滞留明州期间，常常用从日本带来的物品与当地居民私相交易。所以遣唐使船每次回国，总会带回去很多中国货物，在日本销售。

明州港也负担了较多的文化交往功能，表现最突出的当属佛教文化的传播。隋唐时期中日高僧频繁的文化交流，多数是经明州港或越州港走浙东运河而完成的。鉴真东渡、最澄求法是其中的代表。天宝三载（744 年），鉴真第三次东渡日本受阻，曾修整于明州阿育王寺。贞元二十年（804 年），日本僧人最澄随日本遣唐使泛海入唐求法，在明州登陆，并在明州、天台、越州等地求学。最澄从明州登船回国后，创立了日本天台宗。日本天台宗后来发展为当代日本最大的佛教宗派。最澄回国前，向明州刺史郑审则求印信，郑审则为最澄撰写的《传教大师将来越州录》

题跋写道："南登天台之岭，西泛镜湖之水，穷智者之法门，探灌顶之神秘，可谓法门龙象，青莲出池。将此大乘，往传本国，求兹印信，执以为凭。"

作为唐朝江南地区最重要和最大的对外贸易港，扬州港和明州港同时还拥有分担其功能的外港。位于淮河入海口的楚州港（江苏淮安）是扬州港的外港。楚州港地处徐、海、通、扬四州的中心，东濒黄海，西接江淮平原，北有淮泗二水，南临白马射阳等湖，南北运河相通。楚州港是唐朝接受新罗商人、留学生的主要口岸之一。当时的楚州属淮南节度使管辖，与扬州息息相通。新罗人在楚州，既方便从淮河北上进京，又便于沿着运河南下扬州。日僧圆仁的《入唐求法巡礼行记》中记载说：新罗人聚居的新罗坊馆在唐朝东部沿海许多地方都有，楚州的新罗坊在山阳县。

位于长江口南侧，杭州湾外缘的东海洋面上的舟山港是明州港的外港。舟山在春秋时就有"海中洲"的美称。因舟山"东控日本，北接登、莱，南亘瓯、闽，西通吴会"的特殊地理位置，自唐朝与日本间开辟了航线后，舟山就成为明州的外泊港，外来海船到此停泊候检，外出海船在此补给并候潮起航，成为海上"丝绸之路"的重要通道。

有唐一代，江南地区与域外的新罗、日本的海上交往最为频繁，除了扬州港与明州港以外，海州港、温州港等都有直发海东诸国的船舶。但各港口主要往来的国家也存在区别。唐中叶，新罗与日本关系恶劣，导致日本通过朝鲜半岛前往中国的航道受到阻碍，因而中日之间开辟了"南路"航线，即从日本直航江浙沿海，明州港、扬州港是当时主要的对日港口，温州、台州等港口也有少量的日本船只出入。而北部的楚州港、海州港从隋朝开始就是江南地区与新罗往来的主要港口。除了这些比较主要的港口之外，还有华亭港（今属上海）、柳浦港（今杭州市江干区闸口一带）、西陵港（今杭州西兴镇）、越州港（今属绍兴）、永嘉港（今属温州）等。

但必须说明的是，即使在隋唐官方朝贡贸易得到很大发展的情况下，沿海港口也仅仅是单向贸易港口，即只接纳外商船舶来华贸易，而不允许国内船只私自出海贸易。《唐律疏议》卷八明确规定禁止民间私自出海："诸私度关者，徒一年。越度者，加一等；不由门为越。"不仅如此，《唐律疏议》还对此条文进行了解释：在大唐的水陆关卡都设有门禁，来往的行人都必须持有朝廷颁发的公文，没有公文就是私渡。私渡者要被判处一年的刑期。而那些不走官府设立的关卡，而企图从其他地方私渡的人，则要被判处一年半的刑期。

唐朝安史之乱以前，关于禁止私人渡海的法律条文被严格遵守。著名的鉴真大师 6 次东渡日本失败了 5 次，第一次、第三次、第四次都因被官府阻拦而未能成行。日本真人元开所著的《唐大和上东征传》对鉴真 6 次东渡日本的事迹做了完整描述。鉴真一行第一次准备东渡的时候，正值海盗频繁袭扰浙江沿海的温州、台州、明州等地，沿海官方与私人的各类船只都被迫停运。同行的僧人道航被诬告与海盗勾连，众僧因此被官府捉拿，海船也被没收；鉴真准备第三次东渡之前在明州讲学，当地僧人得知他将远航日本，极力挽留，并求助于官府，控告日本僧人荣睿潜藏在中国的目的是为了引诱鉴真去日本。官府将荣睿抓起来，鉴真的东渡也告失败；不久，鉴真率 30 多人准备从明州出发去福州买船出海，路上再次遇到了官府的阻拦。原来，鉴真在扬州的弟子灵佑等人担心师父的安危，求扬州官府阻拦。众僧商议的原文如下："我大师和上发愿向日本国，登山涉海，数年艰苦，沧溟万里，死生莫测，可共告官，遮令留住。"[①] 鉴真3次被拦阻，都出于僧人与士绅爱护尊敬的本意。可见，当时大多数人都认为航海是一件特别危险的事情，随时会殒命。

作为鉴真大师东渡启航地之一的明州港是少数几个允许外国人登陆的港口。明州港成为对外港口的主要原因并非朝廷的行政命令，而是遣唐使船受洋流、季风的影响，偶然漂流到明州，才开启了明州港作为官方对外港口的历史。但一直到安史之乱之前，朝廷并不允许私人海外贸易，明州港也一直是仅接收外商船只的单向贸易港口。

江南地区三大海神信仰中的东海龙王信仰与南海观音信仰，大致都是此时期传播到东亚地区的，其重要的传播渠道便是前述往来于各港口的使节、僧人、商人、渔民以及其他移民。这种传播是渐进的，时间也比较漫长，所以我们看到的最早龙王信仰传播到日本的表现并非直接为龙形。在日本神话中，首代天皇神武的祖母为海神之女，此女的原型是一条很长的巨鳄，也是海神。而中国早期龙形造像中的一部分就是鳄鱼形象。后来，不成熟的鳄鱼形象彻底被龙形代替了。在16世纪出现的日本《尘添壒囊抄》中描述应神天皇为海神之子，所以有龙尾。同为海神后人，神武天皇的祖母为巨鳄，而应神天皇则有龙尾，这说明日本海神的形象已经从早期的鳄鱼形进化成龙形，也就是海龙王。日本天

① 〔日〕真人元开：《唐大和上东征传》，载李尚全《慧灯无尽照海东：鉴真大和上评传》，社会科学文献出版社2012年版，第244页。

皇为海龙王之子的神话正证明了江南地区的东海龙王信仰对日本海神崇拜的影响。朝鲜半岛的情况也是如此。

从江南航线的北线来看，从江南出发的船要经过朝鲜半岛，才能到达日本列岛，海神信仰受江南地区的影响如出一辙。甚至在朝鲜半岛出现的很多文献①中的龙王信仰干脆就是东海龙王，比如《万波息笛》记录说：新罗神文王即位后为了纪念其父文武大王而在东海边建起感恩寺。第二年东海中有小山漂浮而至，占卜的日官禀告说是文武大王化作东海龙神镇护三韩，并要献出守城之宝。后来，神文王登上海中之山接受了东海神龙献出的著名乐器，也就是万波息笛；又如《处容郎·望海寺》载：新罗宪康王曾经巡游开云浦，有一次遇到迷雾而失去了方向，占卜得知为东海龙王所幻化。宪康王命有司为东海龙王举行佛事，东海龙王欣喜，并带着他的 7 个孩子现身于宪康王驾前，其中一子处容跟随王驾回京，辅佐宪康王。后来宪康王在灵鹫山东麓建望海寺，是为敬奉东海龙王所建。

江南地区是南海观音信仰的发源地和中心，因为特殊的地理位置，南海观音信仰很快从佛教信仰转变为江南地区渔民、舟子、海商等涉海人群的全能海神信仰。在这些涉海人群从江南港口起航到达东亚各地的过程中，作为海神的南海观音信仰也传播到这些地区。比如对于日本来说，南海观音信仰的传入主要依靠僧人。广为流传的"不肯去观音"神话中的主人公就是日本僧人慧锷。根据文献的记录，慧锷 3 次到达中国，返航时均从江南明州港出发。他私取观音像，航船触礁无法前行，不得不在普陀山

---

① 如《三国遗事》卷二《万波息笛》《处容郎·望海寺》，卷三《洛山二大圣》等。

结庐奉像。很多日本僧人是随遣唐使船到达江南地区的，他们长期在江南地区生活，接受了南海观音信仰的浸染。比如随第 18 次遣唐使团到达中国的日僧圆仁在中国停留了 8 年，他用汉文撰写的《入唐求法巡礼记》是研究唐朝文化传播交流的珍贵资料。

普陀山既是南海观音信仰传入日本的起点之一，又是南海观音信仰传入朝鲜半岛的重要起点。历史上，普陀山与新罗有着密切的来往。一方面，新罗商船是中国与日本列岛、中国与朝鲜半岛往来的重要交通工具。很多文献中都记录了日本遣唐使雇佣新罗船与新罗船工往来之事。另一方面，新罗翻译也是当时中日、中朝来往的重要中介。不少生活于江南沿海的新罗侨民曾长期充当翻译。在长期的交往中，包括普陀山南海观音道场在内的许多江南地区留下了朝鲜半岛与江南交往的遗迹。

三、唐以后江南海洋神话的
传播与港口发展

唐中叶之前的港口贸易基本上都是单向贸易港。其港口贸易的明显特征是以官方朝贡贸易和坐等"蕃商"来港为主，民间贸易被禁止，主动出海贸易几乎没有。但这一现象在唐中叶以后得到了改变。唐中叶以后，政令松弛，在明州等港口，双向的自由贸易已经得到了一定的发展。安史之乱（755—763 年）使唐朝人口锐减，国力衰退，并导致了藩镇割据的局面。这些情况都造成了中央政令在地方贯彻的困难，包括禁止私渡关在内的大量禁令都大大松动，有些几乎名存实亡。尤其是在晚唐，在沿海的重要对外港口——扬州港不再通航以后，绝大部分商船都选择从明州港出发。此前在浙江沿海民间长期积累的造船技术、航行技术等得以大放光彩，民间的航海贸易很快兴旺起来。虽然官方的朝贡贸易一直持续到839年①，但9世纪中叶以后，浙江民间航海贸易与官方朝贡贸易并行不悖。最后一批日本遣唐使离境之后，浙江航海贸易独领风骚的主角就变成了民间海商。其中表现最突出的是明州海商，比如李邻德、李延孝、张支信、李处人、崔铎等。842年，商人李邻德由明州港出发驶往日本，这或是有文字记载的最早中国民间对日贸易。根据《大日本佛教全书》第113册《道方传丛书·入唐五家传·安祥寺惠运传》记载：公元847年，中国商人张支信等人的海船从明州望海镇启航，得西南风相助，3个昼夜就到达了日本肥前值嘉岛那留浦，创造了当时最快的航速。此外，新罗杰出的海上贸易活动家张保皋还掌握了东方三国的商业贸易权。

但一直到五代时期，这种民间自由贸易才真正被政府所承认。当时浙江全境都属吴越国所辖。在经历过唐末的藩镇割据战争以后，吴越国主钱镠采取了休养生息的政策，在修农桑、兴水利的同时，还重视发展与日本列岛和朝鲜半岛等地区的经济贸易往来。《旧五代史·钱镠传》记载说：吴越国主鼓励航海贸易，并因此获得了丰厚的利润。到第三代吴越国主钱佐执政时期，航海贸易所获的不少钱物被送入了后汉朝廷，到访吴越国的后汉使

---

① 公元839年是日本最后一批遣唐使返回日本的时间。

者也都收到了珍贵的礼物，后汉朝廷因此很宠爱钱佐。吴越国主与之前的统治者对待海洋的态度完全不同，没有因为畏惧海洋而坐等"蕃客"前来交易，而是主动发展海外贸易。在吴越国主的积极鼓励下，中国第一批双向自由贸易港在浙江沿海发展起来，其中最重要的就是明州港。

吴越国时期的明州港与国外的大部分航海来往都是纯商业性的。更有意思的是，连国家之间的往来也是通过海商进行的，这与唐朝主要是国家之间的朝贡贸易大大不同。据载，江南客商蒋承勋（明州商帮代表人物）等多次往来中日之间，并为吴越国传递官方消息①。当时的日本实行锁国政策，禁止日本商船出海，因此出现了江南商船单向通航日本的现象②。明州港及其他浙江沿海港口的繁荣，实际上代表了中国传统海洋观正在转向积极开放。

吴越国国祚仅70余年，但它实施的支持鼓励民间航海贸易的政策在后世影响深远。宋王朝是我国历史上第一个大规模、长时间鼓励支持民间航海贸易的王朝。它不仅奖励市舶司中能招徕船舶的有功人员，也三令五申禁止那些营私舞弊的行为。这是因为市舶收入是宋王朝财政收入的重要来源之一，在某些时期甚至是财政收入的主要支柱。宋王朝对海洋的积极和正面的态度，直接带动了浙江沿海港口的兴起和发展。

宋朝在沿海重要港口设立了管理海上贸易的市舶司。市舶司的职能包括检查出海船只货物，收购专卖品，管理外商等。当时

---

① 参见何勇强：《钱氏吴越国史论稿》，浙江大学出版社2002年版，第268—270页。
② 参见王心喜：《钱氏吴越国与日本的交往及其在中日文化交流史上的地位》，《中国文化研究》2003年秋卷，第63—64页。

沿海港口的市舶机构分属密州市舶司、两浙路市舶司、福建路市舶司、广南路市舶司。其中，密州处于宋金战争地区，其作用不大，持续时间也不长。广州市舶司虽然设立最早，但它主要管理海外的舶商，而福建路市舶司的设立则较晚。相较而言，两浙路市舶司的设立意义更重大。两浙路市舶司设在杭州港。根据《宋会要》的记载，杭州设立的两浙路市舶司是在广州之后设立的第二个市舶司。《宋会要》记载了端拱二年（989年）五月诏曰："自今商旅出海外藩国贩易者，须于两浙市舶司陈牒，请官给券以行，违者没入其宝货。"也就是说，各地出海的商船都要向设立在杭州的两浙市舶司申请办理手续。两浙路市舶司是首次为了管理境内海商出海而设立的，这在中国海外贸易管理制度上具有重要意义，开启了重视海外贸易、全面鼓励发展海外贸易的先河。

宋朝江南地区最重要的港口是杭州港与明州港。杭州港的发展模式与江南地区其他港口都不同，明州等港口是因港兴市，杭州则是因市兴港。五代江南立国，以杭州为都城。由此，杭州的经济文化都得到长足的发展，不少外国海船驶入杭州湾，或从明州转运河抵杭州进行交易，从而开启了杭州港对外贸易的时代。杭州港作为港口的自身条件并不算优越。钱塘江潮猛流急，因此直接从杭州湾驶入杭州的海船并不多。大多商船都是由明州登陆，再从余姚江转浙东运河进入杭州。从吴越国至南宋，杭州港的对外贸易功能与政治文化功能都很突出。南宋后期，绍熙元年（1190年）以后，宋光宗从国防的角度出发，废止了杭州港的对外通航功能。杭州的海港功能基本转移到附近的澉浦港。

北宋时期的明州是江南地区最重要的对外贸易港口，成为

"海上丝绸之路""瓷器之路""海上茶路"的起点和通道。宋初置市舶司，正式确立明州为对外贸易口岸，与杭州、广州合称"三路市舶司"。根据宋仁宗时的贸易政策："杭、明、广三州市舶司，海舶至者，视其所载，十算其一，而市其三。"（《宋会要》）即征税百分之十，政府收购百分之三十。进口物中主要是香料，如乳香、沉香、龙脑、丁香、白豆蔻等，从日本来的有木材、硫黄、沙金、刀剑、珍珠、扇子、漆器等工艺品。而明州输出的除以青瓷为大宗外，丝绸和铜钱也有相当数量。南宋绍熙五年（1194 年），宋宁宗即位，改元庆元，以明州为潜邸所在，故改为庆元路，治所在鄞县（今属宁波市）。元朝沿用庆元路之名，直到明初，朱元璋重新恢复了明州之称。

明州港通航的国家在宋朝有了明显变化。除继续通航日本之外，明州港成为宋朝江南乃至全国对朝鲜半岛的主要贸易口岸。北宋朝廷曾发文"非明州市舶司而发过日本、高丽者，以违制论"，也就是说，凡是去高丽、日本的商船都必须到明州来领取出海许可证。明州港至高丽航路的开辟主要是受到宋辽紧张局势的影响。北宋早期从山东半岛到高丽的航路因此关闭，而改迁至明州。

杭州港和明州港之外，宋朝江南地区的重要港口还包括温州港、江阴港、真州港、青龙港、上海港、镇江港与台州港等。朝廷在这些港口都设有市舶机构，密度相当大，超过了南北其他地区沿海。

温州港是江南地区海岸线上最南部的海港，也是一个古老港口。唐时，温州港的海外贸易逐步兴起，并开辟了日本值嘉岛直达中国温州的贸易航线。北宋时期随着造船业的兴盛和航海技术的提高，温州港的双向海外贸易得到了迅速发展。至南宋绍兴初市舶务的设立标志着温州港的海外贸易达到鼎盛。当时，温州港是仅次于杭州港和明州港的对外贸易港口。南宋宁宗年间，由于泉州港的兴起以及军事方面的原因，温州港一度衰落。

江阴黄田港在隋朝就是大运河沿线的重要港口之一。在唐朝开放政策的引导下，黄田港海外贸易逐渐发达，吸引了不少藩商。宋高宗绍兴十五年（1145 年），江阴正式成为对外贸易口岸。《宋会要辑稿》职官四四之二五称：当时朝廷依照温州旧例，在江阴设置市舶务。王安石曾有诗描述江阴黄田港的对外贸易盛况："黄田港北水如天，万里风樯看贾船。"（《予求守江阴未得酬昌叔忆江阴见及之作》）

真州港是扬州港衰落之后兴起的分担扬州港口职能的重要港口。它距离长江比扬州更近。宋真宗时期，江淮发运使范仲淹和鲁宗道疏浚真扬运河以后，真州航道更加通畅。扬州降为次级水运中心。

位于今上海地区的青龙港也是当时的重要外贸港口之一。北宋政和三年（1113 年），华亭县设置了当时全国唯一的市舶务，具体位置即在青龙港。青龙港原是军事港口，位于吴淞江的通海口附近，从唐朝开始逐渐发展为"海舶辐辏"的转口贸易港。宋朝在此设置市舶务之后，青龙港更趋于鼎盛。南宋绍兴年间，考虑到杭州作为国都的安全需要，两浙市舶司移至华亭，令青龙港一时达到繁盛的极点。但好景不长，青龙港所倚靠的吴淞江出现淤塞现象，至南宋末期，海舶已经难以溯江而上。两浙市舶司和秀州华亭市舶务也相继罢废，青龙港日趋衰微。

青龙港之后，上海地区代之而起的有江湾港、黄姚港和上海港。江湾原本是商舶溯江而上赴青龙港的中转地,"商贾舟船多是稍入吴淞江,取江湾浦入秀州青龙镇"。(《宋会要辑稿》食货一七之三六)南宋中期,由于吴淞江上游水道淤积日趋严重,江湾逐渐取代了青龙港的地位。黄姚港与江湾港几乎同时兴起,当时规模也比较大。朝廷曾在黄姚港设置税场,对往来商船征税。《宋会要辑稿·食货》说:"每月南货商税动以万计。"黄姚还因此设镇。南宋中后期,长江南岸内陷,黄姚港与江湾港都逼近江岸,没有避风处,不利于海船停泊,商舶于是转移至上海浦,逐渐形成上海港。上海港位于吴淞江与黄浦江的合流处,较青龙港距入海口更近,地理位置更优越。《正德松江府志》卷一《沿革》载:"上海县在府东九十里,本华亭县地,旧曰华亭海。后以人烟浩穰,商舶辐辏,遂成大市。宋即其地立提举市舶司及榷货场,曰上海镇。"

此外,本书所论的江南地区在宋朝的外贸港口还有通州港(今属江苏南通)、楚州港(今属江苏淮安)、海州港(今属江苏连云港)、江宁港(今属江苏南京)、刘家港(今属江苏太仓)、越州港(今属浙江绍兴)、澉浦港(今属浙江海盐)、章安港(今属浙江台州)等,作为中心港口的补充。比如澉浦港邻近杭州,有优越的港湾条件,因此成为杭州港的外港。前来杭州的海外商船,往往在澉浦停泊并进行交易活动,当地不少居民都从事与此相关的行业,"唯招接海南诸货,贩运浙西诸邦"。(《澉水志》卷上《地理门》)宋理宗淳祐六年(1246年),南宋政府在澉浦设置了市舶官吏,后来又在澉浦镇东设置了市舶场,正式接纳前来杭州的外商船只。作为杭州外港的澉浦当时还有"小杭州"的美誉。又比如镇江港和章安港是民间对外交流口岸。建炎三年

（1129年）三月，有臣僚上言，称"自来闽、广客船并海南蕃船转海至镇江府，买卖至多"。（《宋会要辑稿·食货》）宋宁宗时，台州知州包恢谈及当地铜钱大量外流的情况时说："倭船自离其国渡海而来，或未到庆元（即明州，今宁波）之前，预先过温、台之境，摆泊海崖，富豪之民公然与之交易"，"倭船离四明（即明州，今宁波）之后，又或未即归其本国，博易尚有余货，又复回旋于温、台之境，低价贱卖，交易如故"。（《敝帚稿略》卷一《禁铜钱申省状》）

宋朝是江南地区对外港口发展最兴盛的时期，形成了以杭州港、明州港为中心，青龙港、温州港、江阴港、真州港、台州港为主要连接点，前后相继的多层次港口体系。这众多口岸中，有的是朝廷指定的，更多的是属于民间自发形成的。它们规模不一，特色各异，在对外交往中扮演了不同的角色。随着江南地区港口体系的形成，以及双向港口的繁荣发达，江南海神信仰的对外传播也进入一个新阶段。

当时江南港口的发展是传统海洋观念改变的产物，反过来也促进了海洋观念的发展。在江南沿海，较早出现了新的积极海洋观。新的积极海洋观可以概括为向海洋要生机、求发展的观念，与传统畏惧、防范海洋的观念截然不同。新海洋观出现在江南沿海有诸多表现，其一就是澉浦港的"创造"。澉浦港是江南沿海的重要港口，也是杭州港的外港，分担了杭州港的不少港口功能。但澉浦港并非一个天然良港，它能成为港口，是被澉浦民众"创造"出来的。

澉浦港位于杭州湾北岸、澉浦镇南部，是进入杭州的门户。虽然在海边，但澉浦出海口的自然条件并不好，东南部靠海的地方只有两座平行的山——长樯山和葫芦山，缺乏乍浦港那样的天然港湾。因此，澉浦在北宋时期仅仅是一个盐场，没有任何发展港口的空间。后来，距离澉浦很近的杭州港的通航条件受到地理环境和政治命令的影响，无法直接通海，于是就需要一个外港，帮助海船停泊，并允许海船通过内河河道转到杭州。澉浦民众抓住这个重要的历史机遇，在长樯山和葫芦山中间开挖了一条人工运河（塘），可以使海舶从海口直接驶往澉浦镇。具体的航道是这样：海口设招宝闸，海船到达澉浦海口以后，先停留在长樯山下的龙眼塘，然后通过招宝闸进入人工运河，再由人工运河转入原有的内河航道，在沿岸村镇进行商品集散和贸易。由此，南宋时期的澉浦港成为杭州港最理想的海上货物集散辅助港。前来杭州的海外商船，常常在澉浦停泊并进行交易活动。因为港口的发展，澉浦镇一度非常繁华，被誉为"小杭州"。不少内河沿岸村镇的名称也颇具特色，如广陈镇，就是因为海舶带来各种货物"肆列珍异，远近贸易"而得名"广陈"。航海贸易成为澉浦的支柱产业后，澉浦港口还修建了妈祖庙，来往客商均在这里焚香祷告。虽然如今的澉浦妈祖庙早已衰落破败，但从妈祖庙的地理位置及其建筑残件上，依然可以想象出当时妈祖信仰的盛况。

澉浦港实际上是一个半人工半天然的港口。澉浦人开挖的人工运河的水，来自澉浦镇西的一座山。为了不让山上的水过度流入人工运河，人们又在山下设坝阻挡，因而形成了一个湖泊，即南北湖。湖水向东通往人工运河，一直到招宝闸，所以运河的水位基本稳定，从而减少了潮汐变化和海上风浪对于船只的影响，形成了优良的停泊条件。所以说，澉浦港的建设充分体现了当时规划者的大智慧，是在向海洋要生机、求发展的新海洋观的指引下诞生的一朵中国古代港口建设史上的奇葩。

澉浦航海贸易的兴盛促生了当地的航海世家。元朝著名的澉浦杨氏家族就是从航海贸易起家的。元初，杨氏家族的杨发总领浙东、浙西舶事，也就是总管杭州、上海、澉浦、庆元、温州等港口的对外贸易活动。后来，元世祖提倡"官本船贸易"，为杨氏家族进一步崛起提供了很好的机会。所谓的"官本船贸易"就是政府支持航海贸易发展的一项特别优惠的措施。具体做法是：官府为海商建造海船，并发给他们本钱，派遣他们航行到国外进行贸易，所获利润，政府与海商按照七三分成。这其实是一项无须本钱的好买卖，只要航海技术过硬，有经商才能，就能获得丰厚的利润。杨氏掌握了航海贸易的监管权，其家族对于海道又很熟悉，因此招引了不少海商为其赚钱，很快成为具有地域垄断性质的航海世家。杨发的儿子杨梓、孙子杨耐翁以及重孙杨枢都是著名的航海贸易家。杨耐翁曾任海道都漕运万户，其子杨枢19岁时就乘官本船航行西洋，并从今天的伊朗贩回了白马、黑狗、琥珀、葡萄、酒、番盐等。以杨氏为代表的航海世家的崛起及其航海行为中极其明显地体现了向大海要生机、求发展的新海洋观。

新海洋观在浙江沿海产生与发展的一种表现是江南士大夫群体的形成及其文化行为。当然，江南士大夫的形成和发展是一个比较复杂的问题，本书不做过多讨论。但可以肯定的是：江南士大夫形成的心理基础，一定与新海洋观有密切关系。

要想向大海要生机、求发展，必须有一种包容、开放的心态，这种心态是新海洋观的伴生物。新海洋观和新心态对江南地区人文精神有重要影响。双向自由贸易港所代表的开放、包容的特质逐渐融入江南沿海地区的人文精神中，培养和造就了从唐宋开始，一直持续到元明清的对中国传统文化有重要影响的江南士大夫群体。这一群体凭借着江南地区发达的经济文化的有利条件，放眼长远，通过各种途径获取政治上的发展，然后扩展经济实力，引领社会风潮。南宋时期，两浙成为中国功利主义思潮中心的事实，就体现了江南文人开放、包容的心态。虽然中国古代功利主义思想在先秦时期就萌芽了，如墨子曾提出"兼相爱，交相利"和"兴天下之利"的观点。但在古代长期占据统治地位的是义利对立的思想，如董仲舒言义不言利的义利观。但江南士大夫成长在因港口贸易发达而经济繁荣的社会环境中，海商、舟子等群体依靠自己的劳动，在朝廷许可的范围内创造了大量财富，社会不仅没有因此动荡，反而更有秩序，这就促使江南士大夫反思传统的义利观，提出了同时有利于国家和个人发展的新义利观。永康学派的陈亮和永嘉学派的叶适是功利主义思潮的代表人物，他们都出生于浙江，并且是当时力主抗金的主战派。他们肯定适度趋利避害，肯定物质欲望的合理性，认为"欲"是"礼"的基础，反对道义脱离功利，主张义利并重，号召民众大胆追求利。这些观点极大地改变了传统的义利对立观，对江南乃至全国的文化和经济发展都产生了一定影响。

当然，江南沿海较早出现积极海洋观的问题不是三言两语就能说清的，还有待细致研究。

在上篇，本书结合区域发展史，对江南地区海神信仰及其神话发生发展的过程进行了梳理。在下篇，本书将对江南海神层次谱系中居于重要地位的 5 位海神的神话进行个案分析，分别是江南防风氏神话、江南大禹神话、江南东海龙王神话、江南妈祖神话、江南南海观音神话。

下篇

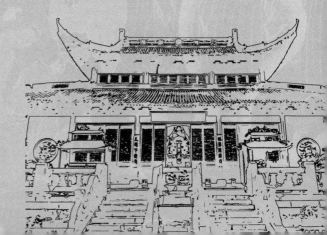

第六章
江南防风氏神话叙事

　　防风氏是江南地区独有的海（水）神，其神话叙事在原始社会晚期已经形成。在漫长的历史发展过程中，江南防风氏神话发展出了丰富的神话叙事资源，对江南地区的文化和社会产生了深远影响。2006年12月，"防风神话"被列入首批杭州市非物质文化遗产代表性项目名录。2007年6月，"防风神话传说"与"防风氏祭典"被公布为第二批浙江省非物质文化遗产代表性项目名录。2010年5月，"防风传说"被公布为第三批国家级非物质文化遗产代表性项目名录。本章将分别从语言文字叙事、景观物象叙事与仪式行为叙事三方面对江南防风氏神话进行分析。

　　防风氏神话语言叙事是指以口头语言或书面语言讲述的防风氏神话相关文本，包括记录在文献中的、在民间口头流传的，或在石碑等材质上刻印下来的神话文本；防风氏神话景观物象叙事是指以景观物象形式存在的，反映防风氏神话内容的实物形态的文化资源，包括与防风氏神话相关的宫观庙宇、碑刻塑像、出土文物、山川河流，以及当代建设的文化园区、博物馆、展览馆等；防风氏神话仪式行为叙事是指以仪式、行为方式呈现的对防风氏及其部属和亲属的祭祀、纪念活动。

一、防风氏神话的语言文字叙事

防风氏神话语言文字叙事主要包括古代文献记录的书面叙事文本和当代口耳相传的口头叙事文本两部分。

（一）古代防风氏神话文本叙事

防风氏神话文本在古代文献中存量不少，其神话叙事与大禹神话有千丝万缕的联系，《国语·鲁语下》记录说："昔禹致群神于会稽之山，防风氏后至，禹杀而戮之，其骨节专车。"这是吴国攻陷了越国都城会稽后，吴国使者问孔子所获大骨来历时孔子的回答。孔子解释大骨的来历，不单引出了禹戮防风氏的神话，更将防风氏的身份、驻地、姓氏和历史源流一一道出。根据孔子所述，防风氏一族历史悠久，在舜为部落联盟首领时已有一定规模，且历经夏、商的政权更替一直蓬勃发展，当时该族群也被称为"汪芒氏"。到了周朝，防风氏一族大约不知出于何种原因进行了迁徙，从越地迁往了北方，被称为"长狄"。"狄"一般是对北方族群的称呼，"长"意味着此群体的显著标志是身材高大。《左传·文公十一年》记载了北方长狄人的建立的一支政权鄋瞒国派兵入侵齐国，又攻打鲁国之事。鲁文公派叔孙得臣率兵迎战，在咸地打败了鄋瞒军队，并俘虏了鄋瞒将军侨如。鄋瞒喜战，经常袭扰周王室和鲁、卫、宋、齐、晋、郑等国，后败于宋、晋、齐，最终亡国。《楚辞·天问》有"长人何守"之问，与孔子所述的防风氏守封嵎山神话相吻合，说明防风氏神话早已流传到楚地。

《史记》《说苑》《吴越春秋》《三国志》等文献集中记录了禹戮防风氏的神话，如：

> 禹三年服毕，哀民不得已，即天子之位。三载考功，五年政定，周行天下，归还大越，登茅山。以朝四方群臣，观示中州诸侯。防风后至，斩以示众，示天下悉属禹也。乃大会计治国之道，内美釜山州慎之功，外演圣德以应天心，遂更名茅山曰会稽之山。（《吴越春秋》卷六）

《博物志》《括地图》《异域志》等文献记录了穿胸国民为防风氏后裔的神话。

> 禹诛防风氏，夏后德盛，二龙降之。禹使范氏御之以行。经南方，防风神见禹，怒射之。有迅雷，二龙升去。神惧，以刃自贯其心而死。禹哀之，瘗以不死草，皆生，是为穿胸国。（《艺文类聚》卷九六引《括地图》）

> 穿胸国，昔禹平天下，会诸侯会稽之野，防风氏后到，杀之。夏德之盛，二龙降庭。禹使范成光御之，行域外。既周而还，至南海，经防风，防风之神二臣①以涂山之戮，见

---

① "防风之神二臣"即"防风氏之二臣"。

禹使，怒而射之，迅风雷雨，二龙升去，二臣恐，以刃自贯其心而死。禹哀之，乃拔其刃疗以不死之草，是为穿胸民。（《博物志》卷二）

穿胸国，在盛海东，胸有窍，尊者去衣，令卑者以竹木贯胸抬之。俗谓防风氏之民，因禹杀其君，乃刺其（胸），故有是类。（《异域志》卷之下）

穿胸国神话是早已被《山海经·海外南经》记录的古老神话，但《山海经》并没有对穿胸国民的来历进行解释。现在已经无法判断以防风氏神话解释穿胸国民的来历是早已产生的叙事，还是后人附会的，但穿胸国民为防风氏后裔的神话叙事的产生，说明防风氏神话曾产生过深远影响。《异域志》为元朝周致中所作，"俗谓防风氏之民"表明此神话至少在元朝还广为流传。

（二）当代防风氏神话口头叙事

防风氏神话不仅载录于文字资料中，而且在民间口头传承至今。20 世纪 80 年代末，在中国民间文学集成的普查工作中，浙江民间文学工作者收集了一些防风氏神话口头叙事，其中的 11 篇分别刊登在 1986 年第 11 期和 1990 年第 1 期的《民间文学》，引起了学术界的关注和重视。1990 年第 1 期的《民间文学》还登载了一篇文章，以"珍贵的发现"为题，对当时发掘出的防风氏口传神话的基本内容和重要价值进行了介绍，文章说："各地先后发现了远古神话类的作品如中原神话、云南岩画、纳西族祭天古歌等等。这给我国民间文学增添了绚丽的色彩。在中国民间文学集成的普查工作中，浙江省又发掘了远古防风氏神话传说。

这颗璀璨明珠的发现，无疑又给我国远古神话填补了空白。"

从内容来看，防风氏神话口头叙事大致可以分为以防风氏与鲧禹关系为主题的叙事、以防风氏被戮为主题的叙事、以防风氏治水为主题的叙事、以防风氏发明创造为主题的叙事、以防风氏神迹为主题的叙事等五大类。

1. 以防风氏与鲧禹关系为主题的神话叙事

以防风氏与鲧禹的关系为主题的口头叙事如《尧封防风国》《大禹找防风》《大禹封山访巨人》《防风立国》《王鲧和防风》《防风三难大禹》，在这些口传神话中，防风氏被塑造为与鲧、禹同时期的治水英雄。

在《尧封防风国》① 中，防风氏受尧所托帮助鲧治水，防风氏便带着伙伴玄龟前去。鲧因为用见风就长的青泥顶破了天，被尧杀死，之后防风氏便和玄龟继续治理洪水。在治水成功后，尧将防风氏治理好洪水的地方封作防风国。《大禹找防风》② 与《大禹封山访巨人》③ 情节类似，讲述了大禹到南方治水遇到困难，于是去寻求曾治理好太湖流域洪水的防风氏的帮助。在《防风立国》④ 中，防风氏向大禹讲述了疏导和筑坝设闸等较为先进的治水方法，禹王请他辅佐治水。防风氏率领领部下开凿了 81 条河港，建造了 72 道堰坝，治理好了太湖流域的洪水，被大禹赐下封山方圆百里之地，防风氏就此立国。在《王鲧和防风》⑤

① 《尧封防风国》，《民间文学》1990 年第 1 期，第 15 页。
② 《大禹找防风》，《民间文学》1990 年第 1 期，第 15—16 页。
③ 《大禹封山访巨人》，载钟伟今、欧阳习庸主编《防风氏资料汇编（增订本）》，黑龙江人民出版社 2013 年版，第 398—399 页。
④ 《防风立国》，《民间文学》1990 年第 1 期，第 16 页。
⑤ 《王鲧和防风》，《民间文学》1990 年第 1 期，第 17 页。

中，防风氏是鲧治水的伙伴，他帮助鲧从天宫偷出神物息壤，借助息壤建坝挡水，却因天帝收回息壤而失败。最终鲧被处死，防风氏因身躯庞大难以行刑而逃过一劫。在《防风三难大禹》[①]中，防风氏被委派为祭天仪式中的纠仪官，防风氏先后就祭祀仪式的奢华、以鲧配天和假意禅让等事由对大禹进行了责难。

防风氏与鲧禹在上述这些口传神话中表现出复杂的关系。在某些叙事中，防风氏是鲧、禹治水的伙伴，双方是平等的关系。按照《王鲧和防风》的讲述，防风氏是大禹之父鲧的伙伴，其辈分长于大禹。在另外一些叙事中，防风氏则被塑造为禹的下属。防风氏治水神话是江南地区的区域性神话，鲧禹治水神话是源自中原地区后流布各地的全国性神话，当鲧禹治水神话流传到江南地区，与江南本土防风氏神话深度交融，由于不同的立场和观点，防风氏的形象产生了很大差别。

2. 以防风氏被戮为主题的神话叙事

以防风氏被戮为主题的口传神话如《防风古庙说防风》《红枫树 防风树》《斩防风氏》《斩防风》《防风之死》《防风为何封王》《刑塘戮防风》《禹杀防风求天助》《禹杀防风氏》《大禹斩防风氏》，内容大致可以分为两类：一类讲述了防风氏因犯错而被斩杀之事，另一类讲防风氏被冤杀之事。

《禹杀防风氏》[②] 与《大禹斩防风氏》[③] 内容相近，讲述了防风氏虽与大禹一同治水，但两人使用堵与疏的不同方法，后来防风氏因睡觉贻误了时机而导致治水失败，最终被大禹斩首。在

① 《防风三难大禹》，《民间文学》1990年第1期，第20页。
② 《禹杀防风氏》，《民间文学》1990年第1期，第17—18页。
③ 《大禹斩防风氏》，载《浙江省民间文学集成·绍兴市故事卷》，1989年版，第24—25页。

《斩防风》①中，防风氏是大禹的外甥，大禹召集会盟时，防风氏因自傲懒散而迟到，最终被大禹下令处斩。至今，涂山脚下的淮河边还有"防风冢"遗迹。在《斩防风氏》②中，防风氏是居住于桐柏山脚下的强汉子，被大禹请去协助治水，立下了大功。骄傲自满的防风氏后来违抗命令，耽搁了劈山治水的要事，又在大禹召集会盟的时候故意迟到，最终被斩杀。上述 4 篇神话中，防风氏被戮的原因皆是防风氏犯下了过错。

更多的口传神话讲述了防风氏被冤杀的过程。在《防风古庙说防风》③中，防风氏是舜治下的一个部落首领，他向舜举荐了尧时治水失败被杀的鲧之子禹负责治水。在 13 年的治水过程中，防风氏一直与禹并肩作战，两人结下了深厚的友谊。禹接受舜的禅让后在会稽举行会盟，防风氏因率众抗洪救灾而迟到，大禹不忍处罚他，防风氏却为树立大禹的权威而甘愿受死。防风氏死后，大禹曾两次去防风庙祭奠。在《红枫树　防风树》④中，防风氏因直言得罪了大禹和他的手下萧伍。会稽会盟时，萧伍故意延迟通知防风氏，防风氏赴会途中又抗击突发的洪水，最终因迟到而被诛杀。后来，防风之冤被昭雪，陷害防风氏的萧伍被斩杀，大禹还下令建造防风祠，于每年八月廿五日祭祀防风王；在

① 《斩防风》，载中国民间文学集成全国编辑委员会编《中国民间故事集成·安徽卷》，中国 ISBN 中心 2008 年版，第 18—19 页。
② 《斩防风氏》，载巴里、仲录编《中国山川名胜传说故事》，云南人民出版社 1981 年版，第 468—473 页。
③ 《防风古庙说防风》，载吴关荣《钱塘江传说》，杭州出版社 2013 年版，第 118—121 页。
④ 《红枫树　防风树》，载钟伟今、欧阳习庸主编《防风氏资料汇编（增订本）》，第 407—408 页。

《防风之死》^① 中，防风氏在赶赴会稽会盟途中，因苕溪泛洪，参与抢险而迟到，后被大禹斩杀。防风氏骨架太大，大禹还下令在河塘旁搭了高台作为行刑之台。大禹了解真相后后悔不已，下令敕封防风氏为"防风王"，并建造防风祠祭祀防风王。《防风为何封王》^②《刑塘戮防风》^③《禹杀防风求天助》^④ 等篇与《防风之死》内容相近。

讲述防风氏因犯错而被斩杀的口传神话主要流传在浙江以外的区域，如《斩防风氏》和《斩防风》均采录自安徽蚌埠怀远地区，而讲述大禹被冤杀的神话则主要流传在浙江湖州、杭州、绍兴等地，这反映出不同地区的民众对防风氏治水神话的不同价值判断和认知立场。在大禹治水神话拥有强势话语权的淮河地区，防风氏只是个开会迟到的罪人；而在防风氏神话原生的江南地区，防风氏是被冤杀的治水英雄。

3. 以防风氏治水为主题的神话叙事

以防风氏治水为主题的口传神话如《防风塔》《防风井》《防风舞》《孝丰长人会的传说》，其中既有对防风氏治水方法的介绍，又有对防风氏治水功绩的描述，主要歌颂了防风氏为治水而不辞辛劳的英雄形象。

在《防风塔》^⑤ 中，鲧和防风原本用"土挡"的方法治水，但鲧因此治水失败而被诛，防风氏遂改用"因势利导"之法。防

---

① 《防风之死》，《民间文学》1990年第1期，第17—18页。
② 《防风为何封王》，《民间文学》1990年第1期，第19页。
③ 《刑塘戮防风》，载钟伟今、欧阳习庸《防风氏资料汇编》，天津古籍出版社1999年版，第227—228页。
④ 《禹杀防风求天助》，载钟伟今《本乡本土》，贵州人民出版社1998年版，第165—166页。
⑤ 《防风塔》，《民间文学》1990年第1期，第18页。

风氏在连续治水 48 天后在湖州北门外力竭倒地昏睡过去,洪水也顺着他的身躯退去了;在《防风井》[1] 中,防风氏通过开凿 49 条水道疏导了当地的洪水,又在封禺山的山洞里挖了很深的水井,通过观测井中的水位来判断四方的险情。防风氏为完善这一预测险情的方法,继续开凿了东南西北 4 口水井,但同时也在大禹召集的会盟中迟到,最终被诛杀。防风氏开凿的井便被称为"防风井";在《防风舞》[2] 中,防风氏通过防风井观测到险情后,在苕溪地区砍木竹做成木排竹排,以此将受困的民众运到高地避险;在《孝丰长人会的传说》[3] 中,防风氏在安吉孝丰地界用长柄秒耙施展法力疏导了洪水,却因此在会稽会盟中迟到而被诛。上述 4 则口传神话从防风氏改进治水方法,发明预测水灾、救助灾民的设施,施展神奇的治水能力等多角度刻画了防风氏治水英雄的形象。

4. 以防风氏发明创造为主题的神话叙事

江南地区流传的防风氏神话主题多样,还有一些口传神话讲述了作为部落首领的防风氏在各方面的发明创造,如《防风著书》《防风氏为啥又称"汪芒氏"》《防风草药》《防风氏的由来》。

在《防风氏为啥又称"汪芒氏"》[4] 中,防风氏带领部落民众在太湖流域开垦水田,种植水稻,吸引了周围部落前来学习开

---

① 《防风井》,《民间文学》1990 年第 1 期,第 18—19 页。
② 《防风舞》,载钟伟今、欧阳习庸《防风氏资料汇编》,第 231—233 页。
③ 《孝丰长人会的传说》,载钟伟今、欧阳习庸主编《防风氏资料汇编(增订本)》,第 405—406 页。
④ 《防风氏为啥又称"汪芒氏"》,载钟伟今、欧阳习庸《防风氏资料汇编》,第 225—226 页。

辟水田、防治洪涝的先进经验。在《防风氏的由来》[①] 中，防风氏带领部落民众治理洪水，用兽骨、木头制成耕犁，教导民众辟除草莽，种植水稻，并发明出笠帽战胜了种种旱涝风雨灾害。在《防风著书》[②] 中，防风氏受到大禹手下萧伍的排挤，回到防风山开凿了地隐，死后留下《地隐伐萧》和《夏律》两本兽骨刻书。在《防风草药》[③] 中，防风氏被大禹冤杀后，头颈喷出的洪水里夹杂着草籽，草籽长出后变成了治疗伤风感冒的防风草药。

在上述口传神话中，防风氏被塑造为江南稻作农业的开拓者，他带领部族民众开辟水田、种植水稻、防治洪涝、制作耕犁、创造农具。不仅如此，防风氏还被认为是文字的发明人和律法的开创者，这些都反映出防风氏早已被江南先民视为文化始祖。

5. 以防风氏神迹为主题的神话叙事

作为江南文化始祖的防风氏具有神性的一面，不仅体现在他庞大的身躯上，而且表现在他所施展的神力和创造的神迹方面，以《神雕助防风》《防风王神秒治洪留石浪》为代表的口传神话即以防风氏神迹为主题。

在《神雕助防风》[④] 中，防风氏是防风国的王，他带领防风氏部族捕鱼打猎、种田种地、栽桑养蚕。在前往会稽山参加会盟的路途中，遇到钱塘江涨潮，因担心潮水打湿向大禹进献的贡品

① 《防风氏的由来》，载钟伟今、欧阳习庸《防风氏资料汇编》，第 223—224 页。
② 《防风著书》，《民间文学》1990 年第 1 期，第 16—17 页。
③ 《防风草药》，载钟伟今、欧阳习庸《防风氏资料汇编》，第 234—235 页。
④ 《神雕助防风》，载钟伟今、欧阳习庸主编《防风氏资料汇编（增订本）》，第 400—401 页。

"织贝"，便召唤他的治水助手神雕前来相助。在《防风王神秒治洪留石浪》① 中，防风氏在赶赴会稽山会盟途中，遇到天目山北麓龙王山发生洪灾，为清除堵塞山坳的石块泥浆，防风氏用络麻梗和络麻皮扎出一把络杆秒，并用这把具有神奇法力的秒疏通了深溪。

虽然本书对防风氏口传神话的内容进行了分类，但这并不意味着每一篇防风氏口传神话的主题都是单一的。相反，许多篇目的主题都是复杂的和复合的，其中一些篇目还存在前后关联，如《王鲧和防风》中防风氏和鲧共同治水、鲧被杀的情节是《禹杀防风氏》的开头所简略描述的背景。本书虽然将防风氏治水主题单列为一类，但实际上所有的防风氏口传神话中都有防风氏治水的情节，防风氏因治水与鲧、禹产生交集，在治水过程中有众多发明创造，展现出神奇的治水能力，最终又因治水被大禹斩杀。可以说，防风氏治水是防风氏口传神话的核心内容，防风氏形象的最重要定位就是治水英雄。

二、防风氏神话的景观物象叙事

从地域分布上来看，防风氏神话口头叙事具有鲜明的地域特点。一方面，防风氏神话口头叙事的分布区域界限比较清晰，不出浙江、江苏南部、上海和安徽的淮河流域这一片地

---

① 《防风王神秒治洪留石浪》，载钟伟今、欧阳习庸主编《防风氏资料汇编（增订本）》，第402—404页。

区；另一方面，绍兴、德清和东阳三地是防风氏神话口头叙事文本分布最集中的地区，也是防风氏神话的核心区域，其中尤以德清县的叙事文本最为多见，也就是说，今浙江省湖州市德清县是江南防风氏神话的叙事中心。防风氏神话景观物象叙事的地域分布也体现了上述特点，德清保留了较多的防风氏神话相关景观物象，德清以外的浙江地区也保存了部分防风氏神话相关景观物象，此外苏南、安徽淮河流域等地也有部分景观物象资源，分述如下。

（一）德清县防风氏神话景观物象叙事

德清素有"防风氏之国"的古称，如北宋《太平寰宇记》卷九十四载："防风山在县东一十八里，先名封嵎山，唐天宝六年敕改焉，其一名风公山，一名风渚山，古防风氏之国。"又如宋欧阳忞在《舆地广记》中介绍武康县的首句便是"本防风氏之国"，武康县城即今德清县城所在地。在神话景观物象资源方面，德清县存有 4 处，且与防风氏神话的历史文献和口传神话结合得最为紧密。

1. 防风山（封山）

防风山原名封山，另有风山、封公山、风渚山等别名，是防风古国的标志，是防风氏的封守之地，亦是古防风庙所在地。防风山位于德清县三合乡境内，在下渚湖北岸，海拔 125 米。东起观音岭，西连茅田畈，北至资敬寺，南麓是二都集镇。南朝宋山谦之所撰的《吴兴记》中提道："吴兴西有风渚山，一曰风山，有风公庙，古防风国也"。唐《元和郡县志》卷二十六记录说："封山在（武康）县东十八里，《家语》云：'封嵎之山，防风氏国也'"。宋《太平寰宇记》卷九十四云："防风山在县东一十八里，先名封嵎山，唐天宝六年敕改焉，其一名风公山，一名风渚山，古防风氏之国。风公者，以其山上有风公祠。"《明一统志》也记载："封山在武康县东十八里，古防风氏封守之地。又名封禺山，唐改为防风山。"

防风山上曾有"封山十景"之旧说，"封山十景"包括防风古碑、竹林听雨、古梅胜景、封山石室、百丈深潭、潘老仙踪、朝阳俯瞰、春渚浪花、落霞飞虹、奇松待鹤①。封山十景中的"防风古碑"指防风庙中吴越国王钱镠所立的《新建风山灵德王庙记》碑，"封山石室"是指民众口传的防风洞，这些都属于防风氏神话的景观物象。

《新建风山灵德王庙记》碑原立于封山南麓防风祠内，碑通高262厘米，厚约25厘米，宽约88.5厘米②，该碑文在《两浙金石志》《吴兴金石记》《道光武康县志》中均有著录。碑文记录了修建缘由、千年前防风祠的规模等，是研究防风氏神话的珍贵资料，摘录如下：

> 盖闻天地氤氲，运寒暑而滋品汇。幽灵胖尅，司土地而福生民。人神理在于相须，显晦期臻于感契。虽先圣著难明之说，而礼经垂严祀之文。爰自五运相承，百王理化，或以劳定国，或尽力勤王，或利济及于烝民，或勋烈光于史策，并皆立严祠于境土，享庙食于春秋。而况江浙古区，鱼盐奥壤，历象则区分牛斗，封维乃表里江山；昔年霸越强吴，今

---

① 莫干山志编纂委员会编：《莫干山志》，上海书店出版社1994年版，第76页。
② 董楚平：《〈新建风山灵德王庙记〉注释》，《浙江方志》1993年第2期。

日双封列国；旷代之灵踪不少，前贤之庙貌实多。

寡人自定乱平妖，勤王佐命，五十年抚绥军庶，数千里开泰土疆。四朝迭受册封，九帝拱扶宗社。改家为国，兴霸江南。一方偃息兵戈，四境粗安耕织。上荷元穹眷佑，次依神理护持。统内凡有往帝前王，忠臣义士，遗祠列像，古迹灵坛，悉皆褒崇重峻于深严，祀典常精于丰洁，冀承灵贶，同保军民。

其有风山灵德王庙，本系属城，近归畿甸。考诸旧记，即先是武康县风山。又按《史记》云："汪罔氏之君，守封禺之山。"今在吴兴武康县。稽立庙之初，则年华渺邈，详图牒之说，则词理异同。唯有元和年再构檐楹，见存碑记。彼既已具叙述，此固不复殚论。聊书制置之由，直述旌崇之意。

丙戌年春，寡人以玉册迭膺于典礼，清宫未展于严禋，遂辍万机，暂归锦里，寻属节当炎暑，犹未却回都城，此时□□□□□□□刺史陆仁璋，佐国精忠，事君竭孝，心悬扈从，遍祝灵祇。以风山灵德王，昔年因举兵师，曾陈祷祝。无亏响应，显有感通。遂悬恫告虔，许崇堂殿。洎清秋却归都城，披睹奏陈，既忠诚感动神明，行褒赠先酬神贶，次乃亲分指画，委仗腹心，按山川展拓基坰，顺冈阜增添爽垲。形胜并皆换旧，规模一概从新。居中而殿宇崇严，四面而轩廊显敞。周回户牖，瓮砌阶墀，构之以杞梓梗楠，饰之以玄黄丹漆。外则浚川源之澄澈，内则添竹树之青苍。至于广厦神仪，崇轩侍卫，车舆仆从，帐幄帘栊，鼎饪庖厨，筐篓器皿，请福祈恩之所，献牲纳币之筵，并极鲜华，事无不备。丙戌年八月廿四日起首，至其年十一月毕功。土木皆是精新，禋祀常严丰洁。仍展牲牢箫鼓，庆乐迎神，耀威灵而万古传芳，标懿号而千秋不朽。一则酬忠臣之启愿，二则答阴骘之匡扶。唯冀明神永安缔构。禀玄化而同垂恩福，镇土疆而荫护军民，保四时风雨顺调，□□山河□□，永绝天灾地沴，常欢俗阜时康。

图6-1 新建风山灵德王庙记碑（德清防风祠前，县级文物保护单位）

巍乎焕乎，美哉盛矣！今则功用既就，良愿已酬，用勒贞珉，聊书撝实。所贵后来贤彦，知予精敬神明，不假繁文，粗记年月。时宝正六年重光单阏岁，为相之月，二十有三日记。

天下都元帅、吴越国王。①

2. 防风洞

防风洞位于防风山上的蝙蝠禅寺大殿后，是"封山十景"中

---

① 董楚平：《〈新建风山灵德王庙记〉注释》，《浙江方志》1993年第2期。

的"封山石室"，俗称"蝙蝠洞"，雅号"封公洞"。道光《武康县志》载"洞中广容百席"[①]，可见洞内空间之广阔。

图6-2　防风洞内景

在防风氏神话传说中，防风洞为防风氏的居所，既是他治水的指挥部，又是他著书立说的地方，内容见口传神话《防风著书》和《防风井》。据当地传说，此洞深不可测，可通山下的风渚湖，或说可通徽州，增添了防风洞的神秘感。清人洪昇曾留下诗篇《封公洞》，曰："松崖未及岭，石洞忽旁穿。泉滴四时雨，云通一线天。藤萝盘土室，蝙蝠避炉烟。借问安禅者，跏趺定几

① （清）吴康侯：《封山记略》，载疏筤等《华中地方·第五六五号浙江省武康县志（1—3）》，台湾成文出版社有限公司1983年版，第158页。

年。"（《洪昇集》卷三）1982年，德清县余不诗社出刊《游防风国》诗词小集（油印本），刊登了部分社员1980年春游防风祠后的作品，不少作品对防风洞进行了描述，如下面两首：

游蝙蝠洞

何用劳工斧凿瓜，自然洞穴古苔花。

传神蝙蝠巢新屋，似镜平湖起白霞。

许是觊觎龙脉地，尤疑蛮族野人家。

莫看今日文明世，历史原经曲曲斜。

防风洞怀古

身横九亩防风王，豹颡虎眉虬髯张。

大禹麾前一猛将，叱咤风云古战场。

戈扬足堪颤日月，马跃顿然崩山冈。

　奋力战共工，赤膊为先锋。

　呵斥惊霹雳，挥师疾如风。

　矢石乱阵雨，遍体血染红。

九州四海一扫空，战功烜赫禹王封。

禹召诸侯会会稽，防风后至遭凌迟。

诸侯鹅行齐叩谏，英雄从容笑一丝。

防风身高可扪星，刑者不及筑塘刑。

九次用刀始断首，既杀且戮血腥腥。

一节骨节装一车，一天风雨悼忠灵。

防风后代壮且烈，长狄穿胸朝觐绝。

死守封禺之封疆，剑气峥嵘今不灭。

吾侪来访古，悬崖危岩惊欲裂。

后谁来搜神，烂泥腐草湮洞穴。

唯有嵯峨突兀防风山，万古水乡屹两间。①

诗文或描述防风洞的环境静谧，或感慨防风氏神话的扑朔迷离，或触景生情感怀防风氏被冤杀的事迹，都是对防风氏神话的再讲述和传播。

3. 防风氏祠

防风氏祠在德清县二都村，位于防风山山脚下，与防风山仅一路之隔。1947年，防风氏祠发生火灾，大殿被烧毁。1949年，

图6-3 德清防风祠正殿

① 钟伟今、欧阳习庸：《防风氏资料汇编》，第53—54页。

民间集资重建，规模大不如前。1964 年，防风庙被当时的二都公社拆毁。今防风氏祠为 1996 年在原址重建的。

相传，防风氏祠初建于晋朝，重建于唐朝。明朝董斯张《吴兴备志》卷三十引《征异记》记录了防风氏之神显灵的建庙神话：

晋元康初，中夜见有人坐武康县楼上，身长数丈，垂膝至地。县令会稽贺循知之曰："此地本防风氏之国，其防风氏之神乎。"遂立庙于县之东。钱氏封为灵德王，号灵德庙，有石刻存。

同样成书于明朝的《西吴里语》卷一也载录了类似神话：

晋元康初，人有早起诣县者，见一伟人坐于县之门楼，身长数丈，垂膝至地。大惊。忽不见。时县令贺循谓此地古防风民（氏）国，岂其神乎？遂为建庙。唐元和间重建。吴越钱镠，微时尝祷于庙，有验，封灵德王。令建庙于二山之间，有吴越《风山灵德王庙记》，每岁以八月二十五日致祭，列在祀典。

南朝宋山谦之曾在《吴兴记》中提道："吴兴西有风渚山，一曰风山，有风公庙，古防风国也。"南朝梁任昉在《述异记》中记录说："今吴越间防风庙，土木作其形，龙首牛耳，连眉一目。"《吴兴记》中的风公庙就是二都的这座防风祠，但《述异记》中的"吴越间防风庙"似乎是说南朝时的江南不少地区都有防风祠庙，庙中的防风神塑像为木制，且具有相似的外貌特

图6-4 防风氏像（德清防风祠）

征——龙头牛耳，双眉相接，与今二都防风祠中的防风氏塑像差别较大。

宋《嘉泰吴兴志》卷十三"祠庙"条记录了位于武康县境内的两座宋朝防风庙，"防风氏庙，在武康邑境有二：其一在县东二里，地名清穆；一在封禺二山之间，风渚湖上"，第二座防风庙就是今德清防风祠。宋朝诗人章杰有长诗《防风庙》，描绘了德清防风庙的旧观与庙中神像的样貌："突兀见广殿，解鞍试入趋。厥祝唯防风，庙貌侔王居。槃杆残椒糈，惆怅走魑魅。像设匪丰硕，胡能骨专车。媲以二小君，宥坐五丈夫。壮者黝而武，少者美且都。所被皆甲胄，所执皆矛殳。列侍立众鬼，昂头竞睢盱。"长诗最后表达了对防风氏遭遇的哀痛，高度赞扬了他的功绩，并记录了"春秋荐苹藻，迎送嘈笙竽。血食庇此方，永世终无渝"的防风氏祭典。雍正《浙江通志》卷二百二十引万历《湖州府志》载："防风氏庙，在（武康）县东南，封禺二山之间。祀防风氏之神，岁以八月二十五日致祭。"可见在明朝，二都防风氏祠仍是举行防风氏祭典的场所。

除载录于文献中的防风祠庙的来历神话之外，在当地防风氏口传神话中，也出现了如《武康防风庙的来历》这样记录与解释防风祠庙来历的篇目。《武康防风庙的来历》讲述了武康县两座防风庙修建的由来，并记录了两座防风庙的差别：

很快，武康人就决定筹建一座防风庙，地址就选在武康县城东面，原来停放过防风氏尸体的"二里亭"旧址。

防风庙造好以后，武康人十分高兴，不断有人来祭奠。从此，大家也知道了禹王后悔错杀了防风氏，还赦免了两个防风臣民的弑君之罪。因此，后来在防风庙里，也塑了禹王的神像。年年八月廿五日防风氏生日那天，祭祀防风氏；六月初六禹王生日那天，祭祀禹王。

二里亭防风庙造好后，过了一段时间，二都人说："防风氏本来住在防风山，既然可以造祠庙祭祀，就应造在防风山上。"所以，不久二都也造了一座防风庙，而且规模比二里亭的更大。

不过，二都人还恨禹王冤杀了防风氏，所以二都防风庙不设禹王的神像，也不肯祭祀禹王。[1]

防风祠前立有《新建风山灵德王庙记》碑和《防风古国 中国烘豆茶发祥地》碑。《防风古国 中国烘豆茶发祥地》碑由三合乡人民政府立于1996年10月。碑的背面刻有《防风神茶记》，讲述了防风茶的来历："相传防风受禹命治水，劳苦莫名。里人以橙子皮、野芝麻沏茶为其祛湿气，并烘青豆作茶点。防风偶将豆倾入茶汤并食之，尔后神力大增，治水功成。如此吃茶法，累

---

① 《武康防风庙的来历》，载钟伟今、欧阳习庸《防风氏资料汇编》，第238—239页。

代相沿，蔚成乡风。此烘豆茶之由来，或誉防风神茶。"此碑文彰显了防风氏神话对当地的深刻影响。两碑均是二都防风祠的有机组成部分，拓展了防风氏神话景观叙事的内容。

4. 长城坞

长城坞在德清县城西约6公里的山中，相传为防风氏后裔的居住地。清道光《武康县志》有"汪芒坞"条，载："在县西南十五里，又名长人坞，防风苗裔居此。"当地人认为县志中的"长人坞"便是长城坞。与长城坞一山之隔的大响坞村民中流传着"长城坞中有城墙，城中'九车十三当'"的说法。"九车十三当"的意思是，城内有9部油车，13家当铺，可见长城坞曾非常繁华。

如今的长城坞人迹罕至，仅剩纵横交错的建筑遗迹。路旁和山坡间有许多人工垒砌的石帮岸，有一条石头垒砌似水渠，又似围墙的建筑物向坞内延伸。帮岸之上的平地可见少量的残砖碎瓦，有的地方还有人工修筑的水池。在一些陡峭的山坡上，还散布着一簇簇石堆。在一个较为开阔的盆地中，石砌帮岸更为密集，有的地方呈纵横交错状。其中有一处近似椭圆形石砌围墙，高约1米，围墙内的面积足有篮球场大。在此对面的山坡上，有一条石头垒砌的堤坝一样的建筑，从山脚向上一直延伸至半山腰，"堤坝"坍塌严重，残宽约2米，高约1.5米。在此"堤坝"的垂直方向上，有一条石砌的沟槽，形似"水渠"。水渠沿长城坞纵向延伸，越往深处，保存状况越好，有些地段，水渠修筑在地面之上，中间像通道，两边有护墙，横截面呈"凹"字形，内凹部分宽约2米。水渠爬上山坡，越过山梁，又顺坡而下，直至南端的水家坞，总长度超过2公里。

图6-5　长城坞残垣

（二）浙江其他地区防风氏神话景观物象叙事

德清之外，浙江其他地区也存在一些与防风氏神话有关的景观物象，包括如下一些。

1. 会稽山

会稽山在浙江省中部，跨越柯桥区、越城区、诸暨市、新昌县、嵊州市、上虞区等地，"相传夏禹至苗山（或称茅山、防山）大会诸侯，计功封爵，始名会稽。"① 不少文献记录了防风氏被大禹斩杀于会稽山的神话。《韩非子·饰邪》云："禹朝诸侯之君会稽之上，防风之君后至，而禹斩之。"晋郭璞在《会稽山赞》

① 《辞海》（地理分册），上海辞书出版社1981年版，第314页。

中写道:"禹徂会稽,爰朝群臣。不虔是讨,乃戮长人。"(《嘉泰会稽志》卷二十)宋司马光在《稽古录》中记录说:"禹受命摄行天子事,如舜之初。舜崩,三年丧毕,即天子位。会诸侯于涂山,执玉帛者万国。又会诸侯于会稽,长狄防风氏后至,禹戮之。"

不少防风氏口传神话中也有防风氏死于会稽山的情节,如湖州地区流传的《防风之死》《禹杀防风求天助》《武康防风庙的来历》《神雕助防风》《防风王神秒治洪留石浪》《红枫树　防风树》《孝丰长人会的传说》,绍兴地区流传的《防风三难大禹》《大禹斩防风氏》,杭州地区流传的《防风古庙说防风》,浙东一带流传的《刑塘戮防风》《防风草药》《十里湖塘七尺庙》等。可见会稽山和防风氏神话的渊源之深。

2. 型塘

型塘在绍兴市区西北约 14 公里处,位于型塘江两侧。型塘原名刑塘,"据传夏禹治水会诸侯于会稽,长人防风氏后至,禹乃诛之,防风氏身长三丈,刑者戮不及,筑高台临之,故名刑塘,后雅称型塘"①。在南宋嘉泰《会稽志》中,"型塘"尚写作"刑塘","刑塘在县北一十五里。旧经引贺循《记》云:防风氏身三丈,刑者不及,乃筑高塘临之,故曰刑塘。张伯玉《会稽山》诗云:防风独强梁,后至行越趄。天威不可舍,败骨盈高车。至今憔悴烟,惨淡藏封嵎。华安仁《刑塘》诗云:汪芒后至知何用,败骨空专一素车"。(嘉泰《会稽志》卷十)文中所记贺循和华安仁均为会稽(今浙江绍兴)人,贺循是两晋时期名臣,

① 陈桥驿主编:《中华人民共和国地名词典》,商务印书馆 1988 年版,第 189 页。

善作文章；华安仁，名华镇，字安仁，工于诗文。贺循所作的《会稽记》一文和华安仁所作的《刑塘》一诗是型塘防风氏神话景观叙事的重要文献，影响深远，屡被后世文献引用。万历《绍兴府志》载："刑塘在府城北十五里。贺循《记》云：防风氏身三丈，刑者不及，乃筑高塘临之，故曰刑塘。然涂山东亦云斩防风者。未知孰是？"从神话流传的角度来看，出现两处防风氏被杀之地的叙事并不奇怪，这反映了防风氏神话在绍兴地区广为流传的情况。

3. 防风庙

历史上浙江的防风庙有多处，比较著名的，除武康防风庙之外，还有绍兴防风庙和杭州防风庙。清朝李亨特《重修〈绍兴府志〉》卷三六记录了绍兴的防风庙："防风庙，南宋《嘉泰会稽志》：在县东北二十五里，禹诛防风氏，此其遗迹。"《咸淳临安志》卷七十三载："防风氏庙，在廉德乡朱奥村，父老相传，乡民祈田蚕之所，不知何代所立。按郡县志，防风氏居。"吴自牧《梦粱录》卷十四"古神祠"中也载"防风氏庙在廉德朱奥"一句。上述两则是对杭州防风庙的记录。

（三）其他地区防风氏神话景观物象叙事

浙江以外地区的防风氏神话景观物象主要集中在安徽省淮河流域地区，著名的有涂山和防风冢。

1. 涂山

在防风氏神话中，关于防风氏被大禹斩杀之地的说法主要有两种，一种是绍兴的会稽山，另一种便是蚌埠的涂山。涂山位于淮河东岸，又称当涂山，与荆山夹淮并峙，与白乳泉、卞和洞等名胜古迹隔淮相望。《左传·哀公七年》载："禹合诸侯于涂山，执玉帛者万国。"大禹治水成功后，在涂山召集各部落首领集会，携带玉帛等礼品前来的各地部落首领众多，这就是著名的"禹会涂山"。21世纪初，考古工作者在涂山脚下的禹会村发掘出土了距今4 500年的禹墟遗址，与神话中的大禹时期及大禹会盟相吻合。

图6-6　位于禹会村的禹墟遗址纪念石

南朝《述异记》载："昔禹会涂山，执玉帛者万国，防风氏后至，禹诛之。"《魏书·郭淮传》载魏文帝责问郭淮时，也提到了禹会涂山戮防风氏的神话："昔禹会诸侯于涂山，防风后至，便行大戮。"不少古代诗文作品也记录了防风氏涂山遭戮的神话，如唐柳宗元的《涂山铭》中有"则戮防风，遗骨专车"的词句，唐人胡曾在《涂山》中写道："大禹涂山御座开，诸侯玉帛走如雷。防风谩有专车骨，何事兹辰最后来。"苏轼有《濠州七绝·涂山》一首，其中提道"川锁支祁水尚浑，地埋汪罔骨应存"。

2. 斩洪涧、上下洪与防风冢

在安徽流传的《斩防风》中，防风氏是大禹的外甥。大禹在涂山下禹会村召开治水大会时，防风氏因懒散迟到，大禹为正法纪将他处死。防风氏死时，"尸倒九里，骨拉千车，血流上下红（洪）"，"现在涂山脚下的上洪（红）村、下洪（红）村的名字就是打那时留下来的。涂山西南淮河边上，还有处十几亩的大沙丘，就叫'防风冢'。"在另一篇《斩防风》中，防风氏是能打风的汉子，因为耽误治水被大禹处斩。防风氏被斩时"身倒九亩地，血流上下红（洪）"。

涂山西侧有"斩洪涧"地名。"洪"为"红"的谐音，斩洪（红）涧为防风氏被斩杀之地，因为防风氏身躯庞大，血流把涧中的水都染红了，因此被称为"斩洪（红）涧"。防风氏的血不仅染红了山涧，还流到附近的村落，形成了上洪（红）村和下洪水（红）村，也就是神话叙事中的"血流上下洪"。斩洪（红）涧边上的一块荒地有"防风冢"之称。防风冢神话流传久远，宋人黄庭坚有诗曰："涂山绝顶忆神功，亘古情形一览中。启母石迎新月白，防风冢映夕阳红。洪流匝地曾拘兽，老树参天欲化龙。有径直通宵汉外，登临无不是仙踪。"①

---

① 蚌埠当地不少文史资料记载了历代文人游览涂山的作品，黄庭坚此诗参见政协怀远县委员会文史资料研究委员会编：《荆涂春秋（第二辑）》，1989年版，第183页。

图 6-7 位于曹洲湾天河口的"防风冢"故地

三、防风氏神话的仪式行为叙事

防风氏神话仪式行为叙事曾相当兴盛，即使在防风氏神话流传的核心地区之外，也有不少祭祀仪式，比如湖州市安吉县的"长人会"和绍兴七尺庙的防风氏祭祀仪式。流传于浙东一带的防风氏口传神话《十里湖塘七尺庙》讲述说：绍兴十里湖塘中间有一座小庙，相传庙下埋有防风氏的七尺胫骨。"因为，当时官府衙门都尊重夏禹王，不敢公开称它'防风庙'，但春秋祭祀防风氏这位古代治水英雄，以保佑十里湖塘一年四季安全无恙。从此，'十里湖塘七尺庙'这句绍兴民谚，一直流传至今。"① 当代防风氏神话仪式行为叙事衰落较为严重，基本只有处于防风氏神话核心区的德清县还保留一些，其中最重要的是防风氏祭典。

德清地区对防风氏的祭祀仪式很早便有了记录。据南朝《述异记》载："越俗，祭防风神，奏防风古乐，截竹三尺，吹之如嗥，三人披发而舞。"吴越王钱镠所立《新建风山灵德王庙记》碑上有"展牲牢萧鼓，庆乐迎神"的祭祀典礼记录。《万历湖州府志》也载："防风氏庙，在县东南封禹二山之间，祀防风氏之神，岁以八月二十五日致祭。"1993 年，德清二都原防风祠前发现了康熙癸丑年间与祭祀防风氏有关的石碑②。

祭祀防风氏的仪式曾广泛分布于德清地区，但大多数都没有保存下来。流传在德清县的口传神话《武康防风庙的来历》讲述了"二里亭"防风庙祭祀防风氏之事。相传"二里亭"因停放过防风氏的尸体，武康人决定在此筹建一座防风庙，庙中也塑了禹王神像。该庙于每年八月廿五日防风氏生日时祭祀防风氏，于每年六月初六禹王生日时祭祀禹王；同样流传于德清县的口传神话《孝丰长人会的传说》讲述了湖州市原孝丰县的长人会仪式。长人会是孝丰的盛大庙会，时间在每年上半年的五月廿八、下半年的九月廿八，据说这两日是城隍菩萨的生日。长人会的主要仪式是原孝丰城隍庙神像出巡，排在首位的神灵是长人菩萨，相传就是防风王。1948 年以后，长人会便停止活动了。

唯一留存至今的防风氏祭典就是在农历八月二十五日在二都防风祠举行的祭祀仪式。将农历八月二十五日确立为防风氏祭祀日的

---

① 《十里湖塘七尺庙》，载钟伟今、欧阳习庸《防风氏资料汇编》，第 229—230 页。
② 钟伟今、欧阳习庸主编：《防风氏资料汇编》（增订本），第 290—291 页。

原因，有文献认为这一日是防风氏的生日，也有德清当地人认为这个日子与防风氏被冤杀后平反有关。相传大禹于八月二十四日为防风氏平反，并于第二日祭祀防风氏。此后，每年八月二十五日就成为官民祭祀防风氏的正日。传统防风氏祭祀典礼的内容包括致祭防风氏、娱神乐众，祈祷天下太平、田产茂盛。致祭的主要内容与形式包括："1. 民国初年以前，八月二十五日知县或县长率官民人等到防风祠内行致祭仪式；2. 演出社戏三台，娱神乐众；3. 抬菩萨（"四弟相公①"行身）行会，并举行等会。""据传，前清以前，祭祀防风列入官府'祀典'之内，祭祀银财，每年由国库专拨。"②

从八月二十四日到八月二十六日，围绕着防风氏祭祀典礼还形成了盛大庙会。传统防风王庙会在"六房社"领导下组织进行。六房社由长衫辈乡绅组成，下设呼眚社、轿社、袍社、掌扇社、拜香社、顺风社等六社。六房社的主要任务为"统领下设各社，保证秋祭及庙会的顺利进行；负责筹措资金；负责处理庙会期间发生的各类纠纷及有关问题"。酬神演戏是庙会的重要内容，上演剧目大多为京剧，到了20世纪30—40年代，开始上演越剧前身"的笃班"的剧目。从八月二十四日到八月二十六日每日下午、晚上安排两次戏剧表演，演员酬金由庙产或募捐解决。祭祀典礼的大致仪式是：八月二十五日上午祭祀防风王，然后举行"四弟相公"出殿"巡行"活动。下午，"巡行"归来的"四弟相公"在戏台前看戏。在防风庙会长期举办过程中，当地形成了庙会期间"做客人"习俗，即邀请亲戚朋友做客看戏。在2008年前后，当地为更好地借助防风氏文化进行旅游开发，将更多文体商贸活动加

① 四弟相公为防风神的辅神。
② 钟伟今、钟铭：《"防风故土"考察报告》，《湖州师专学报》1992年第3期。

入防风王庙会之中，形成了一年一度的下渚湖防风文化旅游节，后改名为下渚湖旅游文化节。

四、江南防风氏神话叙事的特点

江南防风氏神话叙事不仅有着丰富的内容，还有着多样化的内涵，并且表现出地域特色、典籍和口传叙事的矛盾、防风氏神话与鲧禹神话交融等多方面的叙事特点。

（一）地域特色鲜明

一方面，防风氏神话叙事具有鲜明的江南地域特点。从历史文献来看，防风氏神话叙事的中心在《国语·鲁语下》中就被认定为封嵎之间，"汪芒氏之君也，守封、嵎之山者也，为漆姓。在虞、夏、商为汪芒氏，于周为长狄，今为大人"。而"吴伐越，堕会稽，获骨焉，节专车"也发生在江南地区。早在晋朝，防风氏国便被划定在湖州地区，例如《晋书》卷十五为防风氏国划定了具体范围："乌程、临安、余杭、武康，故防风氏国。"后代方志纷纷沿袭此说，而尤以封嵎山的所在地武康县为多。在口传神话中，防风氏的治水足迹仅在江南的太湖流域，太湖各地也有不少与防风氏治水相关的遗迹。口传神话中出现的防风山、防风氏祠、防风洞、型塘、会稽山、涂山、防风冢等地名也都在江南地区。

另一方面，即使在江南地区内部，防风氏神话的口传叙事和神话遗迹分布也呈现出区域化的特点。在浙江和江苏流传的防风氏口传神话中，都有防风氏为民治水，死后被百姓感念和祭祀的情节，神话中对防风氏的正面评价较多，体现了民众对防风氏的文化认同。但在上海和安徽淮河流域流传的防风氏口传神话中却罕有对防风氏的正面评价与认同。

（二）神话内涵多重

防风氏神话有着多重的神话内涵，包括族群始祖神话、治水神话和文化始祖神话等不同内涵。根据《国语·鲁语下》中孔子介绍，汪芒氏是漆姓和汪姓的源头之一，明确的世系显示出防风氏神话作为始祖神话的内涵；在防风氏口传神话中，治水是防风氏神话中最为核心的内容。防风氏不仅有治水的神奇伙伴玄龟、神雕等，还发明了治水工具神耖，而且有治水的得力助手四弟相公和十八兄弟，最终还因治水耽误了会稽山会盟而引来杀头之祸，这些叙事内容共同构成了治水神话的内涵；防风氏在口传神话中还成为江南稻作文明的开创者，是"第一部"律书的撰写者、众多器物的发明人和法律制度的创立与建构者，无疑是文化始祖。

（三）典籍文本与口传神话矛盾突出

防风氏神话叙事的典籍文本和口传文本差别很大，矛盾突出。以《国语·鲁语下》"昔禹致群神于会稽之山，防风氏后至，禹杀而戮之，其骨节专车"的记录为代表，这一类典籍文本将防风氏塑造为不听号令的负面形象。而在大多数的口传神话中，防风氏被塑造为勤劳治水、开创文明的江南早期族群首领和江南地区的文化始祖。典籍文本与口传神话的矛盾应在先秦时期就产生了。这种矛盾在文献中也有所反应，明朝沈彬在其所作的《〈防风氏神庙〉碑》中写道："会稽之北，江淮之阳，封禺之间，神号防风氏，远自有虞以上，必则古先治民圣贤。民到于今，思之不忘而报。……彬，本县人，而生也晚。常有是言间语于人，质诸乡父兄君子：'决非禹戮'，后期乃其渗世，不肖子孙，是非孔子所考载专车骨者。呜呼！安得一正祀典，期日俾牲牢醴，一如古初，上闻于朝，以洗千古之谬之为快哉！今未敢也。"[①]

但这种矛盾也有弥合的趋势，例如南朝《述异记》载："今吴越间防风庙，土木作其形，龙首牛耳，连眉一目。昔禹会涂山，执玉帛者万国，防风氏后至，禹诛之。其长三丈，其骨头专车。今南中民有姓防风氏，即其后也。皆长大。越俗，祭防风神，奏防风古乐，截竹三尺，吹之如嗥，三人披发而舞。"防风氏祭祀被官方许可，并相沿成越俗是矛盾弥合的体现之一。嘉靖《武康县志》卷四"祀典志"有"洪武四年敕封防风氏之神，庙有五间，香亭五间，廊房十六间，门三间"的记录，防风氏祭祀被列入国家祀典，代表了官方对民间口传文本表达的正面评价防风氏的认可。这种合流的趋势在《防风著书》《防风之死》《防风为何封王》《大禹斩防风》《武康防风庙的来历》《十里湖塘七尺庙》等口传神话中也有所体现。

（四）防风氏神话与鲧禹神话深度交融

防风氏神话与鲧禹神话发生交集是在大禹到南方治水之后。防风氏神话的产生应不晚于鲧禹神话的产生，这一点在口传神话

---

① （明）沈彬：《〈防风氏神庙〉碑》，载钟伟今、欧阳习庸《防风氏资料汇编》，第67页。

的文本中也有表现，如在《王鲧和防风》《禹杀防风氏》《大禹斩防风氏》《防风古庙说防风》《尧封防风国》《防风塔》《防风井》7篇口传神话中，防风氏都是先跟随鲧治水，而后又继续跟随大禹治水。一直在太湖流域治水的防风氏，与自中原而来的大禹首先在治水方面产生了分裂，而后又在政治上发生了冲突。这种分裂和冲突在以防风氏与鲧禹关系为主题的防风氏神话中都有体现。例如《禹杀防风氏》和《大禹斩防风氏》就讲述说：防风氏和大禹先在治水，后在政治上发生冲突，最终以防风氏被大禹斩杀收场。在以防风氏与鲧禹关系为主题的防风氏神话中，对两者的关系有多种书写。防风氏与鲧禹在这些神话传说中呈现出的复杂关系，显示出防风氏神话与鲧禹神话交融的不同阶段。

防风氏神话作为江南地区的区域性神话，在主流文化话语权中长期丧失自身的表达，主动与大禹神话融合，有利于神话的传承。在防风氏神话持续流传的情况下，江南地区文化的独特性和相对独立性也可在这种融合中得到显现。

第七章
江南大禹神话叙事

大禹是江南地区的重要海（水）神。江南大禹神话起于古越地的会稽，并以古会稽为中心向四方传播，最远到达我国台湾地区。

一、江南大禹神话的产生

（一）古会稽大禹神话的源起

江南地区的大禹信仰与神话起于夏朝的祖先崇拜，可以追溯至公元前 21 世纪到公元前 19 世纪。《吴越春秋·越王无余外传》载："禹命群臣曰：吾百世之后，可葬我会稽之山。禹崩之后，众瑞并去。天美禹德，而劳其功，使百鸟还为民田。大小有差，进退有行。一盛一衰，往来有常。启使使以岁时春秋而祭禹于越，立宗庙于南山之上"。大禹去世后，按照他生前的遗愿，他的陵寝被安置在会稽山上。大禹的儿子启也就是夏朝的开国君

171

主，曾派遣使者每年春秋两次到会稽山大禹陵祭祀大禹，并修建了夏王室宗庙。这是公元前 21 世纪的事了。

《越绝书·外地记地传》也载："昔者越之先君无余，乃禹之世，别封于越，以守禹冢。……禹始也，忧民救水，到大越，上茅山，大会计，爵有德，封有功，更名茅山曰会稽。及其王也，巡狩大越，见耆老，纳诗书。……因病亡死，葬会稽。"大禹治水时在茅山上召集各地部落首领聚会，封赏有功之臣，并将茅山更名为会稽山。一统九州之后，大禹还曾巡狩到会稽山，后病死，葬于会稽山。大禹的七世孙无余封在越地，其目的之一就是为了给大禹守陵。当时，越地尚无统一的政权，无余便在此立国，成为最早的越王。这大约发生于前 20 世纪至前 19 世纪。《康熙会稽县志》卷十四"夏禹王庙"条载："庙之建，始于无余祀禹之日。"无余至越地开始祭祀大禹后，在原来的禹陵、夏王室宗庙的基础上，又新建了夏禹王庙，专门祭祀大禹。

越王无余所建的这座夏禹王庙是江南地区历史上首座禹王庙，是江南其他禹庙的祖庙。比如《光绪慈溪县志》卷十四载："会稽庙，县东南十八里邵家渡西北，祀夏禹王。"清朝慈溪一座供奉大禹的庙被称为"会稽庙"，明显是以会稽禹王庙为祖的意思，该庙很可能是直接分香自会稽禹王庙。此外，会稽禹王庙也是东南沿海地区（包括浙江、福建、广东三省在内）的第一座禹庙，因此也可以称为东南沿海禹庙的祖庙。这是可以通过推测论证的。《尚书·禹贡》中记录的大禹所划定的九州疆域，基本上就是夏的统治范围，其中向东南仅到扬州。而古扬州自淮河、黄海起，包括今江苏、浙江的大部分区域以及福建北部地区。无余受封于越时，越地尚且无统一的政权，更南的闽地就不用提了。

可以说，无余时的越地是夏朝时中央政府直接统治的最南端。大禹崇拜作为夏文化代表也仅仅达到越地。所以后世在福建甚至更南端修建的禹庙，其传承可能都可以追溯到越地的这座会稽禹王庙。

图7-1　大禹立像（绍兴大禹陵禹庙大殿）

在夏朝建立的最初几百年间，大禹神话已经随着会稽大禹陵、夏王室宗庙、禹王庙等建筑的兴建，以及大禹后人对大禹的祭祀而在古越地生根发芽。此时江南地区大禹信仰的主要内涵是对夏朝开国君主即夏祖的崇拜，其信仰中心是古会稽，即今绍兴。绍兴地区的禹庙不仅集中，而且祭祀规格也较高。今绍兴市城区原属山阴县，根据《嘉靖山阴县志》卷四的记载，明朝嘉靖年间山阴县内至少有两座禹庙，其中一座禹庙在禹会乡涂山南麓。相传这里为大禹会诸侯之所，从宋至明，官方都在这里祭祀大禹。

随着时间的推移，江南地区的大禹神话与信仰不断深入发展，由官方祭祀走向民间。《新唐书·狄仁杰传》等文献说：武则天垂拱三年（687 年）左右，狄仁杰任职江南巡抚使期间，曾上奏禁毁了江南 700 多座民间庙宇，仅留下大禹、太伯、季子与伍子胥 4 种祠庙。狄仁杰在江南的作为至少说明大禹神话与信仰在唐朝的江南民间已经比较流行，民众兴建了众多禹庙。在绍兴民众的大禹祭祀中还形成了纪念大禹生日的庙会传统。南宋《嘉泰会稽志》卷十三载："三月五日，俗传禹生之日[①]，禹庙游人最盛，无贫富贵贱，倾城俱出。士民皆乘画舫，丹垩鲜明；酒樽食具甚盛，宾主列坐，前设歌舞。小民尤相矜尚，虽非富饶，亦终岁储蓄以为下湖之行。"

（二）江南大禹神话的扩散与内涵的丰富

在大禹祭祀由官方走向民间的过程中，大禹神话的内涵发生了变化，产生了夏朝开国君主神话之外的其他神话内涵，较早产生的是大禹作为治水之神的神话和信仰。如《同治嵊县志》卷七载："禹王庙，在县北游谢乡禹粮山。禹治水毕功于此，后人立祠祀之。""嵊县"也就是今日的绍兴市下辖的嵊州市。在嵊州市北约 15 里处有了溪，相传了溪是大禹治水的最后一站，《嘉泰会稽志·剡录》载："夏禹治水，毕功于了溪。"为纪念大禹治水之功，了溪改名为禹溪，溪边的村庄也更名为禹溪村（今属剡湖街

---

① 民间对大禹的生日有不同的看法，也有以六月初六日或十月初十日为大禹生日的。

道），村民还建起了禹王庙，至今仍存。禹溪村禹王庙距离会稽山大禹陵直线距离约 30 公里，同属绍兴市。禹溪村禹王崇拜及其神话的产生一定受到了大禹陵的影响，是大禹治水统一九州神话扩散的结果。会稽山的大禹陵、夏王室宗祠及禹王庙所讲述的是包括大禹治水、统一九州在内的所有大禹神话。禹溪先民不是大禹后裔，他们对作为夏王朝之祖的大禹并没有认同，但他们世代生活于水道密布之地，饱受水灾之苦，对大禹治水神话有着深刻的认同，甚至将自身视作大禹治水成功的受益人。为了表达感激之情与纪念之意，就将大禹作为治水的神祇来崇奉。

《道光东阳县志》卷二十四又载："夏山……之巅有庙曰禹王庙，亦称龙王，宋建炎元年重建。""东阳县"即今东阳市，为金华市下辖。夏山又称禹山、八面山。相传大禹治水来到东阳，曾登上八面山，开凿金鸡垅，改变了这一带汪洋泽国的面貌，八面山也因此得名"夏山""禹山"。为了纪念大禹治水造福一方，民众在八面山顶上修建了禹王庙。在南宋建炎元年（1127 年），该庙得到了重建，至今仍存。东阳位于浙江省中部，与嵊州接壤。东阳的禹王庙与嵊州的禹王庙修建历程极其相似，说明此地民众也很早就受到了大禹治水神话的影响，很早就将大禹作为治水之神崇拜。这两座禹王庙的修建都突出了大禹治水的历史功绩与造福一方的恩泽，体现了民众对其治水之神身份的认可。

如果我们将开国君主崇拜作为大禹崇拜的第一层内涵，那么将大禹作为治水之神来崇拜无疑就是大禹崇拜的第二层内涵了。相较而言，大禹崇拜的第一层内涵，也就是将其作为夏祖来崇拜的内涵更接近历史的真实，这是典型的祖先崇拜。而大禹崇拜的第二层内涵，也就是将其作为治水之神来崇拜，无疑受到了大禹治水神话的影响，并做了适度延伸，将大禹塑造为民间信奉的神祇。由此，对大禹的祖先崇拜走向民间神祇崇拜。

进入民间神祇行列的大禹，其职能也经历了一个较为漫长的发展过程。嵊州禹溪村禹王庙中的大禹，其功绩主要集中于史前的那场洪水治理。但民众的诉求其实主要在当下，而非历史，所以大禹神话后来在民间发展出基于治水能力的具体崇拜与神话叙事：操纵水体与镇伏水患。这一延伸的神力在水道密布、水患频发的江南地区受到了广泛的欢迎。大禹崇拜由此迅速突破了绍兴府的地域限制，扩展到江南其他地区，比如向北传播到杭州、嘉兴、湖州、苏州、无锡，向东到宁波，向南到衢州、温州、台州等地。

大禹崇拜的第二层内涵即治水之神崇拜的大发展应该是在宋朝。地方志中记录了不少宋朝在江南地区建起来的禹庙。如《光绪余姚县志》卷十一载："禹庙，在治西北东山岙洪岭东南。宋时山发洪水，里人汪普遇立庙镇之，今移镇洪桥北。""余姚县"即今宁波市下辖的余姚市，其西北曾有一座始建于宋朝的禹庙。当时山洪暴发，为了镇伏山洪，乡人建起了禹庙。《民国续修台州府志》卷五十四也记载说：太平县禹王庙，在"南鉴北闸，宋朱文公疏水时建，栋木至今如新。石二方，色白润，叩之有声。""太平县"即今台州市下辖的温岭市。温岭水道纵横，为了调节水位，历史上建了不少桥闸。为了抑水护闸，当地还建起了禹王庙，该庙位于今温岭南鉴村、后街村一带。

宋朝的江南地区大量修建禹庙，其原因也可能与乾德四年（966年）宋太祖建立了祭祀前朝帝王陵寝的四等制度有关。根据《宋会要辑稿·礼三八》的记载，大禹陵祭祀被列为第一等，规定："给守陵五户，蠲其它役，长吏春秋奉祀，他处有祠庙者亦如祭。"这是先秦以后官方首次对会稽禹陵祭祀制度的明确规定。按照规定，禹陵禹庙之外的大禹祠庙也可以享受同等祭祀规格。这种来自最高统治者的提倡无疑促进了当时大禹崇拜的发展，导致了大禹祠庙的集中修建，正如表 7-1 所示：

表 7-1　部分江南地区禹王庙列表

州府县	始建时间	宫庙名	地点	出处
嵊县	不详	禹王庙	县北游谢乡禹粮山	《同治嵊县志》卷七
新昌县	不详	禹王庙	县北一十五里度王山上	《万历新昌县志》卷十三
山阴县	不详	涂山大禹庙	县西北四十五里禹会乡涂山南麓	《嘉靖山阴县志》卷四
山阴县	不详	涂山大禹庙	三江巡检司北	《嘉靖山阴县志》卷四
余姚县	宋	禹庙	县治西北东山岙洪岭东南	《光绪余姚县志》卷十一
余姚县	不详	禹庙	全佳桥西	《光绪余姚县志》卷十一
余姚县	不详	禹庙	余姚县冶山乡	《光绪余姚县志》卷十一
鄞县	不详	大禹王庙	县西南十里	《康熙鄞县志》卷九
鄞县	不详	会稽庙	县南二十里	《康熙鄞县志》卷九

州府县	始建时间	宫庙名	地点	出处
慈溪县	不详	会稽庙	县东南十八里邵家渡西北	《光绪慈溪县志》卷十四
慈溪县	不详	禹王庙	县西南二十里	《光绪慈溪县志》卷十四
慈溪县	明崇祯十年	大禹庙	县西北六十里观海卫城西北隅	《光绪慈溪县志》卷十五
象山县	不详	平水庙	县治西一里	《乾隆象山县志》卷七
赤城县	不详	平水王庙	白鹤山西	《嘉定赤城志》卷三十一
太平县	宋	禹王庙	在南监北闸	《民国续修台州府志》卷五十四
台州府	不详	禹王庙	卫北城外夏公奥	《民国续修台州府志》卷五十四
台州府	不详	禹王庙	卫南城外	《民国续修台州府志》卷五十四
玉环县	不详	夏禹王庙	城西北十里蝴蝶山麓	《光绪玉环厅志》卷一
永嘉县	宋雍熙间	大禹王庙	镇海门外海坛山上	《光绪永嘉县志》卷四
丽水县	不详	禹王庙	城东前路、青林二村	《民国丽水县志》卷五
丽水县	不详	禹王庙	城南十里吴弄口	《民国丽水县志》卷五
缙云县	不详	禹王庙	县东一百三十里	《乾隆缙云县志》卷三

海洋神话与江南社会

州府县	始建时间	宫庙名	地点	出处
遂昌县	不详	禹王庙	十八都溪东	《光绪遂昌县志》卷四
云和县	不详	禹王庙	九都	《康熙云和县志》卷二
金华县	不详	禹王庙	通远门外双溪驿后	《万历金华府志》卷二十三、《光绪金华县志》卷十三
东阳县	宋建炎元年重建	禹庙	县东南四十五里夏山山顶池侧	《万历金华府志》卷三、《道光东阳县志》卷二十四
武义县	不详	禹王庙	县北门外	《嘉庆武义县志》卷五
武义县	不详	禹王庙	县西五里	《嘉庆武义县志》卷五
宣平县	不详	禹王庙	县东北三十五里大行岭	《乾隆宣平县志》卷一
宣平县	不详	禹王庙	县南郭永福堂前,通济桥左侧	《民国宣平县志》卷二
汤溪县	宋	禹王庙	福民山	《民国汤溪县志》卷四、卷二十八《福民山神庙重建序》
龙游县	明永乐	禹王庙	县南四十五里溪口	《民国龙游县志》卷五

州府县	始建时间	宫庙名	地点	出处
龙游县	不详	平水大禹庙	县南六十里贺田村	《民国龙游县志》卷五
龙游县	不详	龙王殿（后祀夏禹）	县东三十里西坪之西	《民国龙游县志》卷五
龙游县	不详	平水殿	县南五十里沐尘	《民国龙游县志》卷五
龙游县	不详	平水殿	县南七十里露兜	《民国龙游县志》卷五
龙游县	不详	平水殿	金龙戴	《民国龙游县志》卷五
龙游县	不详	平水殿	县西三十里	《民国龙游县志》卷五
衢县	元	横坑殿	南山紫薇峰右	《民国衢县志》卷四
杭州	不详	神禹庙	茶坊岭下	《西湖志》卷十四
杭州	不详	夏禹王庙	钱湖门城侧	《西湖志》卷十四
建德县	不详	通天平水神庙	县东北六十一里芝山东麓	《万历续修严州府志》卷五
寿昌县	不详	通天平水神禹王庙	县西航	《万历续修严州府志》卷五
淳安县	清乾隆	禹王庙	县北十五里唐坂是峰下	《光绪淳安县志》卷三
德清县	不详	禹王庙	县东南徐家庄	《民国德清县志》卷三

二、太湖平原大禹神话

太湖平原三面临江滨海，受长江和钱塘江入海口泥沙淤积的影响，在漫长的演变过程中形成了周边高、中间低的碟状高地，水面占总面积的六分之一，包括太湖以及若干中小湖群。当代太湖平原虽然跨浙江省、江苏省、上海市三个行政区，但曾经同属一个行政区，居民使用同一种方言——吴语。大禹镇伏水患的神力在多水域、滨江临海的太湖平原受到了广泛崇信，由此产生了一系列富有地方特色的大禹神话。太湖平原是江南的核心区域，因此太湖平原大禹神话是江南大禹神话的主要组成部分。

（一）太湖平原大禹神话的内容类型

从神话叙事的内容看，太湖平原大禹神话主要可以划分为鲧与防风治水神话、大禹斩防风氏神话、大禹葬会稽神话、大禹治水过程与治水遗迹神话等几种类型。

1. 鲧与防风氏治水神话

太湖平原流传的大量大禹神话都反映了大禹之父鲧与防风氏一起治水的事迹。在浙江省德清县三合乡流传的《尧封防风国》讲述了尧让防风氏与鲧搭档治水的故事：

> 防风与玄龟一起找到鲧。防风看看鲧绝细绝细的，长勿及自己的一个手指头，真看勿起眼，只是游水的本事蛮大。

就对玄龟说:"你去帮他出出主意吧。"玄龟游到鲧跟前,说:"天上有青泥呀,防风碰下来一点点就变成了一座大山,要是取下来一大块,准定会把洪水填掉。"鲧听了,顺着滔天的洪水游到天上去。一上天,就咬下一块青泥,吐了下来。青泥见风生,遇水长,呼哗呼哗生呀长,早比封山大,早比封山高,而且越大越高,猛地撞到了天上,把个天顶得嘣嘣直响。尧王火啦,一把抓起鲧,说:"叫你治水,你要顶天,难道洪水发得还不够么?"说着,"啪"地一下把鲧扔进了一个不见阳光的山谷角落里,鲧就不明不白地摔死了,连一句话也轮不着讲,真叫人伤心哪![①]

浙江省湖州市流传的《防风井》也说:

防风和鲧都是一起赤膊治理洪水的英雄好汉,防风分管在东南一带治水。开始也和鲧一样,用息土堆起一个个的大盆地,把四面八方的洪水都聚藏在这个大盆地里。后来,防风吸取了鲧筑堰失败,惨遭杀害的教训,在大盆地的四周开了七七四十九条水道,上面的贯通大江,下面的直通大海,洪水来时,可以自由流进流出,这样大盆地就牢固啦。这样就形成了现在的太湖流域。[②]

浙江省东阳市流传的《王鲧与防风》载:

① 《尧封防风国》,《民间文学》1990年第1期,第15页。
② 《防风井》,《民间文学》1990年第1期,第18—19页。

王鲧和防风是好朋友。然而防风是大个子，站着山样高，躺下河样长；王鲧是个小个子，三寸长，六两重，一大一小，站在一起真让人发笑。

当初呀，天下发大水，到处是海满洋溢的。王鲧对防风说："我们治水吧。"于是，王鲧和防风就向地皇把治水的事包了。他们听说天帝有色土，见水就长，只要偷一点来治水就省事了。于是他们就想法到天宫去偷色土。……

地皇发了怒，把王鲧和防风抓起来，要杀掉他们。防风个子大，一般人只够到他脚凹，杀他不得。而王鲧呢，个头小，像灭蚂蚁一样便被灭死了。临死前，王鲧对天叹口长气说："我个子小就被杀死，希望我儿子能长得高大些，比防风还大三分。"果然，他儿子块头比防风还大，他儿子就是大禹王。①

防风氏与鲧共同治水的神话明显是鲧禹治水神话在太湖平原散布后与本地防风氏神话的结合。从神话内容来看，鲧与防风氏都采用了早期的填埋治水法，这一类型的神话应该是在太湖平原最早产生的鲧禹神话。在防风氏与鲧共同治水的神话文本中，防风氏的地位相当高，至少与鲧一样高。比如在《尧封防风国》中，防风氏身材高大，治水本领高强，曾为鲧治水提供指导；在《防风井》中，防风氏与鲧分别在不同地方负责治水，鲧失败后，防风氏吸取了他的教训，最后取得了成功；在《王鲧与防风》中，鲧与防风氏是好朋友，共同治水，一起失败。

① 《王鲧和防风》，《民间文学》1990 年第 1 期，第 17 页。

2. 大禹斩防风氏神话

根据传世文献，大禹斩防风氏神话的产生可能晚于鲧与防风氏治水的神话。在此神话中，防风氏的地位已经大大降低，成为大禹统治下的部族首领。大禹斩防风氏的神话在先秦已经得到广泛流传，如《韩非子·饰邪》载："禹朝诸侯之君会稽之上，防风之君后至，而禹斩之。"

太湖地区大禹斩防风氏的神话包括 3 个主要情节：① 大禹召集诸侯集会，防风氏因迟到而被大禹下令斩杀。② 防风氏死后，当地民众感念他的功德，为其立庙祭祀。③ 大禹发现防风氏迟到的原因，敕封防风氏。当然，并非所有的防风氏神话都包含上述 3 个情节，不同神话叙述的侧重点不同。一般来说，早期的大禹斩防风氏神话所叙述的多是防风氏因迟到被大禹斩杀的情节，比如上述《韩非子·饰邪》所记录的内容，以及《吴越春秋》卷六所载的神话："禹三年服毕，哀民不得已，即天子位。三载考功，五年定政。周行天下，归还大越，登茅山以朝四方群臣，观示中州诸侯。防风后至，斩以示众，示天下悉属禹也。"

防风氏族是原始社会时期太湖平原最强大的氏族，其统治范围可能曾经覆盖整个太湖平原。防风氏死后，太湖平原各地民众感念其恩德，纷纷在当地建庙祭祀。《述异记》载：江南祭祀防风神时，要演奏防风古乐。防风古乐是用三尺长的竹竿吹奏的，声音类似于野兽的嚎叫，三人披散着头发伴随乐曲起舞。直到当代，杭州、绍兴、德清等地还有防风神庙。

相传，大禹也最终得知了防风氏迟到的原因，并敕封了他：

图 7-2　壁画《防风蒙冤》（浙江省湖
　　　　州市德清县防风氏祠正殿）

几天后，察访的人都回来向禹王禀报，防风氏赴会途中，确实是由于天目山"出蛟"，苕溪河"泛洪"，防风氏指挥部下打捞落水的百姓，忙得几天饭也没顾得上吃，所以才耽误了会期。

禹王听了，想到防风疏导千河百港流归太湖，又在防风领地内疏理了湘溪、英溪、阜溪、塘泾河，开凿了下渚湖通往东苕溪的河道；还跟随自己风里来雨里去，帮自己立下了治水大功。禹王越思越怪罪自己，勿知勿觉中淌下了眼泪水。

这样，禹王就下令敕封防风氏为防风王，令防风国建造"防风祠"，供奉防风王神像，让官府和百姓每年祭祀。祭祀日是夏历八月廿五，并载入夏朝祀典，传之后世。据传，禹王还亲临防风国参加防风王的第一次祭祀仪式。

祭祀之风，四千年来绵延不绝，直到中华人民共和国成立的初期防风祠尚存之日还在举行呢。①

① 《防风之死》，《民间文学》1990 年第 1 期，第 17—18 页。

3. 大禹葬会稽神话

大禹葬会稽神话是中原地区大禹神话与太湖平原山川风物相结合的产物。《越绝书》中有"禹冢""禹宗庙""禹稷"之名，记录了大禹葬会稽神话：

> 昔者越之先君无余，乃禹之世别封于越，以守禹冢。
>
> 无余初封大越，都秦余望南，千余岁而至勾践，勾践徙治山北。引属东海，内、外越别封削焉。
>
> 禹始也，忧民救水，到大越，上茅山，大会计，爵有德，封有功，更名茅山曰"会稽"。及其王也，巡狩大越，见耆老，纳诗书，审铨衡，平斗斛，因病亡死，葬会稽。（《越绝书·外传记地传》）

图7-3　大禹铜像（绍兴大禹陵）

《史记》中《夏本纪》《太史公自序》等篇也记载禹葬会稽神话：

> 十年，帝禹东巡狩，至于会稽而崩。……或言禹会诸侯江南，计功而崩，因葬焉，命曰会稽。（《史记·夏本纪》）
>
> 迁生龙门，耕牧河山之阳。年十岁则通古文。二十南游江、淮，上会稽，

海洋神话与江南社会

探禹穴。（《史记·太史公自序》）

从《太史公自序》的内容来看，禹葬会稽神话在秦汉时已经
深入人心，得到大范围的认同。司马迁曾根据神话内容到会稽探
访大禹下葬之处。

记录禹葬会稽神话的文献还有不少，如：

昔舜葬苍梧，市不变其肆；禹葬会稽之山，农不易其
亩。（《淮南子·齐俗训》）

会稽郡……山阴。颜师古注：会稽山在南，上有禹冢、
禹井，扬州山。（《汉书·地理志》）

又有会稽之山……山上有禹冢，昔大禹即位十年，东巡
狩，崩于会稽，因而葬之。（《水经注》卷四十）

4. 大禹治水过程与治水遗迹神话

在太湖平原各地流传最广、数量最多的还是反映大禹治水过
程及其治水遗迹的神话。这些神话已经与太湖平原的历史文化产
生了深深的羁绊，成为江南文化的重要组成部分。比如杭州作为
太湖平原最重要的城市之一，其得名也与大禹治水神话相关。明
朝田汝成的《西湖游览志余》卷一《帝王都会》记载："杭州之
名，相传神禹治水，会诸侯于会稽，至此，舍杭登陆，因名禹
杭。至少康，封庶子无余于越，以主禹祀，又名余杭。秦置余杭
县，隋置杭州。"田汝成引《说文》和《礼记》，解释道："所谓
方舟，殆今浮桥是也。盖神禹至此，溪壑萦回，造杭以渡，越人
思之，且传其制，遂名禹杭耳。""杭"就是将船相连为浮桥。相

传大禹计划在会稽召诸侯集会，行至杭州一带，舍弃浮桥而改走陆路。他登陆的一带就被称为"禹杭"。夏帝少康曾派庶子无余到越地，主持其先祖大禹的祭祀，因此"禹杭"又被称为"余杭"。秦朝沿用此名，设置了"余杭县"，隋朝更名为"杭州"。

杭州一带流传的反映大禹治水过程的神话相当多，比如《禹王搬涂山》记载：禹王引着内地的江河水流过，被海边的三座涂山阻挡。大禹动手搬山，搬不动，造出三座山的乌龟精又不肯将山搬走。大禹听了一个姑娘的建议，绕道挖川引走江河①。又如《禹镇龙太子》讲道：

> 很久很久以前，苕溪时常涨大水。原来，苕溪边有个地洞，水不断从洞里流出来。这洞是通东海的，洞里有个怪物，满身鳞片，四只脚，尾巴一掀，洪水就高起几尺，身子一滚，浪头就冲起几丈。
>
> 正巧，大禹治水到了这里，看到怪物在水里上下翻滚，尾巴一掀一掀，仔细一看，原来是龙王的三太子，想不到跑到这里来兴风作浪。大禹举起宝剑就向怪物砍去，怪物正玩得起劲，只见金光一道，定睛一看，原来是大禹，转身就逃。大禹在后面紧紧追赶，怪物逃进洞里不见了，洪水就慢慢退了下去。大禹看到那个地洞，晓得怪物就是从这个洞里出来的，就用两块青石板把洞口封死了，又把自己的宝剑镇在洞口。这样，怪物就被镇在洞里，永世走不出来了。从此

---

① 《禹王搬涂山》，载《浙江省民间文学集成·杭州市故事卷》，中国民间文艺出版社1989年版，第17—18页。

以后，苕溪就不涨大水了。①

　　大禹治水过程与太湖流域的山川风物结合在一起，产生了众多大禹治水遗迹神话，比如绍兴市流传的《禹余粮》讲述大禹治水来到剡地，剡溪因暴雨而泛滥，两岸民众受灾严重。大禹领导当地民众劈山导河。大禹的夫人涂山氏去给大禹送一篮子馒头，在工地上发现一头怪兽。涂山氏受到惊吓，手中的馒头散落一地：

　　　　此后，了山上就有了许多馒头形的石团子，当地人晓得这是夏禹的余粮变的，就叫它"禹余粮"，也有人叫"禹粮石"。山名也改作"余粮山"。涂山氏掉下篮子的那条岭就叫为"余粮岭"。史称"禹治水毕功于了溪"，就在此地。所以，这里的小溪，又称了溪，这里的村庄，也称为了村，后改作"禹溪"，还特地造了座宏大、庄严的"禹王庙"来纪念他。②

　　又如苏州金庭镇东北部林屋山（又名"包山"）中的林屋洞，相传就是大禹治水时的藏书之处。宋《太平御览》第一卷引《吴地记》说："包山，在县西一百三十里，中有洞庭，深远世莫能测。吴王使灵威丈人入洞穴十七日，不能尽。因得玉叶，上刻

----

① 《禹镇龙太子》，载杭州市民间文学集成办公室编《浙江省民间文学集成·杭州市故事卷》，中国民间文艺出版社 1989 年版，第 19 页。

② 《禹余粮》，载《浙江省民间文学集成·绍兴市故事卷》，中国民间文艺出版社1989 年版，第 55—56 页。

《灵宝经》二卷，使示孔子，云禹之书也。"该洞特别深，春秋时吴王曾派人入内探查。探查的人在里面走了17天都没有走到尽头，但得到了刻着两卷《灵宝经》的玉叶。吴王派人向孔子求教，孔子说是大禹之书。

同样是成书于北宋的《吴郡图经续记》卷中"宫观"条也记载了类似的神话：

> 旧传禹治水过会稽，梦人衣玄缥，告治水法，并不死方，在此山石函中。既得之，以藏包山石室。吴人得之，不晓，以问孔子。孔子曰：此禹石函文，所谓《灵宝经》三卷，盖即此也。

当地有古老传说：大禹治水路过会稽山，梦到穿着黑红色衣服的人告诉他说，记载治水方法与不死方法的书藏在会稽山的石函中。大禹得到了此书，将它藏在包山石室内。后来吴人得此书，但不知道是什么书，于是请教孔子。孔子回答说：大禹的石函文，也就是所说的三卷《灵宝经》，就是此书。

又如江苏苏州的禹期山相传为大禹召诸侯集会之地。宋朝范成大在《吴郡志》卷十五中记录了这样一则神话："禹期山，在太湖中，旧说禹导吴江，以泄具区，会诸侯于此。"禹期山在太湖中，相传大禹治水时引导太湖多余的水从吴江流走，并在此地召集各部落首领集会。清朝吴庄也有《禹期山》一诗："疏决功施集众材，乘舟至此拯沉灾。赞襄都为民生计，那有闲情消夏来。"从内容来看，此诗隐含的背景就是禹期山流传的大禹在此治水，并召集众部落首领集会的神话。

距离禹期山不远的一座山叫鼋山，相传它的来历也与大禹治水有关。苏州一带流传的神话《鼋背山与鼋头山》① 记录说：

> 大禹治水成功后，打算凿一只石鼋作为镇妖石，永远镇住太湖水龙。一天，他在禹期山旁边的小山顶上看到一块一丈多高、腰可十围的大青石，石色晶莹，十分好看，便用开山巨斧凿起来。神斧向下劈去，劈得碎石飞溅，不多一会，一只石鼋便凿成了。石鼋伸颈展爪，神气活现地立在山顶。大禹王又用他身边带着的女娲补天的五色宝石，在石鼋身上划上许多花纹，石鼋身上就长出了甲壳。从那以后，这座小山头便被人们称为鼋山。那些在劈石时飞溅出来的石块，经过湖水冲刷，也就变成了玲珑剔透的太湖石。

传说还讲：宋朝的苏州出了一个浪荡公子，因进贡太湖石当了官，并奉命回到苏州组织"花石纲"进贡。他把主意打到了大禹雕刻的石鼋上。他不顾民众的反对，想将鼋头敲下来，断了的鼋头顺着山势滚下了湖，并在湖中掀起了巨浪，把浪荡公子和他的狗腿子都卷到了太湖里。"风浪平息后，在鼋头滚下去的湖面上，又出现了一座小山，活像伸起的鼋头，于是后人把原来的鼋山称为'鼋背山'，把旁边的小山称为'鼋头山'。"

（二）太湖渔民的大禹神话

随着太湖平原大禹神话的发展，大禹神话深入生产生活均与

---

① 《鼋背山与鼋头山》，载潘君民、高福民主编《苏州民间故事大全》（第5册），古吴轩出版社2006年版，第20—22页。

太湖有密切关系的太湖渔民群体中，产生了独特的属于太湖渔民群体的大禹神话。

清朝人吴庄在《四㠜考》中记录了三则太湖大禹神话。"四㠜"和"四鳌"① 是对太湖中东南西北四座岛屿的称呼，岛上均有禹庙。其一曰：清朝北鳌禹庙的右侧有一亩大小的铁色沙砾，不能种植任何东西。相传大禹曾铸造了一口大铁锅，把为害的孽龙罩在铁锅下面。铁气向上蒸腾，把沙砾也染成铁色了；其二曰：北鳌即平台山上没有大石头，但四面都有不少鹅卵石。即使是那些光润可爱的鹅卵石，渔民也相互告诫说不能拾取。一旦拾取了这些鹅卵石，在太湖上行船时就会遇到大风浪；其三曰：南鳌上的禹庙外有无头石人。当地人相传：明嘉靖年间，倭寇入太湖，想劫掠洞庭山，一天夜里遇到了一队身穿铠甲的士兵的抵挡。士兵一直战斗不退却，倭寇的倭刀都弯了。等到天亮的时候，倭寇发现周围寂静无声，没有任何人。倭寇感觉很奇怪，追踪着士兵的踪迹到了南鳌上，见一队石人，石人身上有新砍的刀痕，倭寇发怒，砍掉了这些石人的头。

太湖渔民中流传的大禹神话还有不少，如《大禹治妖》：

---

① 本书所说的"四鳌"之"鳌"在《太湖备考》等诸多文献中写作"山"与"昂"两字的拼字或"山"与"昴"两字的拼字。但此两字不仅在普通字典中查不到，在上海辞书出版社出版的《古汉语大辞典》（2000 年版）中也查不到。因此，本书怀疑诸文献所引的"㠜"或"㠞"皆为抄错之字。沈建东等著的《风俗里的吴中》（下）第 362 页也认为"'㠜'与'鳌'谐音……大禹治水时，将鳌制服，镇锁在太湖的四个小岛上，故有四鳌。旧时，太湖渔民将上鳌祭祀大禹，称为'上鳌'，还将平台山称为'鳌上。'"《古汉语大辞典》认为"鳌"有两个意思：一是"多小石的山"，二是"山高貌"。《太湖备考》卷十六引吴庄《四㠜考》说被称为"北㠜"的平台山"四址皆鹅卵石"。也就是说，平台山是多小石的山，可以称为"鳌"。"鳌"与"鳌"同音，自然也与"㠜"同音。基于上述原因，本文在论述时将"㠜"或"㠞"写作"鳌"，但所引原文并不变更。

这天，大禹来到太湖，看见有一处水在向上冒，再看看周围三里方圆，还有六个地方在冒水。大禹以为这是一个大泉眼和六个小泉眼。哪晓得走近一看，原来是妖怪在水里翻滚。大禹从身上解下一条长带子向妖怪头上抛去，妖怪的头一下子被套中了。可是，这个妖怪力气大得吓煞人，一下子又把长带子绷断了。大禹纵身一跳，跨到妖怪背上，双臂用力揪住妖怪的头，他两只臂膀像两只铁钳，有万钧之力，把妖怪的头揿到湖底。妖怪痛啊！尾巴把水击得"啪啪"响！湖水被搅成混泥浆，转了一个很大很大的漩涡。这时，百姓都来帮忙了，抬了一个像山头一样大的铁锅合在妖怪的头上，然后用砂石泥土堆上去，堆成一个平平的大土墩，就像一张大台子，终于把妖怪制服了。从此，这座山就叫"平台山"。大禹的纱带落下的地方，就是平台山西边的"西纱罩"，也叫"西纱带"。

妖怪被制服了，在太湖里行船、捉鱼，可太平了。当地老百姓为了纪念大禹，就在太湖平台山上造了一座禹王庙，庙里有三尊泥塑。一尊是禹王，头戴冕旒，手执牙笏。左右两个是他的大臣，一个叫皋陶，是专管种植稻麦和除虫的；另一个叫伯益，是专管开荒和焚山驱兽的。

现在你要是在太湖里经过，一眼就可以望见紫红色的平台山，传说那是因为铁锅放的时间长了，化成了铁砂的缘故。

太湖渔民中流传的大禹神话具有4个鲜明特点：第一，这些神话基本以大禹在太湖镇妖，为渔民平定水患，以及除害等为主要内容；第二，这些神话基本围绕太湖四螯及其庙宇展开；第三，这些神话传承传播的主体是太湖渔民；第四，太湖渔民的大禹神话与其大禹信仰密不可分。

神话是信仰的载体，太湖大禹神话的发展促进了大禹信仰的发展。为感念大禹平定太湖的功德，太湖平原民众四处为他立庙，时常祭祀。在太湖平原众多的禹王庙中，位于太湖中的四座岛屿上的禹庙显得格外不同，因为这些庙宇是太湖渔民专属的禹庙。禹王在这里被太湖渔民奉为太湖渔业保护神，正如吴庄在《四嶕考》中叙述的那样："吴中祠宇，编列两丁祭祀者，皆有司恪共其事。四嶕神禹之庙，仅凭渔船祭赛。"《四嶕考》记录说：

> 四嶕在太湖中，其大不及百亩，高不逾二寻，当湖水大发，常浮水面，古所称地肺也。其上皆有禹王庙。北嶕形坦而方，俗称平台山。《震泽编》《具区志》称为杜圻州，云范蠡泛湖，尝钓于此。禹庙三楹，榜书曰"功高厎定。"其庙正子午向，庙之左右自生平冈为龙虎外，又起二小阜为旗鼓。庙后低落三四尺为平田，外复起平冈，回抱如垣墉，结构天成，境皆灵异。南嶕在洞庭山消夏湾，《志》名众安州，俗称瓦山。上有庙，禹王、平水王并祀，额曰"地平天成"。庙前石人，都无首者。土人云嘉靖中倭寇入太湖，欲掠洞庭山，黑夜有甲兵拒之湖口，屡战不却，倭刀为屈。比鸡鸣辨色，寂无一人。异之，踪迹至洲上，见石人，新有刀痕，怒而尽斫之。西嶕在角头洲郑泾口，庙有禹王像。颓垣败栋，庭有古树参天，数百年物也。东嶕在西华岐峕外，《志》名三洋州。上有庙塔，明初沦没于湖。（注：今其地名东沈矶，为湖中暗山之一。）禹王像浮水至衡山。山人异至，郁使君庙奉祀。

北螯是太湖中心的平台山，王鏊的《震泽编》和翁澍的《具区志》将平台山称为"杜圻州"。据说，范蠡曾在太湖上泛舟，并在岛上钓鱼。清朝平台山岛上的禹王庙有三间房子那么大，庙的匾额上书"功高底定"四字；南螯在今苏州市金庭镇消夏湾，《具区志》将其称为"众安州"，民间则称为"瓦山"。山上曾有庙，庙中供奉着禹王与平水王两位神，庙额是"地平天成"四字。庙前有一些没有头的石人，相传这些石人在明朝嘉靖年倭寇入侵太湖时曾显灵抵御倭寇。目前，该岛已与陆地连成一片；西螯在今苏州市金庭镇西北衙甪里村北郑泾港甪头洲，西螯上的庙中供奉着禹王像。庙宇残破，但院中有数百年的参天古树。曾是湖中岛的西螯目前也与陆地连成一片；东螯在明朝末年沦于湖中。山上庙中所供奉的禹王像据说漂流到了衡山。

图7-4 太湖平台山岛

太湖四螯之称由来已久，到了清朝，可能由于太湖岛屿地理

图7-5 平台山岛禹王庙

环境的变迁，四嶅的对应关系已经比较模糊。《四嶅考》认为平台山为北嶅，但蔡九龄所撰的《重修禹王庙记》却说："甪里郑泾之东北曰北嶅。"（《洞庭山金石》卷一下）但在今所能见到的各类文献中，《四嶅考》对太湖四嶅的记录最全面，金友理《太湖备考》等文献也引用了其中的内容。因而本书认为《四嶅考》更可信。在吴庄作《四嶅考》的时代，东嶅已沦入太湖，东嶅上的禹庙自然也不存在了，西嶅上的禹庙也比较破败，只有南嶅与北嶅上的禹庙比较完好。到了当代，这3座禹庙中仅存西嶅与北嶅上的禹庙。其中，西嶅禹王庙规模最大，占地50多亩，为苏州市文物保护单位。但在清朝及以前，4座禹庙中最为人称道的却是北嶅——平台山上的禹庙。如《太湖备考》卷十六认为："唯北嶅最称灵异，六桅渔船岁时祭献，以祈神贶。"后来，随着平台山岛以外的3座岛或沦没于湖中，或与陆地连成一片，四嶅中仅存平台山岛。平台山岛上的古禹庙在抗日战争时期遭到损毁，中华人民共和国成立后因长期失修而坍塌。2000年左右，太湖渔民修建了一座禹王庙——成为太湖渔民祭祀大禹的重要场所。

三、江南海神大禹神话

大禹神话与信仰在江南地区获得了长久而深入的发展。大禹不仅成为太湖渔民的保护神，还成为滨海地区民众信仰的海神。由此产生了诸多作为江南海神的大禹神话。

（一）平水大帝大禹神话

在治水神大禹神话的传播过程中，江南民众赋予了大禹一个特别的封号——平水大帝，有时也称平水大王。平水大帝即操控水能力最强的神，也可以理解为最高水神。这一封号体现了江南大禹崇拜的新发展方向——全能型水神。

作为平水大帝的大禹，不仅具有制服水患的神力，还能如同龙王那样布云施雨。《嘉庆西安县志》载："横坑殿在南山紫微峰左，双溪合襟。元时创建，内供平水神（俗称平水大王），祷雨辄应，南乡诸大村落赖其保障焉。"《民国衢县志》卷四解释说："按，平水大王或疑为大禹王，《金华志》亦有平水禹王庙……西门外三山及北门外浮石渡，亦均有平水殿。则不止一处矣。""衢县"今属衢州市，横坑殿即今横坑祖殿，位于衢州市衢州区黄坛口乡茶坪村，曾被衢江区列为第一批区级文物保护单位。相传，大禹治水时为查看水情地势，曾三次途经衢县，登上紫微峰查看水情。后人于元初造了横坑祖殿，既是为了纪念大禹的功德，更重要的还是为了水旱求雨。衢州黄坛口乡是典型的内陆农业乡村，雨水的丰歉决定了农民的生活质量，甚至是生命。所以历史上横坑祖殿的香火一直很旺盛，尤其是在庙会期间，附近遂昌等县的农户都会赶来焚香祭拜。又如《万历续修严州府志》卷五载："（建德）平水庙，在县东北六十一里芝山东麓，乡人奉祀禹王，名曰通天平水神庙，水旱必祷焉。""建德县"今属于杭州市，也是典型的农业县，主要经济作物包括茶叶、蚕桑、柑橘、板栗等。建德东北乡民建起了通天平水神庙，祀奉大禹，每当天旱的时候，乡民必来此祈求降雨。有些地方的禹庙甚至干脆改称龙王殿，如《民国龙游县志》卷五载："龙王殿，在县东三十里西坪之西，始建无考，清咸同间毁，光绪二十四年重建，祀夏禹。"

既然是全能型水神，平水大帝自然能掌管与水有关的一切，比如镇潮。《嘉定赤城志》卷三十一载："（临海县）平水王庙，在白鹤山西。……俗又云此夏禹庙，庙在江滨。旧传潮自南来，虽巨潦，至庙下必退，近庙田无水患，民德而祠之。"《嘉定赤城志》是南宋时期纂修的一部台州总志，临海县至今属于台州市所辖。临海县白鹤山西的江边有平水王庙，民众也称其为夏禹庙。临海县东连东海，白鹤山西的江与东海相通，江两岸的民众容易受到海潮的影响，常为洪水所苦。但无论多大的江潮，到平水王庙下一定会退去，庙附近的田地农舍从来没有被洪水淹过。民众认为这都是受到了大禹的护佑，因此虔诚祭拜大禹。

平水大帝的称号可能在唐朝就产生了。根据本书调研，在今浙江象山东门岛门头山的山腰上有一座佛寺，寺内一间不起眼的厢房门额题为"唐东门庙"，内供平水大帝、平水夫人和关公神像。据称，此庙在唐朝已有，当时主供的就是平水大帝。象山石浦古城"耕海牧渔"展馆中复原了历史上象山渔民的生活场景，其中就包括供奉平水大帝的平水庙。据当地文化干部介绍，象山各村镇中还保留着不少供奉平水大帝大禹的神庙。目前在象山受到广泛崇奉的妈祖并非本地原生神灵，而是在元明清时期随着福建渔民、军士迁居象山而带来的。早在供奉妈祖之前，象山居民已经将大禹奉为海神。

图7-6 象山东门岛东门庙外景

图7-7 东门庙内景

虽然唐东门庙的情况因为时间过于久远而比较模糊，但我们依然可以从宋乾道年间《四明图经》卷六"祠庙"条的记载中了解一些情况：

> 祚圣庙，旧系东门庙，在县南一百里。按：《图经》旧载，其神号天门都督，未详事迹。今按：东门山，在县南海中，去州一千二百里。其山与台州宁海县接境。山高二百丈，周回二十五里，两峰对峙，其状如门，阔一百五十余步。下有横石如闸，潮退之时，奔水冲涌，不可轻涉，惟波平风息，乃可以渡。其下有庙，号为东门，盖在宁海之东，故以名之，其庙神传为天门都督。或云今置庙处，正当古鄞县东南，是承西北天门之势。庙侧之水，亦自西北山而来，故有天门之称。尊敬其神，方之连率都督，行旅往返，无不致祀，随其诚息，咸有感应。唐贞观中，有会稽人金林，数往台州买贩，每经过庙下，祈祷牲醴如法，获利数倍。尝因祭毕，解舟十余里，欻然暴风吹舟，复回不得前进。舟人怖甚，谓必有忤于神，果误持胙物而去，乃还致庙中，更加祈谢，即得便风，安流而去。永徽中，又有越州工人蔡藏，往泉州造佛像，获数百缗归，经此庙，祀祷少懈，舟发数里，遂遭覆溺，所得咸失，而舟人仅免焉。其庙建置年月，即无碑碣可考。皇朝建炎四年，赐今额。

东门庙在宋朝曾更名为祚圣庙，其主奉神灵的具体情况文献中都没有详细记录。但《四明图经》记录了两个很有意思的小故事：

唐贞观年间，会稽人金林常常来往于会稽、台州之间做买卖。每次他乘坐的船经过东门庙的时候，都非常恭敬地准备牺牲、醴酒向东门庙中的神祈祷。在神的护佑下，他很快致富。有一次，金林在东门庙祭祀结束后乘船航行了 10 多里，突然遇到了暴风，船无法前行。船工很害怕，说船上肯定有人得罪了海神。金林发现自己误拿了祭祀的肉，赶紧掉头回到庙中，虔诚祈祷谢罪。此后，船才安然离开。

唐永徽年间，越州（即今绍兴）手工艺人蔡藏到泉州塑造佛像，并得到了不少工钱。返回途中，蔡藏经过东门庙，没有认真祷告，他所乘坐的船没有航行多远就翻了，他的工钱都沉到了海里，仅保留了性命。

这两个故事的主角都来自今绍兴地区，而绍兴正是江南大禹信仰的发源地与早期中心。这样的选角绝不是偶然现象，它说明东门庙中主奉的神灵正是传播自绍兴的大禹。两个主人公从小就熟悉大禹，大禹信仰也是他们生活中不可缺少的一部分，所以两人途经主奉大禹的东门庙时都进行了祈祷，但商贾金林因为极其虔诚而发家致富，手工业者蔡藏则因为没有认真祷告而失去了财物。

至于其中的"天门都督"的神名，考虑到民间信仰封号的随意性，本书认为即使不是禹王、平水大帝等常见的相关封号，也无法据此认定东门庙中供奉的不是大禹。这里有一个证据：在宁波五乡梅湖青山岙下有一座东钱湖陶公山渔民信仰的禹庙，庙中的大禹神像有"敕赐青山都督大元帅"的封号。[①] 这座禹庙中禹

---

① 叶大兵：《中国民俗大系·浙江民俗》。

王的封号与象山东门庙中禹王的封号类似，都是"＊＊都督"，所以唐东门庙中的"天门都督"神号与大禹的身份并不矛盾。

从上述引文中还可以看出，象山东门庙中所奉平水大帝已经成为掌管海上风浪的海神。也就是说，平水大帝信仰中出现了两个功能向度，即在农业地区的水神与在滨海地区的海神。

（二）海神大禹祠庙及其神话

当然不少将平水大帝奉为海神的祠庙，其庙额没有"平水"二字，祠庙也因种种原因坍圮了，容易被忽视。早在北宋太宗雍熙年间，今温州市永嘉县海坛山上就建起了一座护卫海滨的禹王庙。海坛山被当地民众称为"上岸山"，位于瓯江边。瓯江是浙江第二大江，是独流入海的河流，因此瓯江两岸民众的生产生活直接受海潮影响。《光绪永嘉县志》卷四载："大禹王庙，在镇海门外海坛山上，宋雍熙间建。"该庙屡经修缮，明万历年间一次修缮后，永嘉人叶承遇（后官至江西按察使佥事）题写了碑记，内容如下：

> 夫崇祀之典尚矣，报德、报功也。神禹盛德大功嘉懋无间者，掀揭于宇宙永赖之休，迄今睹河洛则兴思，仅仅东嘉一隅，亦立庙致祭，宁不近于亵哉！且会稽已有专祀，兹祀也，无乃无所谓乎？
>
> 予闻之："御灾捍患则祀之。"祀典之设，亦以顺民心也。吾瓯滨海，常患洪水，荡居覆舟，莫可捍御。宋雍熙间（984—987）郡伯姚公轸念民隐，敬诣会稽，祈迎香火，建庙于望京、海坛之麓。厥后海宴民宁。

　　至嘉靖辛丑（1541），倅府彭公葺新祠宇，建亭思洛，然皆未遑举祀。迩幸景湖陈公，闽莆右族也，举进士，来宰东嘉，看驯雉于野，嘘花风于邑，教民育士，小邹鲁之风熙然赖以复振。公余目击祠宇倾圮，捐俸而鼎新之。已而，聿观厥成，属诸父老曰：祠宇既构，祀典其可缺乎？又以时诎难举赢，乃给三十五都一里官涂五十四亩，择耆老识事者如张銮、陈清、张泳辈委任而综理之，立春秋二祭为吾民祈福，以其所积贮者而供之。每岁终则实计所费以报，凿凿有条，而赞襄之者二尹省庵李公也。

　　夫以神禹之德之功，耿耿不磨，与天地并。而精诚在天，余泽犹荫庇乎海隅，则今日之祀非袭也，非无谓也，因民心之追思而以义起者也。若景湖公者，其殆继姚、彭二公之志，而尤为之创始者乎！其殆心神禹之心而垂光于无穷者乎！诚不可以不纪其盛。适诸耆老欲予记，因笔而记之。

　　时万历乙酉（1585）孟夏日。①

　　虽然海坛山上的这座禹庙今已不存，但该碑幸存，被收藏于温州博物馆中。从碑记的内容来看，北宋雍熙年间，为了护佑海滨，永嘉的官员从会稽禹庙分香，在海坛山上建造了禹庙。此后在大禹的护佑下，海潮果然不再泛滥。明嘉靖年间，永嘉当地民众商议翻修、扩大禹庙，但都没有能完成祭祀典礼。后来一位来自福建莆田的陈姓永嘉县令主持了禹庙的翻新工程，并制定了春秋两次的祭祀仪典。

① （明）叶承遇：《祀大禹王碑记》，载金柏东主编《温州历代碑刻集》，上海社会科学院出版社 2002 年版，第 206—207 页。

这篇碑文的价值主要在于两点：第一，指出海坛山大禹王庙的香火来自会稽禹庙，清晰地表明了大禹信仰的传播路线。分香行为是信仰传播路线的重要标志，但因为种种原因，大禹信仰的分香行为一直缺乏记录。此碑记中"宋雍熙间郡伯姚公轸念民隐，敬诣会稽，祈迎香火，建庙于望京、海坛之麓"一句表明江南其他地区从会稽禹庙分香是一种惯常的行为，再一次证明了本书对会稽为江南大禹信仰中心的推论。第二，碑文体现了江南民众对大禹的真情实感。碑文的作者是土生土长的永嘉人，他在文中说："夫以神禹之德之功，耿耿不磨，与天地并。而精诚在天，余泽犹荫庇乎海隅，则今日之祀非亵也，非无谓也，因民心之追思而以义起者也。"大禹的功德与天地共存，即使在他死后，其神依然护佑后世，恩泽滨海。后世民众怀念他，因而祭祀他。这是大禹信仰在江南地区传承传播至今的重要原因。

将大禹祀为海神的祠庙还有不少，《光绪慈溪县志》卷十五载：大禹庙在慈溪西北 60 里观海卫城西北隅。"卫地滨海，屡遭潮患，旧有庙以祀水神，名水浒庙，明崇祯十年建。国朝顺治十八年王道盛等重建，改祀大禹，以诸水神附祀之。"今天的绍兴曾有过一个山阴县，因地处会稽山之荫而得名。民国初年，山阴县与会稽县合并为绍兴县，县域大致相当于今绍兴市柯桥区。明时山阴曾有两座禹庙，其中一座位于三江巡检司北。绍兴府三江巡检司建于海边，万历《绍兴府志》载："三江巡检司城……大海浸其东，与三江所城南北相对峙，为东海之门。"而立于三江巡检司北的禹庙，其中禹神的主要职能一定是护卫海上门户的海神。

根据本书的不完全统计，将大禹奉为海神的祠庙主要集中于浙江省绍兴、杭州、宁波、台州、温州、舟山等中东部地区，并传播至福建沿海。神话与信仰的传播是一个潜移默化的过程，主要是随着民众的迁移而传播的。浙江省东部沿海与福建省东部沿海的民众在历史上有过密切的合作与交流，比如渔民季节性的流动捕捞，又如东南部沿海抗倭过程中的军队调配等，这些行为都促进了作为海神的大禹信仰的传播。

在今泉州开元寺不远处有一条巷叫作"平水庙巷"。平水庙巷中部曾有一座平水庙，巷以庙名。平水庙内曾供奉一尊真人大小的禹王坐像。泉州这座平水庙的历史应该相当悠久，附近曾出土过完整的唐宋瓷器，还有几口古井。泉州平水庙虽然早已废圮，但很有意思的是平水庙作为一种文化记忆在泉州方言中传承下来。平水庙附近供奉雷神的小庙"雷公厅"曾为乞丐聚集之处，被称为"乞丐营"。乞丐营中的乞丐每天上街乞讨返回时都要经过平水庙。由此形成了一句歇后语：乞食回平水庙——到本营了。营与赢谐音，此歇后语比喻事情转输为赢[①]。

四、江南大禹神话的传播

江南大禹神话与信仰由浙江传入福建，这条线索是比较清晰的。但大禹信仰进入泉州等地后似乎影响不大，不仅祠庙数量少，平水大帝的名声也不显赫，这显然与大禹的历史功绩与文化

---

① 参见陈泗东：《平水庙和莲心庵》，载泉州市地名委员会办公室编《泉州地名小故事（第二辑）》，1982年版，第55—56页。

认同严重不符。发生了什么事情？经过调研，本书发现，原来进入泉州以后的平水大帝信仰与当地流传的水仙信仰发生了融合，"平水大帝"逐步为"水仙尊王"所取代。

（一）水仙尊王神话的产生与发展

水仙尊王是闽台水仙信仰的重要组成部分。水仙，又称水仙王或水仙尊王，是闽台地区特有的保护航海安全的神灵。闽台地区崇拜的水仙，一般是治水有功的历史人物，或是其死亡与水相关的历史人物，比如治水的大禹、投江自尽的屈原、自刎于乌江边的项羽、醉酒淹死的李白、死后被投入江中的伍子胥等，其中以大禹为最重要的水仙神，被尊为"水仙尊王"。

水仙神话与信仰的产生可以追溯至宋朝，但彼时的水仙神与闽台水仙神的内涵并不相同。水仙，从字面上理解就是水神。苏轼有《饮湖上初晴后雨两首》赞美西湖美景，其一曰："朝曦迎客艳重冈，晚雨留人入醉乡。此意自佳君不会，一杯当属水仙王。"诗下自注说：湖上有水仙王庙。《钱塘县志》《成化杭州府志》《十国春秋》等文献都记述了西湖上的这座水仙王庙。从记述内容来看，这些文献认为水仙王庙中供奉的是钱塘江龙王。而宋朝刘克庄在《重修水仙庙疏》中提到水仙庙中供奉的是嘉应惠利侯父子。也就是说，宋朝的水仙为水神的泛称，并不特指某些神。

到了元朝，王敬方的《褒封水仙记》一文将水仙神指向妈祖的 5 位辅神，即冯氏三兄弟、蔡氏与丁氏。

国朝漕运，为事最重，故南海诸神，有功于漕者皆得祀。唯天妃功大号尊，在祀最贵。自妃而下，皆得受爵而庙食焉。若水仙五人，实天妃股肱，漕舟同命也。五人者，冯氏三人，伯讳璿，仲、季忘其讳；蔡氏讳亦亡之；丁氏讳仲修。初，璿兄弟有儒行，不仕，且习海事，遂卒，神于海。蔡氏其佐也。宋绍兴四年，永嘉海溢，漂若数万人。风涛中，金书大旗曰"永福冯太尉"。水退，人赖以活。父老葛瑄之为立庙曰"永福"。丁仲修：绍兴元年举进士，授湖州通判。咸淳，乐清贼余道安寇劫永嘉，丁率华盖、胙符、德政三乡义兵击贼，死之。民怀其义，祀之，附于广惠庙。复赐额"忠烈"，封丁勋顺侯。并居永嘉茅竹里，庙在焉，故俗称"茅竹水仙"云。入国朝，卫御海道，功烈益大。（《褒封水仙记》）

《褒封水仙记》是目前所知的唯一一篇关于 5 位水仙来历的古代文献。从此文献中可以看到：一方面，五水仙神话与信仰的产生与护佑漕运的目的有关；另一方面，五水仙神话与信仰的产生与天妃妈祖信仰有关，并随着妈祖信仰的传播而传播。而且，有意思的是，五水仙神话与信仰可能源自江浙地区，最早供奉五水仙的是永嘉茅竹里，因此俗称为"茅竹水仙"。但在对当地走访调研中，本书发现永嘉人对"茅竹水仙"几乎一无所知，可见此地水仙信仰存续时间并不是很久。

明清时期，福建地区出现了五水仙信仰。清《鹭江志·庙宇》载："水仙宫在望高石下，坐山向海，祀大禹、伍员、屈原、项羽、鲁公诸神，明时所建。迁界令下，海边诸庙俱废，此独不毁。乾隆三十年，里人金长源等捐金重修，叶德芳等复募建后殿，祀观音大士。"除《鹭江志》所载的厦门鹭岛水仙宫之外，

《泉州马巷厅志》《厦门志》等文献中还记录了福鼎泰屿承国社水仙王庙、泉州马巷厅水仙宫、厦门莱妈街后内水仙宫等几座水仙宫庙。此外，泉州市平水庙、水门港水仙宫也为祀奉水仙神的宫庙，都已不存。根据本书的调研，当代还存在的福建水仙宫庙大约只剩厦门的内水仙宫、马洲水仙尊王庙与漳州芗城顶田霞禹王庙。在农历十月初十日（相传为水仙尊王大禹的诞辰），这些宫庙会举行隆重的纪念活动。

水仙尊王大禹的神话与信仰随着妈祖神话与信仰的传播而传播，其影响很快就超过了平水大帝大禹的神话与信仰。由于水仙尊王主神与平水大帝同为大禹，且功能也几乎一致，所以两者在传播过程中可能发生了合流，水仙尊王大禹的神话和信仰覆盖或者替代了平水大帝大禹的神话和信仰的功能，这也是造成泉州平水庙历史模糊并衰败的重要原因。

（二）水仙尊王神话向我国台湾地区的传播

明清时期，水仙尊王神话与信仰随着福建移民进入我国台湾地区，尤其在清乾隆二十年（1755 年）以后。康熙二十二年（1683 年）郑克塽降清。为了削弱台湾的军事力量，清廷把大批郑氏官兵及百姓迁回原籍，并限制移民进入台湾，台湾人口因此锐减，各行业从业人员均严重缺乏。但相邻的福建早已人口饱和，又有长期移民的历史，因此尽管清廷有严令，民间依然有不少偷渡客到达台湾各海岸。为了护佑平安，偷渡客们随身携带家乡的保护神像，尤其是作为航海保护神的水仙神像。乾隆二十年，渡台禁令解除，一度出现了移民高潮，尤其以与台湾隔海相望距离最近的厦门港的移民数量最多。厦门早已有不止一座水仙宫庙，信仰历史相当悠久，因此不少厦门移民便将水仙神话及信仰带入台湾。

水仙尊王信仰继承了平水大帝信仰中海神信仰的功能，并基于闽台两地频繁的交流活动，发展出海上护航的特殊职能。水仙尊王最虔诚的信徒是商人，台湾的不少水仙宫庙都是由商人捐建的。

1. 闽台水仙尊王神话的传播过程

从时间上来看，大约在清康熙前中期，台湾水仙神话与信仰已有了初步发展，并在康熙中后期与乾隆年间达到高潮，一直持续到清朝末年日据台湾开始以后。闽台水仙神话与信仰的发展，与闽台之间贸易商业的发展密切相关，大多数宫庙都是由贸易商人团体（即郊商）筹建。日据台湾之后，闽台之间贸易为日人所垄断，民间商业贸易逐渐消匿，水仙神话与信仰也就此衰落。日据时期不少水仙宫庙也遭到了破坏，即使后来有所修复，也难以恢复旧貌。根据本书调研，当代台湾地区几乎没有建造新水仙宫庙。

从空间分布来看，台湾地区"约有20来座水仙尊王庙，基本分布于台南、屏东、台中、嘉义、澎湖一带。台北本有水仙王庙，在日本殖民统治时被拆掉了"①。无论是福建地区还是台湾地区，水仙宫庙一定靠近港口。台湾地区的水仙宫庙一般都位于靠近台湾海峡的福建移民进入台湾的最早垦拓区域，表7-2显示了早期台湾水仙宫庙的分布及筹建情况。

---

① 林江珠等：《闽台民间信仰传统文化遗产资源调查》，厦门大学出版社2014年版，第126页。

表 7-2 台湾现存水仙宫庙情况统计表

区域	宫庙名称	具体地址	始建时间	筹建人员
台南市	水仙宫	西定坊港口（今台南市神农街一号）	康熙二十三年①	泉、漳诸商
澎湖县	水仙王庙	澎湖厅妈祖宫前海滨	康熙三十五年	右营游击薛奎
台南市	水仙宫	镇北坊	康熙五十七年	乡民
嘉义县	水仙宫	诸罗县笨港南港街	乾隆四年	不详
嘉义县	水仙宫	旧南港后枕笨港溪	乾隆五年	乡绅、乡民
桃园县	水仙宫	淡水县在厅治北门外艋岬街	同治二年	铺户
嘉义县	水仙尊王庙	嘉义县新港乡	不详	不详
台南市	水仙宫	凤山县协营安平镇渡口	不详	不详
不详	水仙宫	不详	乾隆初年	郊商

不过因为时间过去太久，表中很多水仙宫庙已经无法再确认。

郊商是水仙王信仰的重要群体，为了护佑航海顺利，在郊商云集的港口往往建有水仙王庙，比如泉州、厦门、漳州三地均有主奉水仙尊王的宫庙。泉州水门巷水仙宫、厦门鹭江道水仙宫今已不存。漳州马洲水仙尊王庙、厦门吕厝社水仙宫、厦门吕厝社广源宫尚存。五座水仙尊王宫庙都分布在靠近海峡之处。在对厦

---

① 也有建于康熙四十二年、康熙五十四年之说。

门的走访调研中，本书作者得知：鹭江道水仙宫曾是厦门最重要的民间信仰宫观之一，当时前往台湾的船舶都会在宫前停泊祭拜，并从庙中请水仙尊王的分香或分灵同行。因此，鹭江道水仙宫应该是部分台湾水仙宫庙的祖庙。

从福建传播到台湾以后，水仙宫庙也集中在沿海地区。澎湖水仙宫、笨港水仙宫、台南水仙宫、新竹水仙宫等一些台湾水仙宫庙的分布均具有这样的特点。

澎湖马公市水仙宫为澎湖四大古庙之一，由澎湖右营游击薛奎于清康熙三十五年（1696 年）创建。相传，按察使郁永河巡察台湾时，在海上遇到了暴风，船上人靠"划水仙"而平安抵达澎湖。郁永河便下令游击薛奎建水仙宫祭祀水仙尊王[①]。澎湖水仙宫中供奉着大禹、伍子胥、屈原、项羽、鲁班五尊水仙王像，五王是当地商人、渔民敬奉的重要神祇。光绪元年（1875 年），水仙宫重修时，增建了台厦郊会所，也就是厦门人的郊商会馆。

现存的水仙宫庙中，尤其以马洲水仙尊王庙、厦门水仙庙、台南水仙宫、新港水仙宫最为出名。

2. 闽台水仙尊王宫庙及神话

（1）福建漳州马洲水仙尊王庙及神话。

马洲水仙尊王庙位于福建省漳州市龙海颜厝马洲村的九龙江畔，始建于明朝。1960 年修建九龙江防洪大堤时该庙被拆毁，1989 年得到重建，目前主祀水仙尊王与龙树王。马洲水仙尊王庙本为龙树王庙，是主奉龙树王的宫庙，而水仙尊王则在村民各

① 林那北：《过台湾》，海峡文艺出版社 2012 年版，第 166—167 页。

家轮流供奉，每年在端午节划龙舟时才请出并供在江边的龙树王庙中，划龙舟结束后依然供于民宅。龙树王庙重建时，村民将轮流供奉的水仙尊王金身请入庙中，并将此庙称为水仙尊王庙。

马洲村民众对水仙尊王的崇拜由来已久。马洲村地处九龙江南岸，河堤修建前水网密布，村落为河港所环绕，常年饱受水患侵扰，交通工具以舟楫为主。这是马洲及其附近居民产生水仙尊王信仰的客观原因。马洲水仙尊王在九龙江下游一带有广泛的影响。相传明朝尚书潘荣为当地人，儿时溺水，幸得水仙尊王拯救，皇帝因此赐予该村黑地白月旗。端午节是马洲村民举行大型祭拜水仙尊王仪式的日子，周边乡镇民众也都前来上香，参加龙舟竞赛，热闹非凡。每年九龙江下游划龙舟时，必先请出马洲村的黑地白月旗巡游江面，以驱逐邪气[①]。

（2）福建厦门水仙宫及神话。

厦门水仙尊王香火最盛的要数曾经位于鹭江畔的水仙宫，据说其中供奉着大禹、伍子胥、屈原、项羽与鲁班。民国时因为开辟晨光路，水仙宫被拆毁，如今只剩下与水仙宫相关的街巷名。

图7-8　水仙尊王坐像（厦门吕厝广源宫）

① 林珠江等：《闽台民间信仰传统文化遗产资源调查》，第127页。

厦门还曾经有一座内水仙宫，也就是位于江头的水仙宫，旧名为"广源宫"。它始建于清乾隆年间，为民众祈求平安所建，1938年毁于日本侵略者的炮火。1980—1997年，当地信众多次捐资重建，塑上帝公、水仙尊王和王娘金身。后因城市建设的需要，水仙宫易址重建，五位水神合并为一尊"水仙尊王"。而且在迁建的过程中，内水仙宫由一座分为了两座。因为水仙宫原址所在的江头社与新址所在的吕厝社争建宫庙，结果各盖一间，其中江头社的宫庙沿用"广源宫"之名，而吕厝社的宫庙则称为"吕厝水仙宫"。两宫均位于今厦门吕厝路江宁里北侧的吕厝社保安宫院内。

图7-9　水仙尊王坐像（厦门吕厝水仙宫）

（3）台南水仙宫及神话。

台南水仙宫是台湾地区历史最悠久的一座水仙宫庙，至今保留有清朝碑刻、石鼓、石础等文物。据称，该庙创建于康熙二十三年（1684年），其雏形是漳州、泉州一带的商人所建的茅草小屋，用以供奉水仙王。康熙四十年（1701年），商人与信众集资进行了翻修，成为砖壁瓦顶的庙宇。也有人认为该宫庙始建于康熙五十四年（1715年）。"水仙宫，在西定坊，面海。康熙五十四年漳泉商郊合建，祀五神，莫详姓氏。或以为大禹、伍员、屈平，另二人为项籍、鲁班，或易以王勃、李白……旁有三益堂为郊商集议之所，历年积款甚多，置产生息，故其壮丽冠于他庙。"[1]

台南水仙宫位于当时台湾府府治的西定坊港口，是台湾府城水陆交通必经之地。康乾年间，北郊绅商集资多次重修，并在此

图 7-10　台南水仙宫内景

① 连横：《台湾通史》，商务印书馆1996年版，第414页。

设郊商办事处，于是水仙宫附近成为当时台湾府城的商业中心，水仙宫的香火也非常旺盛。1941 年，日本侵略者将庙宇中、后二殿拆除，台湾光复后信众重建，水仙宫成为一座坐东朝西、三门开的单殿单进式建筑。庙内保存着三块石碑，分别是乾隆三十年（1765 年）台湾知府所立的《水仙宫清界勒石记》、嘉庆元年（1796 年）四月发给水仙宫张挂晓谕的碑记、1917 年庙董立石的《重修水仙宫碑记》。

当代台南水仙宫位于神农街一号，被包围于农贸市场中，难以寻找，香火不旺。

（4）台湾笨南港水仙宫和新港水仙宫及神话。

笨南港水仙宫位于台湾嘉义县新港乡南港村，笨南港水仙宫所在地一带曾是早期大陆移民的主要渡口，也是农产品的集散地，还是台湾中南部对外的主要门户，因此曾经非常繁荣。笨港街在康熙末年已经发展为很大的市镇，港务繁荣，贸易繁盛，地方发展迅速。乾隆初年，笨港街划分为前后两街，有"一府二笨"的美称。笨港的衰落始于乾隆十五年（1750 年）的飓风侵袭。由于溪水泛滥，溪流改道，笨港街被洪流中分，由此被分为笨港南街与笨港北街。笨港市面繁荣遭到一定的破坏。嘉庆初年，笨港年年刮飓风，山洪暴发，水患频发，笨港南街的商铺、民宅与寺庙都遭到了极大的破坏，到光绪年间沦为小村庄。而北街依然繁荣，后来成为云林县的大街市。

《台湾府志》卷十九寺庙篇的记载说："水仙宫，乾隆四年建于诸罗县笨港。"笨南港水仙宫主祀水仙尊王，正殿神龛中供奉大禹、项羽、伍子胥、屈原、鲁班神像，大禹居中。该宫已有近 300年的历史。水仙宫为笨港地区郊商、船户捐资共同兴建。乾隆四

图 7 - 11　水仙尊王大禹坐像（台湾笨南港水仙宫正殿）

十五年（1780 年），经笨港贡生林开周的倡议，水仙宫得到一次规模庞大的扩建。当时在南街上，除了水仙宫外，还有祀奉关帝的协天宫，以及天后宫。嘉庆八年（1803 年），笨港遭遇洪水，庙宇被水冲毁。嘉庆十九年（1814 年），水仙宫重建于现址。道光二十八年（1848 年），笨南、笨北商郊晋顺、金正顺、金合顺发起诸信协建后殿，祀奉原协天宫"关圣帝君"。当代水仙宫为三进四殿，两旁各有一座两层高的香客大楼。三川殿旁两侧各有治水亭与忠义亭。

（5）台湾新竹水仙宫及神话。

新竹水仙宫位于新竹市北区北门街 135 号，长和宫的隔壁，是一座二殿二廊式建筑。山门两旁有"决汉疏河功敷四海，成天平地祀享于秋"的楹联。正殿正中供奉水仙尊王大禹，神龛上方有"盛德在水"的匾额，两旁有楹联曰"金简玉书迹留岣嵝，平洪治水决济汉淮"。水仙尊王两侧陪祀关圣帝君与文昌帝君。

图 7-12 水仙尊王大禹坐像（台湾新竹水仙宫）

　　水仙尊王原本供奉于新竹长和宫后殿。长和宫创建于清乾隆七年（1742 年），主祀妈祖，同时供奉水官大帝与水仙尊王。同治二年（1863 年），随着新竹地区进出口贸易的发展，郊商实力大增，他们集资买下了长和宫左侧店铺与屋宇，修筑了水仙宫，将原本供奉于长和宫后殿的水仙尊王移祀至水仙宫。新竹水仙宫与新竹长和宫双宫并列的格局在台湾非常罕见。

（三）台湾水仙尊王信仰的衰落

闽台郊商是水仙信仰的主要群体。对郊商而言，水仙不仅是航海保护神和财神，更是郊商群体的精神支柱，水仙宫庙就是郊商团体的信仰中心与组织中心。

"郊"是一种贸易商人组织，最早可能出现于雍正年间的台湾安平港。当时有北郊、南郊、糖郊3种号称台南"三郊"的商人团体。雍正以后，台湾府各种文献中所见的商人组织即"郊"的记录越来越多。台湾鹿港、大稻埕、新竹、新庄、通霄、大安、后龙、大甲、淡水、基隆、宜兰、澎湖、凤山、盐水镇、嘉义市、笨港、斗六、屏东等沿海或内河港口的城镇也陆续建立了"郊"，在乾隆年间的文献中已经出现"泉、厦郊户"的记录。除台湾外，厦门、新加坡等地也出现了用"郊"指向进出口贸易商人团体的情况。需要指出的是：从各种文献记录来看，"郊"主要指的是贸易商人的团体，而非生产商人的团体，实际上两者之间往往存在较大分歧，甚至冲突。

台湾的水仙宫庙与郊商有着密切的联系，不少宫庙为郊商所建，或为郊商捐资修缮，一些水仙宫甚至成为郊商行事的公所。台南水仙宫旁曾有三益堂，应该是三郊商人举行内部会议的公所。随着郊商财富的积累，台南水仙宫庙也被修缮得富丽堂皇。此外，澎湖复兴里水仙宫也设有"台厦郊实业会馆"，为清朝在台湾和厦门之间进行贸易的商人会馆，也是澎湖最古老的民间商业团体以及商人栖息的地方。

总的来说，水仙崇拜起到了团结贸易商人、促进商业发展的作用，而商业的发展使商人捐钱修庙，又促进了水仙信仰的发展。这是闽台水仙信仰发展的重要动力与特色。闽台水仙信仰的衰落也与清末闽台商业贸易行为被限制有关。日本侵略者占据台湾后，闽台贸易被日本人把持，台厦郊商群体衰落，为他们所信仰的水仙神及其宫庙也遭到了日本侵略者的破坏，自然走向了衰落。虽然也有不少水仙宫庙持续到了当代，但大多数信众寥落，香火冷清，不复当年盛况。

第八章
江南东海龙王神话叙事

　　"东海龙王"有广义与狭义两种内涵，狭义的东海龙王信仰崇拜的对象仅指东海龙王一位神祇，而广义的东海龙王信仰崇拜的对象则指向东海龙王家族与统治网络。从唐朝开始，民间关于东海龙王的神话大量流传，其中重要的内容就是东海龙王家族与统治网络，既包括龙王、龙太子、龙女、龙婆等家族成员，也包括东海龙王麾下的各级龙王以及虾兵蟹将等。本书"东海龙王"就指向后一种广义的内涵。

一、东海龙王神话与信仰的形成

　　根据《诗经》等文献的记录，先秦时期的中国已有四海神神话与信仰。四海神与传统的龙蛇形海神，以及佛教中的护法神龙相结合，最终产生了四海龙王神话与信仰。四海龙王神话与信仰的形成大约在唐宋之际，与国家祭祀四海的制度有着密切关系。

根据史书记载，早在先秦时期，我国就有了祭海仪式。汉朝形成了修建宫庙、定期祭祀的祠祀海神制度。"（宣帝神爵元年）制诏太常：夫江、海、百川之大者也，今阙焉无祠。其令祠官以礼为岁事，以四时祠江、海、洛水，祈为天下丰年焉。"（《汉书·郊祀志》）

汉朝祠祀东海神的地点可能在今江苏省连云港市海州区的孔望山。大约在三百年前，孔望山脚下还是一片大海。孔望山曾是古朐山最东面的一座山。古朐山原本为海中孤岛，直到唐宋时期它的东、西、北三面还都被大海包围着。到了清朝，海水不断退去，朐山附近的海面缩小为河，朐山逐渐成陆。相传，孔子来到孔望山所在的郯子国，准备向东夷人传授礼乐制度。但当他登上孔望山顶，看到山下海滩上无数螃蟹挥舞着蟹钳，就非常惊讶，以为这些螃蟹正在挥手致敬。他对弟子说：这里连螃蟹都知道礼貌，我还有什么可传授的呢？于是就回国了。21世纪初的考古活动曾在孔望山多处发掘出古代建筑遗迹，包括房屋基址、汉朝绳纹瓦片与云纹瓦当，这些应该是汉东海神庙的遗存。除了埋藏于地下的文物遗迹之外，孔望山顶上还有祭祀东海神的"碑盘石刻"与"承露盘"等遗迹。当时的东海神庙中还立了一块庙碑，碑文正面记录了东汉东海相桓君修庙之事和东海相满君刻碑之事。碑文末曰："浩浩仓（沧）海，百川之宗……有司斋肃致力，四时奉祠，盖亦所以敬恭明神，报功。"此碑文后来还被宋朝的洪迈和赵明诚分别收录在《隶释》与《金石录》中，名为《汉东海相桓君海庙碑》，该碑不幸毁于后来的宋金交战中。从碑文内容来看，该庙是毫无疑问的祠海之庙。也就是说，汉朝东海神神话与信仰的中心在今连云港海边。

到了隋朝，也许是受南朝的影响，朝廷将祠东海之地选在了江南地区的会稽。《隋书·礼仪志二》载："开皇十四年闰十月，诏东镇沂山，南镇会稽山，北镇医无闾山，冀州镇霍山，并就山立祠。东海于会稽县界，南海于南海镇南，并近海立祠。"隋朝在会稽建东海神庙，在广州建南海神庙，并开展祭祀活动，这或是有记录的最早的东海神庙与南海神庙。因为缺乏足够的记录，无法确定会稽这座东海庙主祀的是东海龙王还是其他东海神。但无论如何可以推知，隋朝东海神神话与信仰的中心在古会稽。

从唐朝开始，国家祭祀中的四海海神与四海龙王融为一体。天宝十载（751年），唐皇下令封南海神为广利王、东海神为广德王、西海神为广顺王，北海神为广泽王，并派出大臣赴各地主持典礼："（天宝）十载正月，四海并封王。……太子中允李随祭东海广德王，义王府长史张九章祭南海广利王，太子中允柳奕祭西海广润王，太子洗马李齐荣祭北海广泽王。"（《旧唐书·礼仪志四》）唐朝祭祀东海神的神庙可能在登州。"广德王庙在灵祥庙西，唐贞观年建。元中统三十八年修。洪武十八年，指挥谢规监修，学士谢溥记。万历中，参政李本维、知府徐应元重修。"（《古今图书集成》卷二七八《登州府部》）当时的登州府位于今山东半岛东端，北、东、南三面临黄海。但因为从唐朝开始，登州区划变动较大，比如唐初武德年间在文登置登州，不久后废。如意年间在黄县复置登州，后移治于蓬莱……唐朝的这座广德王庙本来位于山东省蓬莱市蓬莱阁址，宋朝嘉祐年间建蓬莱阁时，将这座东海神庙移至于丹崖山半腰西侧，历代均有重修，即今蓬莱龙王庙。这里是唐朝东海龙王信仰的中心。宋朝的蓬莱阁修建时，还建了一座妈祖庙，当时的庙额为"灵祥"。这就是《古今图书集成》中所说的"广德王庙在灵祥庙西"。

宋朝海龙王信仰继续发展，促进其发展的重要推动力之一是大观二年（1108年）册封五龙神的政府行为，"青龙神封广仁王，赤龙神封嘉泽王，黄龙神封孚应王，白龙神封义济王，黑龙神封灵泽王"。（《宋会要辑稿·礼四之一九》）推动力之二是康定二年（1041年）对四海海神的晋封，晋封东海海神为渊圣广德王，晋封南海海神为洪圣广利王，晋封西海海神为通圣广润王，晋封北海海神为冲圣广圣王。宋朝还规定了在每年的四立日祭祀四海海神，即立春日祭祀东海海神，立夏日祭祀南海海神，立秋日祭祀西海海神，立冬日祭祀北海海神。宋朝祭祀东海龙王的东海神庙在莱州掖县（今山东莱州市城区）。掖县这座海神庙的历史可以追溯至汉朝。《汉书·地理志》载："临朐，有海水祠。"但根据其地理方位，这座海水祠临渤海莱州湾，在汉朝祭祀的应该是北海神，即渤海神。《左传·僖公四年》载：齐国伐楚国，"楚子使与师言曰：'君处北海，寡人处南海，唯是风马牛不相及也。不虞君之涉吾地也，何故？'"当时齐国疆域"南达泰山，东控琅琊，西有清河，北临渤海"，所以《左传》中"北海"所指即渤海。但唐宋所祭的四海神并非单纯指海洋，而指的是东南西北四方边境。根据相关文献的记录，北宋时东海神庙在莱州，南海神庙在广州，西海神庙在河中府（府治在今山西永济蒲州），北海庙在孟州（州治在今河南焦作）。河中府在西边，孟州位于北边，这两个地方都没有海，如何祭祀海神呢？考虑到莱州位于陆地的东边，广州位于南部，唯一合理的解释就是这里的四海代表的是四境。当然，无论如何，东部边境的祭祀是以东海海神为名的。

其实，北宋东海龙王神话与信仰中心有两处，其一在上文所说的今山东莱州，其二在浙江明州，即今宁波。当时明州是宋与高丽之间来往的门户，"朝廷遣使皆由明州定海放洋"。（《宣和奉使高丽图经》卷三）元丰元年（1078年）十一月，左谏议大夫安焘与起居舍人陈睦出使高丽顺利返回，大约感觉此次航行受到了东海龙王的护佑，因此安焘请奏说："乞于明州定海、昌国两县之间建祠宇，往来商旅听助营葺。"此建议被采纳，"从之，乃令为屋百区"。（《续资治通鉴长编》卷二百九十四）神宗年间，这座位于明州定海（今宁波镇海）的东海龙王祠庙建成了。此后，往来明州与高丽的航程都比较顺利，使臣们认为这是受到了东海龙王的护佑，因此不断奏请皇帝加封：崇宁二年（1103年），徽宗为其赐额"崇圣宫"，又称广德祠；大观四年（1110年），徽宗为东海龙王加封"助顺"；宣和三年（1121年），东海龙王又被加封"显灵"。此外，宋徽宗还加封明州神祠中东海龙王的协神——风神与雨神为"宁顺侯"与"宁济侯"，并拨赐了官田五顷，以供祭仪与日常开销。

从汉至宋，东海龙王祭祀中心的变迁其实也是东海龙王信仰中心的变迁。在5个祭祀中心中，有3个位于江南沿海，即汉朝的孔望山、隋朝的会稽沿海与宋朝的明州定海。其中的孔望山并没有足够的文献记录以佐证，我们可以暂时不讨论，而在以会稽和定海为祭祀中心的国家祭祀行为实际上强化了江南地区的东海龙王神话与信仰，并在后世逐步形成了以今宁波为中心的江南地区的东海龙王神话与信仰。

二、以明州为中心的东海龙王
神话与信仰的发展

北宋朝廷的敕封行为扩大了明州东海神祠的影响。往来明州与高丽之间的船舶往往要先祭拜过这座广德祠。宣和五年（1123年），北宋朝廷派遣路允迪、傅墨卿使团赴高丽，自明州出发。出发前，船队代表至显仁助顺渊圣广德王祠隆重地祭祀了东海龙王。大约因为祭祀行为极其诚恳，东海龙王还以"状如蜥蜴"的形态显灵了，此事被徐兢记录在《宣和奉使高丽图经》卷三十四中："十六日戊辰，舟发明州。十九辛未，达定海县。先期遣中使武功大夫容彭年建道场于总持院，七昼夜，仍降御香，宣祝于显仁助顺渊圣广德王祠，神物出现，状如蜥蜴，实东海龙君也。"

建炎四年（1130年），金人大举南侵，高宗赵构南逃途中曾在崇圣宫所在的明州及定海避难，并将明州东海龙王改封"助顺祐圣渊德显灵王"。南宋中兴四将之一的浙东制置使张俊还在明州取得了一场难得的对金作战的胜利，为南宋王朝争取了喘息的机会。当然，明州崇圣宫也在后来的金人屠城中被毁。绍兴二年（1132年），这座庇护了赵构的崇圣宫得以重建。赵构即位以后，疲于奔命，北宋皇帝例行的派员祭祀山川的仪式也停罢不行。乾道五年（1169年）七月二十六日，时任屯田员外郎、皇子恭王府直讲的林栗上奏请求在明州恢复祭祀东海海神的仪式。他在奏章中说：

伏见国家驻跸东南，东海、南海实在封域之内。检照国朝祀仪，立春祭东海于莱州，立夏祭南海于广州，其西海、北海远在夷貊，独即方州行二时望祭之礼。自渡江以后，唯南海广利王庙岁时降御书祝文，令广州行礼，如东海之祠。但以莱州隔绝，不曾令沿海官司致祭。栗等谨按东海祠，隋祭于会稽县界，唐祭于莱州界。本朝沿唐制，莱州立祠。元丰元年，建庙于明州定海县，加封"渊圣助顺"之后，则东海之祠本朝累加崇奉，皆在明州，不必泥于莱州矣。欲乞自今后立春及大礼告谢，依见今广州祭南海礼例，关报所属请降香祝，下明州排办，差官行礼。(《乞祭东海于明州奏》)

此文在《宋会要辑稿》礼二之二一、《文献通考》卷八三、《宋史·礼志》五、《历代名臣奏议》卷一二六、《续通典》卷五十、《全宋文》卷四八六八等文献中都有收录。奏文显示：虽然北宋在莱州祠祭东海神，但此祠已在敌国境内。元丰元年（1078年）以后，明州定海县又建了一座东海神祠，南宋屡次加封的对象都是明州的这座东海神祠。林栗认为不必拘泥于莱州的东海神祠，而应该依照祭祀南海神的仪式，在明州神祠恢复祭祀东海神，并请求派出举行仪式的神职人员和主祭官员。宋孝宗同意了林栗的上奏，并下诏敕赐明州东海龙王为"东海助顺孚圣广德威济王"，增加的"东海"二字显示了明州这座神祠正式成为了国家祭祀东海龙王的中心。宝庆《四明志》这样记录：

崇宁二年，赐额崇圣宫。大观四年，加封"助顺"二字，仍建风雨二神殿于左右。宣和三年，又加"显灵"二字，封风神曰宁顺侯，雨神曰宁济侯，且拨赐官田五顷，皆因高丽使回奏请也。庙碑，知制诰邓润甫撰，知明州王诲书。建炎四年，车驾幸海道，二月十日，有旨改封助顺祐圣渊德显灵王。庙毁于兵，绍兴二年重建。乾道五年九月二十四日，敕赐今封。四海神于祀典甚尊。国朝淳化二年，因秘书监李至言，祀东海广德王于莱州。南渡以来，莱州道绝，乾道诰书加"东海"二字于封爵之上，正祀典也。每岁春秋及郊祀告报，必降祝文，书"嗣皇帝某谨遣臣某官某昭告于某神"，非常祀比矣。初赐宫额，本以奉神，岁度道士，俾主香火。宣和五年，道士乃请渊德观额。绍兴重建，遂祀神于廊庑，以观为主，而神附之，甚失朝廷崇奉之意。会道士告观庑将圮，郡为闻于朝。宝庆三年，守胡榘以飓风猛雨交作，又举唐孔戣荐馨南海故事，申请专置庙宇。得祠牒一十有五，郡增给缗钱，且劝率士夫民旅助之，统制司辍濒海房廊十五间之址，拓筑海涂，面东迎洋，立殿三间，翼以夹室，风雨神列殿前之东西，拜谒有庭，献官有位，门闱高宏，拱护严翼，时绍定元年也。（宝庆《四明志》卷第十九"东海助顺孚圣广德威济王庙"条）

此后，这座东海助顺孚圣广德威济王庙的影响迅速超越了明州的范围，在当时的南宋境内，尤其是在东南沿海广为传播，并扩大至东亚各国。宣和五年（1123 年），广德王庙改称渊德观。宝庆三年（1227 年），当时的明州太守胡榘又申请专门经费扩建了神庙，庙貌焕然一新："统制司辍濒海房廊十五间之址，拓筑海涂，面东迎洋，立殿三间，翼以夹室，风雨神列殿前之东西，拜谒有庭，献官有位，门闱高宏，拱护严翼，时绍定元年也。"

（宝庆《四明志》卷第十九）

在明州历史上，除了广德王庙之外，还有不少龙王祠庙，比如灵波庙与其分灵庙白龙王庙。灵波庙又称望春山庙，该庙修建于宋徽宗宣和元年（1119 年），为当时的明州太守楼公异倡建。该庙所在的望春山曾位于 20 里宽的广德湖中，是古代鄞西重要的水利枢纽。传说，曾有一条白龙在湖中的龙潭安家，当地风调雨顺都是受到此龙的保护。后来又有一位名叫白玉的神仙，骑着玉龙在广德湖上空为农田布雨。到北宋初，为了纪念仙人和白龙而修建了一座祠庙。该庙所在的湖——广德湖，其名在唐朝所改，与东海龙王的封号"广德王"有关。有神话认为此庙之神曾被敕封为"广德宣圣王"，而"广德"实际上是东海龙王的封号。所以，本书认为该庙很可能是东海龙王行宫或分灵庙。该庙曾有"鄞西第一庙"之称，在鄞西地区有巨大影响，并形成了正月二十三日至二十五日的灵波庙会，也称望春山庙会。相传宋朝鄞县县令张苟常常带着官吏到相距 30 多里的灵波庙祭祀祈祷。但因为交通十分不便，于是张苟便奏请朝廷另建一座白龙王庙。新庙即今位于高桥镇古庵村的"白龙王庙"。

三、江南东海龙王神话与信仰的传播

（一）东海龙王神话与信仰在江南地区的传播

1. 舟山群岛三大龙王神话

舟山与宁波地缘相近，东海龙王在舟山民间得到了广泛崇信。舟山群岛龙王祠庙众多，根据民国初年《定海县志》的记录，定海县境内各类龙王宫庙约有 24 处。其中最重要的海龙王信仰是灌门龙王、桃花女龙、岑港白老龙，据称，这三大龙王是古代舟山官方每年在农历六月初一祭祀的重要对象。比如清朝光绪年间《定海厅志》载："同治十一年夏旱，署（定海）厅事陈乃瀚祈祷获应，详请封号。浙抚杨昌浚奏蒙。敕封昭应，每年六月初一日致祭。"《定海厅志》中还记载了祭祀时的祭文："维神德洋寰海，泽润苍生。允襄水土之平，经流顺轨；广济泉源之用，膏雨及时。绩奏安澜，占大川之利涉；功资育物，欣庶类之蕃昌。仰借神庥，宜隆报享。谨遵祀典，式协良辰。敬布几筵，肃陈牲币。尚飨！"

舟山三大龙王神话和信仰产生于不同的地方，并有不同的功能。灌门龙王中的"灌门"指的是舟山定海区白泉街道和干览镇北部交界海峡中的一道航门，也是舟山最著名最危险的水道。元《昌国州图志》曾记载了灌门蛟龙的神话："灌门，去（昌国）州两潮，屹乎中流。有一砥柱，望之如人拱手而立。水汇于此，旋涌若沸，舟行者必浮以物，杀其势而过焉。风雨将作，有声如雷，震惊百里。岁旱，有所祷，则持铁篆以投之，水辄腾起，雨随应。或者以为蛟龙之窟宅云。"灌门龙王信仰产生的客观原因是航行的危险，这一带海底暗礁密布，还盘旋着漩涡，翻船事故时有发生，因此舟山渔民间流传着这样一句谚语："老大好当，灌门难过。"为此，出海之前，舟山渔民都要到海边祭祀灌门龙王，而船过灌门时，船上的人也必须向龙王祷告，并向海中投下牺牲，才能顺利行驶。所以，灌门龙王的主要职能是护航。

桃花女龙的神话与信仰中心在桃花岛，有桃花龙王宫。相传桃花女龙为东海龙王之女，她曾在桃花岛上打了一个洞，然后从洞中游回东海龙宫了。康熙《定海县志》记载了桃花龙王宫与宫碑来历的神话，显示桃花女龙的主要职能为降雨：

> 桃花山龙潭居桃花山之腰，洞口瀑布冬夏不竭，欲雨先布云雾，遍罩山顶。相传明时宁旱，大嵩民人延巫航海。巫先行，遇一洞，信步直入，见老妪与一小女理发，系红绳以为饰。妪曰："汝从何来？"巫指以处。妪叱之："速回！迟则祸将至！"巫惧，急出，而洞已没矣，惟见偕来者望潭拜祷。有一红颈小蚖浮水面，再拜而请之。舟回，将及山乍，风雨骤至。岁大有。民感之，请宪建宫立碑以祀。

岑港龙王神话与信仰发源于今舟山市定海区的岑港，其职能与桃花女龙类似。康熙《定海县志》记录其神话说："在山巅上，有雨潭，大旱不竭，相传有白龙居焉，土人察听风声以知龙之出入，有祷辄应例在祀典。"光绪《定海厅志》"岑港龙神"条也载："岑港有龙洞，神甚灵异……万历二十六年，有施姓者，因天旱祈祷无雨，愿舍身为一方请雨，随至龙洞口投下，继而尸即浮起，顷刻大雨如注。今定例每年六月初一日祭。"

大约到了民国时期，舟山民众对这三大龙王的分别祭祀演变为合祀，地点在定海县南门外天后宫东的龙王祠（今定海港务码头附近东岳宫山一带），"龙王祠在南门外天后宫东，并合祀灌门、桃花、岑港龙神。"（民国《定海县志》）

2. 温州海神庙及神话

温州海神庙也曾是江南历史上一座著名的龙王宫庙。这座海神庙位于温州海坛山麓。山名"海坛",为"祭海之坛"之意,现在已经很难知晓是庙因山名,还是山因庙名。海神庙建于唐咸通年间,到宋崇宁年间被赐额"善济"。北宋元丰年间立"海神庙碑",碑文撰写者为宋朝名臣赵抃的次子赵岏,赵岏于元丰二年(1079年)以大理寺评事出判温州。《海神庙碑》[①]全文如下:

温人自夏徂秋,常观云以候风。苟或日间其云气或黑或赤,低重凝澄,密而不散,则居民海贾咸以为忧。方未风时,蒸溽特甚,而波涛山涌,若有物驱之,此邦谓之海动。既而暴风大起,其色如烟,其声如潮,振动天地,拔木飘瓦,惊畏者不敢屋居,以惧覆压。风稍息,则雨大倾,雨稍霁,则风复作。一日之间,或晴或雨者无虑百数,此邦谓之"风痴"。其始发于东北,微者一昼夜,甚者三数日。已而复有西南之风,随之一昼夜或三数日以报之,此邦谓之"风报"。风痴已可惧,然比岁常有;而风报或无,果有则势尤恶。

熙宁九年,大云寺卢舍那阁成,费钱千有余万,其高广宏伟,甲于城中间。是年七月,所谓风报者起,此阁辄屡浮动,寺僧皆大呼佛。风定而视之,则柱离于础尺余矣。推此以知力之大,何千万人足拟哉!至于官宇民庐往往摧圮,迨今修复尚未如故。稽诸郡人乃云数十年来未见此风之比也。每五六月以往,邦人率以为虑。凡风雨作则无雷,唯得雷而后测霁止之期,迨秋冬之交,莫不相庆,谓可无虑矣。其风

---

① 金柏东等编著:《温州名胜古迹》,作家出版社1998年版,第210页。

之来，狂暴而喧豗不止，故谓之"㾦"。二广则谓之"飓"。大率海滨都有之。韩退之《问龙吏诗》云："飓风有时作掀簸"。真差事者此也。幸而有海神庙者，在郡城东北隅海坦山之上。风之兴，长吏或躬往，者遣僚属祷之，或验或不验，岂非情至与不至耶？不唯风尔，至于水火之灾，旱蝗之虑，祷之都应。诚有德于斯民者，列之祀典，宜哉。前月风，余从太守石公祷于庙下，翌日风始定。今晨来致谢，民皆欢喜。余以谓：诚之至者，尤可以动无情之金石，况有德于民之神乎？孔子曰："丘之祷久矣"，则至诚之心贵行之于平居无事之时，非特措之于仓卒而已也。

温州频年水，而又常苦风，虽莫不有数，意其为吏者莫知兹神之灵，而不知来祷；借有祷之，或措诚于仓卒，而责应于必然，皆未可也。因笔以告来者。元丰三年八月十七日记。判温州军州兼管内劝农事借绯赵岊记，朝请大夫知温州军州兼管内劝农事护军借紫石□□。

3. 安澜龙王庙行宫及神话

龙王庙行宫位于江苏省宿迁市湖滨心新区皂河镇，又称皂河龙王庙，因乾隆皇帝曾驻跸于此，也称乾隆行宫。龙王庙行宫建于清康熙年间，是清朝皇帝为了祈求"龙王安澜息波，消除水患"而建立的，因而名为"敕建安澜龙王庙"，在雍正、乾隆、嘉庆等朝多次修扩。在 2014 年大运河申报世界文化遗产成功后，龙王庙行宫作为大运河宿迁段的重要组成部分，也成为世界文化遗产的组成部分。

安澜龙王庙行宫是一座典型的宫殿式寺庙建筑，呈长方形，中轴线对称建筑，由南向北分为三进院落。第一进院落中有御碑亭和怡殿。怡殿面阔四间，进深三间，正门悬挂"法雨慈云"匾额，内供奉四大金刚；第二进院落为龙王庙行宫的中心，主体建筑是龙王殿，殿内高悬"福佑荣河"的匾额，下方供奉东海龙王坐像，左右两侧陪祀八大水神。龙王殿两侧有东西配殿，东配殿供奉五湖神，西配殿供奉四海神像；最后一进院落是天王殿，也是乾隆皇帝的下榻处。此院落的北端是禹王殿，也称观音殿，为两层建筑，底层供奉南海观音坐像，二层供奉禹王像。

由于清廷的提倡，安澜龙王庙神话及信仰得到了广泛认同。从乾隆朝开始，农历正月初八至初十为安澜龙王庙庙会，其信仰行为包括绕街巡游、朝山祭祀等。

（二）江南东海龙王神话与信仰的域外传播

1. 日本的东海龙王神话与信仰

东海龙王神话与信仰从江南地区传入日本后，东海龙王被日本民众当作水神、海神来祭拜。

最早进入日本的龙王信仰仅存在与王权相关的事象中，比如古坟时代（3世纪后半期—6世纪）的日本壁画中出现了龙的形象，并且为镇邪模仿了青龙、白虎、朱雀、玄武四神兽的分布。一直到平安时代（794—1192年）及以后，龙王崇拜才在日本得到了真正的发展，龙神具有了呼风唤雨的能力，民间也有了在"龙洞"祈雨、止雨的仪式与行为。

日本龙神的第一重要身份是水神，民众向其祈求降雨与止雨。日本各地都有祭祀水神的神社如龙神社、龙王社、八大龙王社、九头龙社等，其中祭祀龙神的神社数量最多。除在神社中祭祀龙神之外，日本民众还会在天旱的时候在龙神居住的水边等举行祈雨仪式。这是农业地区的情况。而在渔民聚集区，神社中的龙王就成为渔民信仰的海神。日本渔民经常举行祭祀海神的龙神祭活动。对于作为海神的龙神，也存在一些禁忌，比如禁金属物品，渔民们相信，在大海中行船的时候不能将金属物品掉落到海里，否则龙神会发怒①。

随着东海龙王信仰在日本的传播，民间产生了很多相关神话传说，比如浦岛太郎的传说、龙宫城的传说、龙宫童子的传说等。在这些神话传说中，海龙王信仰持续发酵，形成了庞大的海龙王家族与统治网络。在日本的众多海龙王神话传说中，有一类特别丰富，就是龙宫探宝传说。比如在日本家喻户晓的《浦岛太郎》就讲述了主人公浦岛太郎被乌龟带去龙宫游赏，并在那里接受龙公主招待的故事。龙宫探宝传说反映了日本民众对海洋的热爱和依赖。

2. 朝鲜半岛的海龙王神话与信仰

前文已经述及朝鲜半岛在江南东海龙王神话与信仰影响下产生的诸多海龙王神话传说，这些神话传说均与朝鲜半岛的海龙王信仰相关，并且也表现出与日本早期龙王信仰相似的特点：与皇权密切相关。比如《高丽史》载：作帝建射杀了调戏龙王的狐狸，娶了龙王的女儿为妻。当作帝带着新妻子返回陆地后在窗外挖了一口直通海底龙宫的井。龙女为作帝生了四个儿子，长子就是高丽太祖。这是皇帝为龙王后人的神话。

韩国广泛存在着海龙王神话、信仰以及"龙王祭"仪式。在

---

① 〔日〕井上顺孝编，朱白兰译：《神社众神明》，吉林出版集团有限责任公司2011年版，第116页。

处于海滨的济州岛，到处可见龙信仰相关文化事象，比如游客们喜欢游览的龙头岩和龙渊。龙头岩外形如仰天长啸的龙头，被视为济州旅游业的象征。龙头岩东侧 200 米左右有一深池，名为龙渊。相传，海龙王的三个儿子每日晚间在这里戏水玩耍，天亮的时候，两条龙返回了龙宫，只有第三子流连忘返，海龙王一怒之下将其化为岩石，也就是龙头岩。

韩国渔民的丰渔祭也是海龙王神话与信仰的重要表现。在东海岸，民众将以龙王祭为中心的巫事称为丰渔祭。在西南海南，船告祀、船宴神祭、船迎神祭也被称为丰渔祭。总的来说，丰渔祭是为了祈求渔业丰收和航海平安。丰渔祭一般以村为单位举行，在韩国，村被称为"洞"，因此又叫作"洞祭"。洞祭根据所祭神的不同，有山神洞祭、城隍洞祭、龙王洞祭等区别。洞祭的历史相当悠久，在《三国志》《后汉书》等古代文献中都有载录。早在高句丽时期，龙王就成为朝鲜半岛民众信奉的水神，当时以国家名义举行高规格的联合祭祀龙王仪式，后来演变为洞祭等小群体祭祀仪式。以海龙王为祭祀对象的洞祭是朝鲜半岛滨海地区民众和岛上民众最重要的传统信仰仪式。

丰渔祭有时与堂祭（陆地神的祭祀）一起举行，在全罗南道丽川郡突山邑新福里、莞岛金塘岛等地，民众祭祀的共同仪式是先在陆地上对山神进行祈愿，再到海边进行祈愿丰渔和护航的丰渔祭。这是渔业与农业兼有地区常见的现象。但也有一些丰渔祭仅仅包括对龙王的祭祀，比如巨闻岛的老头祭、莞岛金塘岛紫菜帘丰渔祭等。在韩国沿海地区，一些丰渔祭仪式已经成为重要的文化遗产。

第九章
江南妈祖神话叙事

妈祖本是起于福建莆田的地方海神，其神话和信仰后来随着福建人的经商、航海等活动流布沿海各地，还曾借助国家政权广泛传播，并深入内陆地区。基于地缘关系，江南民众较早接触和接受了妈祖神话和信仰。国内外学术界对妈祖神话和信仰的研究，在地域上主要集中于妈祖崇拜氛围浓厚的闽台地区，江南地区的妈祖神话和信仰长期受到忽视，其价值和意义并没有得到正确认知。

一、妈祖神话与信仰传入江南地区

大约在宋朝，妈祖神话与信仰就开启了向福建以外地区传播的历史，《天妃显圣录》"祷神起椗"条记录了一则外地商人因妈祖显灵而主动接受妈祖信仰的神话：

季春有商三宝者，满装异货，要通外国，舟泊洲前。临发碇，胶弗起，舟人入水，见一怪坐碇不动。急报客，大惊。登岸询洲人："此方何神最灵？"或曰："本山灵女极称显应。"遂诣祠拜祷。恍见神女优游碇上，鬼怪辟易，其碇立起。乃插香一瓣于祠前石间，祝曰："神有灵，此香为证：愿显示征应，俾水道安康，大获赀利，归即大立规模，以答神功。"迨泛舟海上，或遇风涛危急，拈香仰祝，咸昭然护庇。越三载，回航全安。复造祠，见所插瓣香，悉盘根萌芽，化成三树。正值三月二十三日神诞，枝叶丛茂，香气郁郁缤纷。商人奇其感应，捐金创建庙宇，焕乎改观。①

其中提到的"灵女"就是北宋时期被当地民众供奉于莆田湄洲岛通贤灵女庙中的妈祖。妈祖信仰和神话在早期传播过程中还赢得了一部分中上层官员的信赖，为它后来的广泛传播奠定了良好的基础。宋徽宗宣和五年（1123 年），给事中路允迪从明州出发出使高丽，在黄水洋中遇到大风暴，8 条船中的 7 条被毁，只有路允迪感知到妈祖在桅杆上，于是向妈祖叩求庇佑，相传大风暴骤然停止，路允迪所乘之船平安到达目的地。返朝后，路允迪将此事上奏宋徽宗，徽宗赐下"顺济"二字作为湄洲岛通贤灵女庙的庙额，又下诏"妈祖专司海岳"。路允迪得妈祖护佑的神话在廖鹏飞《圣墩祖庙重建顺济庙记》、丁伯桂《顺济圣妃庙记》、周煜《琉球国志略》及《莆田县志》等文献中都有记载。这是有记载的妈祖首次受封，直接原因是妈祖神话与信仰在官员中得到

---

① 张燮：《天妃显圣录》，圣德杂志社 1987 年版，第 75 页。

了传播，并经由官员的上奏而获得了皇帝的认可。路允迪出使高丽最便捷的途径并非海路，而是陆路，但当时通向朝鲜半岛的陆路处于游牧政权的控制之下，宋使只能绕道而行海路。路允迪出使受妈祖护佑而顺利返程的"奇遇"，无疑是为内忧外患的北宋朝廷造了一场有利的舆论，皇帝通过御赐庙额而将此神话宣扬出去的行为，也许在当时起过安定民心的作用。

不少文献都称在北宋初期的雍熙四年（987 年）湄洲岛兴建了最早的妈祖庙[①]，也就是今日湄洲妈祖祖庙的前身。在此后的100 多年间，妈祖神话与信仰主要在莆田地区内流传，当地先后兴建起了平海天后宫、贤良港灵慈东宫、圣墩顺济祖庙、白湖顺济庙、仙游枫亭天后宫、贤良港天后祖祠等早期妈祖庙。从北宋中晚期到南宋，妈祖神话与信仰逐渐走出莆田，传播至江南的杭州、宁波和福建的泉州，以及中国其他沿海地区。

妈祖神话从莆田向外传播的第一站是江南沿海的宁波，这一过程与两宋多战争的历史有关。宣和五年（1123 年）以后，北宋朝廷陷入战争，先是与金合作打辽，后又抵抗金的入侵。几十年之后，宋廷丢弃了大片北方领土，南渡杭州建立都城。暂时稳定后，南宋政权开始恢复北宋时期的许多制度，包括皇帝出巡京都四郊，祭拜四方山川诸神的"郊典"。在绍兴二十六年（1156 年）的郊典中，通贤灵女被列入祭祀范畴。宋高宗还给她送上"灵惠夫人"的封号。（《宋会要辑稿》礼一〇之六一）高宗此举是希望新政权能获得诸神的保护。这次获封神号的神灵众多，湄洲神女只是其中之一。南宋皇帝赐给妈祖的最高封号是妃。相

---

① 如金文亨：《妈祖文化源流探析》，鹭江出版社 2014 年版，第 61 页。

传，宋光宗绍熙年间某地大旱，妈祖托梦给地方官提示下雨时间，这日果然下雨，地方官上奏妈祖救民奇勋，光宗于是颁诏晋封妈祖为"灵惠妃"。周煌《琉球国志略》、徐葆光《中山传信录》以及《古今图书集成·神异典》都载有这次妈祖显灵神话。

在南宋绍兴三年（1133 年）或绍熙二年（1191 年），明州（宁波）修建起了第一座妈祖宫庙。这座妈祖宫庙比创建于南宋庆元二年（1196 年）的福建泉州天后宫还早，是湄洲祖庙在莆田以外分灵的第一座宫庙。

宁波港位于甬江、余姚江、奉化江三江汇合处，具有优越的沿海和海外交通条件，适合大型船只的出入。北宋时，明州已与广州、杭州、泉州、密州 4 港齐名，列为朝廷规定的 5 个对外贸易港之一。南宋定都临安后，明州港便成为南宋政权与海外贸易往来的主要通道和拱卫京师的门户。绍熙五年（1194 年），明州港更名为庆元港，成为中国对日本、朝鲜以及东南亚、西亚诸国贸易往来最重要的口岸之一。航海保护神妈祖的信仰及相关神话很快在当地得到传播。据统计，宁波地区先后建有 80 多座妈祖庙[①]，最早的一座名为灵济庙。元人程端学曾于元至顺四年（1333 年）至元统二年（1334 年）作《灵济庙事迹记》，云："神之庙始莆，遍闽浙。鄞之有庙，自宋绍兴三年（1133 年），来远亭北舶舟长沈法询往海南遇风，神将于舟以济。遂诣兴化分炉香以归，见红光异香满室，乃舍宅为庙址，益以官地，捐资募众，创殿庭，像设毕具，俾沈氏世掌之。"元皇庆元年（1312 年），

---

① 金文亨：《妈祖文化源流探析》，鹭江出版社 2014 年版，第 92 页。

海运千户范忠等人重修了灵济庙，程端学为其作庙碑记，即《灵济庙事迹记》，此文后来收入《积斋集》卷四。在此庙记中，有"宋元祐间邑人祠之，水旱厉疫，舟航危急，祷辄应"之句。程端学字时叔，号积斋，浙江鄞县人，也就是现在的宁波人。他提到的"邑人"即他的同乡人。也就是说，早在北宋元祐年间（1086—1094 年），宁波当地人就供奉海神妈祖，但究竟是在家中供奉还是立庙供奉，就不得而知了。因此，宁波地区妈祖信仰的起源至少可以追溯至北宋元祐年间。不过因为没有更多的材料支持，本书只得将南宋的灵济庙作为有记载的最早宁波妈祖庙。这座妈祖庙是谱系性十分清晰的莆田分香庙，在妈祖信仰传播史上具有极其重要的地位。

元人王元恭所作的《至正四明续志》卷九也载录了与《灵济庙事迹记》文字大体相同的一篇文章，但题为《灵慈庙记》，两文差异仅有两处。其中之一就是关于此庙的始建时间，王本作"鄞之有庙，自宋绍熙二年（1191 年）"，比《灵济庙事迹记》所载录的始建时间晚了 58 年。不知出于什么原因，其后的光绪《鄞县志》《四明谈助》等资料都沿用了王本的记录，认为鄞县天妃庙始建于绍熙二年。直到当代，大多数学者在论述此问题时依然沿用王本。因为相隔久远，南宋年间所造的这种宁波妈祖庙的庙额已经不可考，灵济庙、灵慈庙指的应该都是同一座庙。元朝地方志《延祐四明志·在城神庙》记录说："天妃庙在县甬东隅，皇庆二年（1313 年）重建。"这里的重建指的就是《灵济庙事迹记》中所说的皇庆元年（1312 年）海运千户范忠等人所主持的重修，此工程到第二年才结束。至元五年（1339 年），鄞县妈祖庙重修，《灵济庙事迹记》的作者程端学之兄程端礼作了《重修灵慈庙记》，对此进行了记录。该文说"唯是庙在鄞之东角者"，与《延祐四明志·在城神庙》"天妃庙在县甬东隅"记录相应证。综合这3种文献的记录，可以得出灵济庙就是灵慈庙的推断。

这座明州鄞县妈祖庙，有很多不同的称呼。宋朝，明州更名为庆元，庆元之名在元朝也得到沿用，所以明州妈祖庙当时又被称为"庆元天妃宫"。元朝的庆元港依然保持了重要的地位，与广州、泉州并列为三大主要贸易港，是对日本、朝鲜经济贸易和文化往来的重要口岸。此外，庆元港也保持着与东南亚、西亚甚至地中海、非洲许多国家和地区的贸易往来。鉴于庆元港如此重要的地位，皇帝曾派官员在庆元天妃宫主持祭祀天妃的活动。《祭庆元天妃庙文》记录了一次于天历二年（1329年）进行的官祭妈祖活动，曰："浙水东郡，襟江带海。漕运远涉，万里波涛。神妃降鉴，丕著宏功。息偃狂飔，迅扫妖氛。转运咸利，国储充盈。永颂明德，百世扬休。"

二、妈祖神话与信仰在江南地区的扩散

随着两宋的不断敕封，妈祖神话的扩散速度加快，信众群体也不断扩大。到南宋后期，甚至连首都临安（今杭州）的民众也信奉妈祖，《梦粱录》卷一四"祠祀"条就记载说："顺济圣妃庙，在艮山门外。又行祠在城南萧公松桥及候潮门外、瓶场河下、市舶司侧。按，庙记姓林，莆田人氏，数著灵异，立祠莆之

圣堆，宣和间赐庙额……其妃之灵者，多于海洋之中佑护船舶，其功甚大，民之疾苦悉赖骈繮。"当时的杭州已经有了艮山门外、萧公松桥、候潮门外、瓶场河下、市舶司侧等五座妈祖行祠。

临安的这座顺济圣妃庙在江南地区妈祖信仰传播史上也有重要地位。南宋人丁伯桂曾为它写庙记，曰："京畿艮山之祠，旧传监丞商公份尉崇德日感梦而建。"（咸淳《临安志》卷七十三《顺济圣妃庙记》）这是一篇早期庙记，在妈祖信仰传播研究史上具有一定地位，可惜的是该庙记并没有记录顺济圣妃的始建年代。宋以后的杭州方志大都转述该文而没有考证其始建时间。直到明朝，田汝成才在《西湖游览志》卷十九中记录说："顺济圣妃庙，在艮山门外。……绍兴间（1131—1162）建庙于此，封灵惠夫人。绍兴三年（1133 年）改封灵惠妃。庆元四年（1198 年）加'助顺'。"如果《西湖游览志》记录无误，那么这座艮山门外的妈祖宫庙可能是除宁波妈祖庙之外的莆田以外的最早分灵庙，因为泉州天后宫修建于其后的庆元二年（1196 年）。无论如何，顺济圣妃庙建造于宋朝是确定无疑的，不少文献都可以佐证，如《灵济庙事迹记》《灵慈庙记》都载："嘉熙三年（1239 年），以钱塘潮决堤，至艮山祠，若有限而退，封灵惠助顺显卫英烈甲应妃。"也就是说，该庙肯定建于南宋嘉熙三年之前。

以上，我们看到比较有意思的神话与信仰传播路线是一条颇具跳跃性的路线：妈祖信仰首先从莆田传播到重要的港口明州，其次传播到当时的政治文化中心杭州，最后传播到距离莆田较近的泉州。鉴于各地妈祖宫庙的修建顺序，这条路线至少可以被认为是妈祖神话与信仰发生影响的路线。这种影响的发生至少包含两种原因：经济的与政治的。妈祖神话与信仰从莆田到明州的扩散，其主要途径是商人、舟子的活动，当然也包括朝廷的册封；而妈祖神话与信仰扩散到杭州，则主要是因为政治原因，当时的杭州毕竟是政治中心。

南宋是妈祖信仰向江南地区大规模传播的时期，各地都建起了妈祖宫庙，文献所载录的线索较为清晰的如表9－1所示。

表9－1　江南地区部分宋建妈祖宫庙情况表①

序号	所属州县	庙址	庙名	创建年代	资料出处
1	杭州	艮山门外	顺济圣妃庙	绍兴年间	咸淳《临安志》等
2	杭州	候潮门外	顺济圣妃庙	嘉定七年	咸淳《临安志》等
3	杭州	吴山	顺济圣妃庙	南宋	光绪《杭州府志》
4	钱塘	会宁隅，面江	延圣寺	乾道年间	成化《杭州府志》
5	宁波	东渡门外	灵济庙	绍兴三年	程端学《灵济庙事迹碑》
6	嘉兴	碧海坊	天妃宫	乾道年间	崇祯《嘉兴县志》
7	舟山	城外南三里	天妃庙	端平年间	天启《舟山志》
8	台州	城东五里	天妃庙	南宋末	周伯琦《台州路重建天妃庙碑》

---

① 部分材料参见蒋维锬、朱合浦主编，莆田湄洲妈祖祖庙董事会编：《湄洲妈祖志》，方志出版社2011年版，第162页。

序号	所属州县	庙址	庙名	创建年代	资料出处
9	於潜	县西观山	天妃别庙	咸淳年间	成化《杭州府志》
10	江阴	江阴君山	圣妃庙	嘉定十七年	咸淳《重修毗陵志》
11	镇江	镇江京口	灵惠妃庙	嘉熙二年	李丑父《灵惠妃庙记》
12	泰州	乐真桥北	圣妃庙	南宋	崇祯《泰州志》
13	淮安	郡城西南隅	灵慈宫	南宋	嘉靖《南畿志》
14	上元（南京）	庐龙山都船场	圣妃庙	南宋	景定《建康志》
15	苏州	郡北中路桥	灵慈宫	南宋	洪武《苏州府志》
16	松江	黄浦江边	顺济庙	咸淳年间	正德《松江府志》
17	松江	华亭市舶司之左	南圣妃宫	南宋	正德《松江府志》

每一次改朝换代的影响都很大，甚至波及神灵世界。元廷为标榜与宋廷的不同，对前朝的民间神灵进行了一番整顿，大多数宋朝认可的神灵都被放弃了，只有少数神灵被保留下来。妈祖就是为数不多的在元朝依然受到官方重视的神灵。这与元朝发达的海运业密切相关。元初专门管辖海运的机构"行泉府司"所统海船达到 15 000 艘，"自泉州至杭州立海站十五，站置船五艘、水军

二百，专运番夷贡物及商贩奇货"。（《元史》卷十五）当时的水手、舵工及海上旅人都信奉天妃。天妃的神话在他们中口耳相传，并被上层获知，于是朝廷敕封了妈祖。

妈祖在元朝的首次受封发生在至元十五年（1278 年），"凡名山大川忠臣义士在祀典者，所在有司主之。惟南海女神灵惠夫人，至元中，以护海运有奇应，加封天妃神号。积至十字，庙曰'灵慈'。直沽、平江、周泾、泉、福、兴化等处皆有庙"。（《元史》卷七十六）妈祖受封的直接原因是朝廷派蒲师文出使海外，招揽安抚海外诸国。蒲所率领的船队中有许多信仰妈祖的水手，为了安抚众人，蒲向朝廷要求赐封妈祖。但更深层的原因则是要缓和元政权与汉族民众之间的对立关系。敕封一位不会引起民众族群对立情感且信众广泛的神灵无疑能拉近元政权与汉族民众之间的关系。元政权敕封妈祖而旨在缓解民族矛盾的深层原因可以从两个细节中表现出来：第一，给了妈祖比前朝的"妃"更高的"天妃"封号。天妃的封号比圣妃的封号更高一个等级，而且专属神灵世界。将妈祖加封为天妃是元政权对汉族民众的一次俯就，因为早在南宋，民间就对妈祖"妃"的封号不满意了。不少妈祖行祠都将妈祖称为"圣妃"。如上文提到的南宋都城临安的"艮山圣妃庙"，还如福建惠安县龙宫山的妈祖庙庙额为"圣妃庙"①。元政权加封妈祖为"天妃"无疑是深得民心的。第二，元朝的妈祖敕封并非在前朝所给最高封号的基础上，而是直接从妈祖的第一次封号——灵惠夫人开始。将"灵惠夫人"加封为"天妃"说明元朝有意识地削弱前朝对神灵的影响，争取

① （宋）真德秀：《西山先生真文忠公文集》卷五十《圣妃宫祝文》。

民心。

基于发展海运和争取民心、缓解民族矛盾的需要,元朝皇帝不仅敕封妈祖为天妃,还经常给予赐号,且常常派遣大臣前往天妃庙祭祀。元朝对天妃的祭祀比较隆重,一般是一年两次。一次是春祭,在漕运开始之前,由当地官员祭祀。另一次是在夏秋之交,当所有漕船抵达直沽后,朝廷派官员代表皇帝前去祭祀,以答谢天妃的保佑。"皇庆以来岁遣使赍香遍祭,金幡一合,银一铤,付平江官漕司及本府官,用柔毛酒醴,便服行事。祝文云:'维年月日,皇帝特遣某官等,致祭于护国庇民广济福惠明著天妃'。"(《元史》卷七十六)

总的来说,元朝的敕封巩固了江南地区的妈祖信仰,并促进了它的内外传播。

三、妈祖神话与信仰在江南
地区的在地化

妈祖神话与信仰进入江南地区以后,与本地民众的生产生活相结合,产生了新特点,形成了富有地域特色的江南妈祖信仰。

以浙东地区的妈祖信仰为例。浙东地区主要包括宁波、绍兴、台州等地,靠近福建,是福建妈祖信仰影响最大的区域。比如浙江省台州温岭市的石塘镇有 56 个渔业村,海神信仰相当发达,全镇有 100 多座海神宫庙,包括妈祖庙 6 座,分别是石塘天后宫（石塘镇）、流水坑妈祖庙（流水坑村）、桂岙天后宫（箬山桂岙村）、东海天后宫（箬山东海村）、粗沙头天后宫（粗沙头村）、杨柳坑天后宫（箬山东滨村），其中东海天后宫还是温岭市重点文物保护单位。

图9-1　流水坑妈祖庙妈祖像

石塘镇中不少渔民是明清时期从福建迁移至此的渔民，因此妈祖信仰集中而发达。但有意思的是，即使在同一个镇子中，各

图9-2 桂岙天后宫妈祖像

村岙妈祖宫庙不仅神像样貌不同，而且宫庙建造的缘起也不同。《桂岙天后宫简介》说："传说妈祖是一块樟树木头，从海上漂入搁在本岙沙滩，有位大妈拾来放在后门口，某一夜有人发现樟树木头现容金光显显，托梦于人，要雕刻妈祖起建立庙。"

　　浙东地区妈祖信仰历史悠久。《小洋乡志》记载说："宋高宗南渡，江、浙、闽、粤海运频繁。为漕运之方便，船商首户在本岛设库建仓，建立中转站。时闽、粤船户信奉天后，为求航行之平安，由周、陈两巨商发起，于南宋绍兴元年在本岛建'天后宫'，供奉天后娘娘。日后，南北船户至本岛必上岸供祭。"也就是说，嵊泗列岛的小洋岛上最早的妈祖宫庙可能在南宋绍兴元年（1131年）就建成了。当然，这一说法缺乏足够的证据支撑，但也能从一个侧面反映出浙东地区妈祖信仰起源较早。如前文所述，有文献佐证的莆田以外的第一座妈祖宫庙在宁波。宁波又是我国古代漕运以及海上丝绸之路的主要通道和国际贸易港，属于浙东地区。本书对浙东代表性妈祖宫庙进行了统计，如表9-2所示。

表9-2　浙东地区代表性妈祖宫庙情况表

地区	代表性宫庙	建造时间	备注
宁波市	灵慈宫（庙）	南宋绍兴三年建，康熙三十四年重建	浙江最早的妈祖庙，莆田以外最早的妈祖庙
	庆元妈祖庙	元皇庆元年	
	安澜会馆	清道光三年	
	甬东天后宫	南宋绍熙二年建，清道光三年重建	八大天后宫之一
	瞻岐天后宫	清乾隆七年	《鄞县志》记该县在元朝已有妈祖庙
余姚市	芦蓬头天妃庙	元	
	临山湖堤天妃宫	明	

地区	代表性宫庙	建造时间	备注
慈溪市	胜山娘娘庙	不详	
	观城镇天妃宫	不详	
象山县	东门岛天后宫	宋/元/明洪武年间	方志记载象山境内曾有 34 座妈祖庙或天后宫
	石浦天后宫	明	方志记载石浦镇有 17 座天后宫
	嵊泗列岛圣姑礁圣姑庙	不详	世界上海拔最低，离地平线最近的天后宫。

元朝以后，江南地区的妈祖信仰依然具有重要地位，当时最重要的一座宫庙要属太仓浏河天妃宫了。太仓既是元朝漕粮海运的起点，也是明朝郑和下西洋的起点，浏河天妃宫的重要性自然不言而喻。浏河天妃宫曾与湄州妈祖祖庙、泉州天后宫、天津天后宫合称为四大妈祖庙，是元以后江南地区妈祖信仰的中心。同时，浏河天妃宫也是江南妈祖信仰对外传播的重要起点。根据史料记载，郑和 7 次下西洋均是从浏河起锚，并在这座天妃宫祭拜妈祖，以祈求航行的平安。相传，每次起航前，郑和都会整修天妃宫，每次归航时，也必然到此酬神，并供奉船模，记录郑和七下西洋经历的《通番事迹碑》就立于这座天妃宫内。可以想见，郑和船队不仅到天妃宫中进行祭拜，也必然请妈祖神驾随行护佑，而随着他七下西洋，江南地区的妈祖信仰也扩散出去了。这里必须强调的是：江南妈祖信仰在妈祖信仰传播史上具有比想象

中更重要的地位，甚至超过了莆田以外的福建其他地区。

此外，南京也是明清时期江南妈祖信仰的中心。根据统计，南京市辖区内共有7座妈祖宫庙，其中3座位于市区，其他的都在长江沿岸。建于永乐七年（1409年）的龙江天妃宫为敕建，曾是全国规格最高的天妃宫庙。该天妃宫的修建也与郑和下西洋有关。明永乐五年（1407年），郑和下西洋第一次平安回归。成祖朱棣为了感谢妈祖的护佑，在南京狮子山麓修建了龙江天妃宫。龙江天妃宫初建时规模就相当大，有正殿、两廊、三清殿、玉皇阁、后殿等诸多建筑。永乐十四年（1418年），郑和第四次平安归航后，朱棣亲自撰写了弘仁普济天妃宫庙碑文，并立于龙江天妃宫内，此碑全高6米左右，是现存名碑之一。该宫后不幸毁于战火。2004年年底，为了纪念郑和下西洋600周年，龙江天妃宫得到复建，也称南京天妃宫。

也就是说，江南地区妈祖信仰史上曾先后出现过4个中心地：南宋的明州、临安，元朝的太仓浏河，明朝的南京。这4个信仰中心地的变迁实际上也反映了江南妈祖信仰由南到北的传播趋势。

妈祖信仰在江南地区传播的过程中，与本地文化相结合，产生了一些特色。从对妈祖的称呼来看，福建地区称为"妈祖"，而江南不少地区称为"娘娘"。初建于元朝的太仓浏河天妃宫，当地人俗称"娘娘庙"；从妈祖宫庙的功能来看，福建地区的妈祖宫庙都是典型的祭祀空间，而在江南地区，妈祖宫庙有时兼有商业会馆的功能，以浙东地区影响最大的一座妈祖宫庙——甬东天后宫，又称庆安会馆为例。庆安会馆由甬埠航运商帮北号舶商创建于清咸丰三年（1853年），坐落于今宁波三江口东岸江东北路 156 号，沿中轴线上分布着宫门、仪门、前戏台、后戏台、后殿、厢房等建筑。采用了宁波三雕、三金装饰工艺的庆安会馆建筑显得极其华美。2011 年，庆安会馆被列入全国重点文物保护单位。在历史上，它既是商帮商人聚会的场所，又是祭祀妈祖的殿堂。

从宫庙的独立性来看，妈祖宫庙在福建地区基本都是独立的，而在江南地区，妈祖宫庙出现了附祀其他神灵，或者进入其他神灵宫庙的现象。从信仰模式来看，福建地区的妈祖信仰以湄洲祖庙为信仰中心（当然也有其他说法，但湄洲庙为祖庙的认同度较高），而在江南地区则出现了妈祖信仰多中心的现象。如在南宋时期，无论从产生时间还是影响力来看，明州和临安的妈祖宫庙都是江南妈祖信仰的中心。

在江南地区的海岛中，妈祖神话与信仰表现出更多的独特性，以象山如意娘娘神话与信仰为例。如意娘娘是象山本地海神，其神话与信仰后来传播到我国台湾地区，如意信俗属于象山石浦妈祖信俗的一部分。相传，如意娘娘身前是象山县渔山岛小石浦村的渔家少女。其父捕鱼时在海上遇难，少女也跃入海中殉葬。不久，少女投海的地方浮起来一段木头。民众相信，少女投海后化为海神，而这段木头即是其化身。于是，小石浦村民用这段木头雕塑了少女像，他们相信少女所化女神能护佑渔民海上平安如意，便将其称之为如意娘娘，并修筑了如意娘娘庙。据说，如意娘娘非常灵验，那些在海上遇险的渔民只要在心中向她祷告，就会逢凶化吉。而自从渔山岛上兴建了如意娘娘庙以后，远航的渔船都能在夜晚望见岛上大放奇光，指引着迷航的渔船。当地还流传着如意娘娘升天后与妈祖、瑶池金母结拜为姐妹的传说，妈祖为大姐，如意娘娘为二妹。数百年间，如意娘娘与供奉在东门岛天后宫中的妈祖一般，成为象山渔民心目中的海上保护神。如意娘娘是渔山岛旧时渔民举行开洋、谢洋仪式中崇奉的对象。

图9-3　浙江象山东门岛天后宫妈祖像

1955年，国民党军队溃逃台湾时强迫小石浦村全部渔民随行。渔民离开时也带走了他们供奉的如意娘娘神像，并在台东富冈新村立海神庙供奉，如意娘娘信仰由此传播到了台湾地区。2003年，台东富冈新村村民即原象山县渔山岛小石浦村村民10余人回渔山岛祭祖、祭庙。2007年，台东富冈新村村民50多人奉如意娘娘神像经马祖、福州回到故乡祈福祭祖，由此开创了两岸娘娘省亲迎亲的习俗。从2008年开始，如意娘娘神驾受邀参加象山开渔节活动。此后，每逢开渔节，台湾如意娘娘都要回家

图9-4 东门海神庙如意娘娘神像

省亲。2008年，"石浦—富冈如意信俗"被国务院公布为第二批
国家级非物质文化遗产代表性名录项目。2011年，在如意娘娘
大姐妈祖的供奉地——东门岛，建起了供奉如意娘娘的东门海神
庙。如意信俗由此更深地融入了石浦妈祖信俗。

四、江南妈祖神话与信仰的域外传播

（一）江南妈祖神话与信仰向朝鲜半岛的传播

江南妈祖信仰的域外传播最早发生在宋朝，首先传入的地区是朝鲜半岛。在妈祖信仰发展史上，陆允迪奉使高丽是一定会提到的历史事件。根据《宣和奉使高丽图经》的记录，路允迪船队在出使途中遇到了大风浪，8条船中只有路允迪所乘坐的船因妈祖显灵护佑而平安到达目的地。路允迪乘坐的船只是在明州制造的，船也启航自明州，按照惯例，很多船员也是在明州招募的。这些船员中就有妈祖信徒，路允迪相信是因为妈祖信徒在船上虔诚祈祷，才使妈祖献身救护。这一神话可能随着路允迪船队传入了朝鲜半岛，有韩国学者提出是路允迪船队将妈祖信仰带入了朝鲜半岛："那时北宋使臣船舶停泊于韩半岛的港口（礼成江一带），高丽海边的人们有可能看到了供奉在北宋使船上的妈祖神坛或宋人进行的妈祖信仰活动。"① 也就是说，妈祖信仰进入韩国的始发地是江南地区，而不是妈祖信仰的发源地福建。

到了 14 世纪，妈祖信仰在朝鲜半岛沿海地区得到了比较广泛的传播。民众在航海时通常都会祭祀妈祖。朝鲜半岛的妈祖信众构成相当广泛，既有上层外交使节，又有富商和渔民、船工等。这些涉海人群航行到中国时，也会在中国各地妈祖宫庙致祭②。朝鲜半岛的妈祖信仰一直传承到当代，至今韩国还有多座妈祖宫庙与祭坛。比如釜山韩圣宫、平安道西海岸妈祖庙，以及在首尔居善堂、仁川义善堂、济州岛中国遇难船、古今岛关王庙等处的妈祖神坛③。

---

① 〔韩〕朴现圭：《韩国的妈祖信仰现况》，《莆田学院学报》2016 年第 1 期。
② 〔韩〕朴现圭：《高丽时代妈祖接触考》，《鲁东大学学报（哲学社会科学版）》2009 年第 3 期。
③ 〔韩〕朴现圭：《韩国的妈祖信仰现况》，《莆田学院学报》2016 年第 1 期。

（二）江南妈祖神话与信仰在琉球和日本的传播

伴随着明王朝对琉球的册封，妈祖信仰首先进入了古琉球国。受海上风浪等因素影响，从中国沿海出发的船舶有时会漂流到琉球群岛，这也是妈祖信仰传入琉球的方法之一。《历代宝案》曾记载了不少清朝漂船事件，来自江南地区的漂船及其船舱内祭祀情况如表9-3所示①。

表9-3　《历代宝案》所载江南漂船及船舱内祭祀情况表

时间	船籍	船户名	成员数	祭祀神名
乾隆十八年正月	江南通州	崔长顺	23	天后娘娘、千里眼、顺风耳
乾隆三十四年十二月	江南通州吕四场	姚恒顺		天后娘娘、千里眼、顺风耳
乾隆五十一年正月	苏州府元和县	蒋龙顺	20	关圣帝君、三官大帝、顺风耳
嘉庆十四年三月	苏州府镇洋县	俞富南	17	天上圣母
道光六年十二月	松江府上海县	舵工王群芳		关圣帝君、周仓、顺风耳、千里眼
道光六年十二月	苏州府昆山县	舵工陈志贵	20	关圣帝君、关平、周仓、天上圣母、顺风耳、千里眼、总管公

---

① 参见〔日〕松浦章著，杨蕾译：《清朝华南帆船航运与经济交流》，厦门大学出版社2017年版，第117—119页。

上述统计表第三行、第五行虽然没有出现妈祖神像，但有顺风耳等妈祖辅神神像，本书猜测妈祖神像可能在海上事故中掉落于海中。这些漂船所载神像中均有妈祖或其辅神，此外还常有关圣帝君。也就是说，妈祖与关帝往往同时在船舱中被供奉。随着这些漂船到达琉球，妈祖信仰也被带入琉球群岛。

大约也是在明朝，妈祖信仰传入日本的长崎，然后陆续进入日本列岛其余地区。在进入日本列岛后，妈祖信仰与当地民间信仰融合，在地化相当明显。

从本书调研结果来看，进入日本的妈祖信仰不仅有福建本地的，还有从江南地区传入的。比如日本九州的长崎有一座建于17世纪的南京寺（又称兴福寺），是由往返于中国江南沿海港口与长崎港之间的三江帮商人建造的。这一商帮商人大多来自江南的江苏、江西、浙江、安徽四地，是典型的江南商人帮派，在长崎港商贸往来的中国商人中占据不小的比例。有学者对1688年到长崎的194艘船舶的始航地进行了统计，发现来自中国江南地区的有：宁波港出发的船31艘，占全部船舶的16%；上海港出发的船23艘，占全部船舶的11.8%；普陀山出发的船5艘，占2.6%；温州港出发的船1艘，占0.5%。江南地区港口出发的船共计60艘①，约占全部船只的30%。这些商船的启航地在南京附近，因此他们修建的兴福寺又被称为南京寺。这座寺庙是长崎最早由中国人捐建的寺庙，并在其中供奉天后妈祖。也就是说，长崎最早的妈祖信仰是由中国江南地区而非中国福建地区传入的。

兴福寺是日本最古老的中式寺院之一，位于长崎市寺町，由

---

① 〔日〕松浦章：《江户时代唐船与日中文化交流》，思文阁2007年版，第255页。

山门、钟鼓楼、大雄宝殿、日本三圣堂之一的大成殿、妈祖堂等建筑构成。寺门口有《苏道生碑记》，由清廷驻日本长崎领事章宗祥所撰。妈祖堂内供奉天后圣母、关帝圣君、三官大帝。妈祖堂正中挂着"海天司命"匾，两侧有三副对联，分别是："帆悬四海波涛静，泽被群生雨露深。""率性仁慈融洽九州皆乐土，志行济度力扶四海总安澜。""庙貌镇江边仰千秋之俎豆，威灵周海外拯万姓于风涛。"

包括兴福寺在内，长崎有三座中国人修建的寺庙，它们的修建与长崎禁基督教的历史相关。17世纪初，西方基督教在日本社会广泛传播，并威胁到了江户幕府的统治，于是幕府下达了最严厉的"禁教令"，不仅禁止基督教的传播，还强迫教徒改信他教。在此背景下，长崎华侨为了避免日方猜疑，表示自己不信基督教也不与基督教来往，便先后建立了兴福寺等寺庙。撰写于18世纪的《长崎图志》曾这样记录：

> 兴福寺，在医王山右，古皆吉氏废宅。元和初，欧阳氏买为别庄。明江西人真圆来航坐事，因自剃为僧。元和九年始隐于此。宽永中，僧默子募建。傍奠天妃，以便市舶祝祷。……宽文三年邑大火，寺宇烬毁。僧道亮重建，元禄十五年主持悦峰修复。内有大雄宝殿、观音殿、海天司命堂……①

兴福寺在妈祖信仰传播史上具有重要作用，不少日本当地文

---

① 〔日〕长崎君舒：《长崎图志·寺像·兴福寺》，长崎地方文化史研究所1991年版。

献都对其进行了记录，比如《长崎实录大成编·寺院开创之部上》载：

> 兴福寺的开创，是在元和六年。当时的中国僧侣真圆坐船来到长崎，在三年间建起了如今兴福寺境内的庵堂。那时，由于施行严厉的基督教禁令，又有传言说坐船来日本的中国人中混杂了基督教的信仰者，因此从中国南京（江南）来的船主门经过商议，决定当中国船刚到长崎港时，就先调查下船上是否有基督教的信仰者。同时，也为了祈祷航海的安全和祷告逝世船主的灵魂，作为禅宗寺院的创始者真圆，向长崎所提出了创建禅宗寺院的希望。[①]

兴福寺建成以后，该寺第一任主持曾是江西籍海商。此后一直到第九代兴福寺主持都是由中国籍僧人担任，其中 7 位都是出自三江帮（即江南商帮）的侨僧，因此具有浓厚的中华传统文化氛围。兴福寺中供奉妈祖的目的主要是为了祈求航海安全。江南海商与福建沿海商人一样，为祈求妈祖护佑航程顺利，常常把妈祖供奉在船上的圣堂仓内。日本人目睹这些现象，误将全能型海神妈祖当作了船神，比如《长崎实录大成》卷五"兴福寺"条记载说：

> 每年的三月二十三日，为了举行祭祀中国船内的船神天后的祭典，滞留在长崎的中国人被允许前往这三个寺院参

---

① 《长崎实录大成正编》，载《长崎文献丛书》第 1 集第 2 卷，长崎文献出版社 1973 年版，第 133 页。

拜。不过因为之后创建的福济寺和崇福寺与这三个寺院是同等级别的，因此就演变成在每年的三月、七月、九月的二十三日，在这几个寺院轮番举行妈祖祭。滞留在长崎的中国人也都会去参拜①。

妈祖信仰在日本列岛的传播经历了从东到北的过程。有统计认为日本列岛的妈祖宫庙可能超过 300 座②。也就是说，妈祖信仰传入日本后，成为当地重要的民间信仰之一。

信仰的传播一般都会与传入地的文化相结合，衍生出新的形态。妈祖信仰进入日本境内后，与当地民间信仰融合，衍生出航海守护神"船灵"信仰、水神"水魂"信仰等。在某些地方，民众甚至将妈祖作为大势至菩萨来供奉。妈祖信仰不仅与日本民间信仰结合，还与传入日本的南海观音信仰相结合。西川如见的《长崎夜话草》中记载：民间认为妈祖是观音的转世，"十余岁时说，我即海神之化身，要入海保护往来之船，不久淹死海中，其尸体漂流到萨摩的海边，被打捞起来，葬于山下"③。这些传说的产生是江南海神信仰深入日本的表现。

---

① 《长崎实录大成正编》，载《长崎文献丛书》第 1 集第 2 卷，第 133 页。
② 施敏洁：《妈祖信仰的发展、传播及融合——以中国、琉球、日本为中心》，《浙江万里学院学报》2007 年第 1 期。
③ 〔日〕西川如见：《长崎夜话草》卷一，载郑丽航、蒋维锬辑纂《妈祖文献史料汇编（第二卷）史摘卷》，中国档案出版社 2009 年版，第 101 页。

第十章
江南南海观音神话叙事

因为观音"慈航普度"的精神，大约在南朝刘宋时，已有中国海商为祈求航行顺利而供奉观音。江南地区的南海观音信仰以普陀山为中心，逐步向舟山群岛，向我国的浙江、福建、台湾，以及日本、韩国等东亚地区传播。

一、江南南海观音神话与
信仰的初步发展

江南地区是中国南海观音信仰的发源地和中心，因为特殊的地理位置，南海观音信仰很快从单纯的佛教信仰转变为江南地区渔民、舟子、海商等涉海人群所信仰的全能海神。

大约在两晋南北朝，佛经中就有了观音菩萨救助海难的记载：

若为大水所漂，称其名号，即得浅处。若有百千万亿众

生，为求金、银、琉璃、砗磲、玛瑙、珊瑚、琥珀、真珠等宝，入于大海，假使黑风吹其船舫，飘堕罗刹鬼国，其中若有乃至一人，称观世音菩萨名者，是诸人等，皆得解脱罗刹之难。以是因缘，名观世音。（《妙法莲华经·观世音菩萨普门品》）

《妙法莲华经》是《法华经》的中译本，最早于西晋太康年间翻译，名为《正法华经》，后于南北朝时期重译为《妙法莲华经》。这一记录是后世观音被民间视为海神的前奏。到两晋时期，江南沿海民间已有观音护航的神话。比如浙江台州有人傍晚行船，忽遇暴风雨，迷失了方向。此人诵念佛经向观世音求救。没过多久，似乎有人在岸上举着火炬照明，此人因此得以返航①。有传说认为，到南朝梁时，普陀山可能已经建有观音寺庙。《观世音应验记》记录说，江南沿海不少民众在海（水）上活动遇险时向观音求救，其中已经有了将观音当作海神的早期观念。

从内容来看，江南南海观音神话主要包括以下几种类型。

第一类是南海观音的本生与成道神话，主要讲述观音如何排除阻碍、清修苦练、终成正果的奋斗故事。比如《火烧白雀寺》②讲述说：观音俗名妙善，是妙庄王的三女儿，因抗婚而只身逃到桃花岛白雀寺出家，后来受到父王的各种刁难和折磨。但她百折不挠，矢志不移，永不放弃，又被迫逃到洛迦山去修炼，得道后跳

---

① 董志翘：《〈观世音应验记三种〉译注》，江苏古籍出版社2002年版，第19页。
② 《火烧白雀寺》，载忻怡主编《中国民间故事丛书·浙江舟山普陀卷》，第14—16页。

到普陀山建立观音道场。这类神话不仅叙述了观音的身世和成长、得道的过程，还描述了普陀山成为观音道场的过程。

第二类是南海观音与其他神祇的关系神话。比如《龙女拜观音》①解释了观音菩萨旁侧有龙女侍立的原因。小龙女溜到人间玩时遇难，观音菩萨搭救了她，于是小龙女以身相报，一生侍奉观音菩萨。南海观音与其他神祇的关系神话突出了南海观音的海神身份，也反映了本属于佛教的观音信仰向民间信仰的转变。

图 10-1 温岭石塘镇蔡王府庙中的南海观音像

① 《龙女拜观音》，载忻怡主编《中国民间故事丛书·浙江舟山普陀卷》，第 17 页。

第三类是与南海观音信仰相关的景观神话。在舟山群岛的众多岛屿中，不少独特的自然景观被民众赋予了与南海观音信仰相关的美丽神话。比如，普陀山的"二龟听法石"为两只栩栩如生的大石龟，神话认为它们原来是东海龙王派来听观音说法的，因听得入迷忘记归期被点化成石。普陀山西天景区的"青牛石""观音洞"，桃花岛的"白雀寺""观音望海石"等都流传着与观音相关的神话。紫竹林庵上端有一块巨石，被称为"观音跳"，处于普陀山最东南端，为普陀山距洛迦山最近点。相传观音菩萨从洛迦山到普陀山来开创说法道场，跨步跳到此石上，留下了这个脚印。在舟山地区的口传神话中，观音菩萨是从桃花岛上跳过来的，桃花岛磨盘峰的磨盘石上也有一只脚印，与普陀山观音跳的脚印正好左右相称。朝圣者们在观音跳石上留下了"观音跳""海潮独踞岛，天降自在山""灵异古迹""至此心善"等题刻。①

南海观音信仰在江南地区的深入发展是在宋以后，此时期的南海观音信仰还得到了朝廷的认可与支持。北宋乾德五年（967年），宋太祖派遣内侍上普陀山进香，开了皇家降香普陀的先河。元丰三年（1080年），王舜封出使高丽，在普陀山下遇到一只大海龟浮出海面，瞬时海上风雨大作，船无法前行。王舜封忽然于梦中见到观音，大海龟立刻消失，海面也风平浪静了。王舜封将此事上奏，宋神宗便在山上建了"宝陀观音寺"，"梅岑山"也正式更命为"普陀山"。朝廷赐建寺庙的行为是南海观音信仰发展史上的重要事件。

① 陈泰佐编著：《普陀山观音文化》，民族出版社2002年版，第8页。

二、江南南海观音神话与信仰的传播

（一）江南南海观音神话与信仰的国内传播

南海观音神话与信仰以普陀山为中心向国内各地传播，厦门南普陀寺的建立是江南南海观音神话与信仰在国内传播的结果。

厦门南普陀寺位于厦门市区五老峰下。南普陀寺与舟山普陀山普陀寺南北相应，都是中国重要的南海观音道场。但从南普陀寺的发展历史来看，它是在比较晚的时候，在普陀山南海观音的影响下才成为观音道场的。两者之间虽没有明确的分灵关系，却存在因果关系。

南普陀寺的始建时间可以追溯到唐末五代时期。起初，这座寺庙名为"泗洲院"，到北宋时期改称"无尽岩"。元朝，该庙曾一度被废弃，一直到明朝初年才得以复建，并更名为"普照寺"。普照寺后来又在清初的兵燹中被毁。康熙二十三年（1684 年），施琅收复台湾后驻守厦门。在他的倡导与捐资下，该寺重新恢复了旧观，增建了大悲阁供奉观音菩萨，作为观音道场，并为与北边的舟山普陀寺相对应，更名为"南普陀寺"。从这一段历史中，我们可以见出对于南普陀寺的发展而言最重要的事件是收复台湾。而后施琅捐建并更名之事也与此事相关。台湾刚刚收复的时候，清廷对曾经的反清武装其实心存疑虑，所以将岛上大量军士迁往了内地。当时，台湾的稳定与两岸关系恢复正常都是清廷的施政重点。而南海观音作为海神，其重要职能就在于维护海上的和平，保护平安。所以施琅捐建南普陀寺与其说是信仰行为，不如说是一种政治行为，希望借助南海观音的神威护佑稳定。

因此，南普陀寺的建立与普陀山南海观音信仰的传播有着直接的因果关系。南普陀寺是在普陀山南海观音信仰的影响下而新建和更名的，这是江南南海观音信仰在国内传播的重要事件。

（二）江南南海观音神话与信仰的域外传播

南海观音信仰的域外传播大约在唐朝就开始了。"日僧慧锷送观音"既是南海观音信仰发展史上最著名的一则神话，又是观音信仰传播史上的重要神话。根据文献记录，慧锷 3 次到达中国，返航时均是从江南地区的明州港出发。他私取观音像，航船触礁无法前行，不得不在普陀山结庐奉像。很多日本僧人随遣唐使船到达江南地区，他们长期在江南生活，受到了南海观音信仰的浸染。

明清时期，有不少横渡东海到普陀礼敬南海观音的日本信徒，比如雪村有梅、大川普济、东洋允澎等都在明朝中叶到普陀山朝拜。此外，也有不少移居日本的商人等在日本供奉了南海观音。比如日本九州地区的长崎是集中接受中华传统文化的前沿阵地，其中江南商人所建立的兴福寺中就有观音堂。又如："光绪十四年（1888），在神户的中国移民创建关帝庙，正中祀关帝，左旁祀天后圣母，右旁祀观音。"①

普陀山既是南海观音信仰传入日本的起点之一，也是南海观

---

① 王荣国：《海洋神灵——中国海神信仰与社会经济》，江西高校出版社 2003 年版，第 190 页。

音信仰传入朝鲜半岛的重要起点。历史上，普陀山与新罗有着密切的来往。一方面，新罗商船是中国与日本和朝鲜往来的重要交通工具。很多文献都记录了日本遣唐使雇佣新罗船与新罗船工往来之事。另一方面，新罗翻译也是当时中日、中朝来往的重要中介。不少生活于江南沿海的新罗侨民曾长期充当中日、中朝的翻译。在长期的交往中，他们在包括普陀山南海观音道场在内的江南地区留下了足迹。宋乾道《四明图经》载："梅岑山，在（昌国）县东二百七十里，四面环海。高丽、日本、新罗、渤海诸国皆由此取道，守候风信，谓之放洋。后有一小寺，曰'观音'。"宋宝庆《昌国县志·寺院》载："梅岑山（今普陀山）观音宝陀寺，在东海中。（后）梁贞明二年建，因山为名。寺以观音著灵，使高丽者必祷焉。皇朝元丰三年有旨，令改建，赐名宝陀。且许岁度僧一人，从内殿承旨王舜封请也。"普陀山观音寺位于中国和高丽、日本、新罗、渤海等国的海上交通要道，因为灵异非常，得到了外国使臣的崇奉。尤其是高丽使臣，每次经过普陀山都会登山入庙祈祷。

宋朝是南海观音信仰的扩张时期。神宗元丰二年（1079年），内官王舜出使高丽时得到南海观音的护佑，并将此事上报。第二年，不肯去观音禅院得到改建，并被赐额"宝陀观音寺"。南海观音信仰在江南沿海地区的威望日盛，吸引了大量途经普陀山的官民、客商来此进香祈祷。相传，南来北往的船在舟山群岛洋面行驶，往往能得到南海观音的护佑。"凡遇风波寇盗，望山归命，即得消散。"（《补陀洛珈山传》）所以，南海观音信仰随着海外贸易和人群的往来进行了扩散。在江南沿海发生的南海观音信仰很快成为盛行半个亚洲、影响扩散至世界各地的国际信仰。

至今留存在普陀山的不少遗址都在诉说着当初的盛况。比如普陀山的高丽道头遗址。高丽道头遗址位于普陀山观音洞西南山脚下。这里曾是一个大海湾，一直到明朝，这里都停泊着许多外国海船。尤其是中唐以后，这一海湾成为"东亚海上丝绸之路"的重要中转港口。高丽道头大致得名于宋朝。《墨庄漫录》由北宋时期在明州市舶司任职的张邦基撰写，其中记录了普陀山与高丽商人往来之事。"宝陀山（即普陀山）不甚高，山下有居民百许家，以渔盐为业，亦有耕稼。有一寺，僧五六十……三韩外国，在杳冥间，海舶至此，必有所祷。寺有钟磬铜物，皆鸡林（高丽）商贾所施者，多刻彼国年号，亦有外国人所留题，颇有文采。"

崇宁二年（1103 年），给事中吴拭等出使高丽归途中，遇到迷雾，月亮也被遮蔽了，船上人朝宝陀山方向叩拜，没过一会儿就见神光照耀海面，四下里都亮如白昼，舟子因此看到了招宝山，登上了岸。（明万历《普陀山志》）至少在宋朝，从明州港出航的船舶都要停泊在观音洞西南山脚下的海湾，到宝陀山上礼敬南海观音。宣和五年（1123 年）路允迪出使高丽时，为了祈求航海平安，也在普陀山上做了一昼夜的佛事。当时，有不少高丽民间商船停泊在这个海湾，等候风潮，敬礼南海观音。元《补陀洛珈山传》载："三韩、日本、扶桑、阿黎、占城、渤海数百国雄商巨贾，由此取道放洋，凡遇寇盗，望山归命，皆得消散。"

南海观音还曾经受到高丽国王的崇奉。本书采录的一则传说这样讲述：北宋元丰年间，高丽国王病重，不得乘船至宋乞药。国王返回途中经过普陀山，遇到大风浪无法前行。当他得知此处为南海观音道场，便虔诚地望山礼拜，很快风平浪静，云开雾散。高丽国王因此成为南海观音的信徒，宣和五年（1123 年）

高丽使臣回国时，遵照国王的旨意，特地上山拜谢观音。至今，每年都有不少亚洲信徒远赴普陀山礼拜南海观音。

现存的韩国观音宫观大都是南海观音信仰传播的结果，因为从地理位置上看，它们大都位于海边或者岛屿上。在韩国众多观音宫庙中，有三座最出名，即襄阳洛山寺（位于江原道）、南海菩提庵（位于庆尚南道）、海东龙宫寺（釜山东海岸），被称为三大观音圣地。海东龙宫寺建造于明洪武九年（1376年），初名普门寺。壬辰倭乱时期，该寺曾被烧毁。20世纪30年代初，通度寺云岗大师对其进行重建。20世纪70年代，新任主持誓愿恢复观音佛地的盛誉，就开始百日祈愿，他梦到白衣观音在五色光环的簇拥之下乘龙升天的景象，由此将寺名改为海东龙宫寺。

江南南海观音信仰向日本、韩国传播后，日韩的南海观音信仰在20世纪都发展出了自己的体系。比如韩国就发展出"三大观音圣地"，其中的海东龙宫寺被当地称为"海东第一观音圣地"。据《海东龙宫寺创建史》称："自奉海水观音大佛后，据传此地'心诚则灵，有求必应'。"

结　语

中国海岸线漫长，不仅跨越不同海区，历史上曾分属不同的政权，沿岸民众的生产生活习俗也差别较大，因此各地海洋神话具有鲜明的地域特点。本书在对江南地区海洋神话的发生、发展过程和交流传播路径进行梳理的过程中，也发现了江南地区海洋神话的几个特点，总结如下。

一、江南海洋神话具有悠久的历史

江南海神信仰与海洋神话都具有悠久的历史，从传世文献、出土文物与民间口头叙事来看，可以追溯至原始先民对自然水体，对鱼、蛇、龟、蛟龙等动物或图腾的崇拜。在原始社会末期，江南地区较早产生了将部落领袖当作海（水）神崇拜的人形海神信仰及其神话。江南海洋神话历史悠久特点的形成，主要与其地理环境和民俗心理相关。

从地理环境来看，江南的核心区是濒临大海的太湖平原。距今两三万之前的长江口地带是一个三角形的港湾，随着长江带来的泥沙在长江南北两岸的不断堆积，形成了两条庞大的沙堤，并与杭州湾北岸的一条沙堤相连，将原三角形港湾围成一个潟湖，仅有部分缺口与大海相通。这是太湖的雏形。太湖平原在很长时间内都是不太平的。随着长江泥沙的不断淤积，太湖水域不断缩小，并分化出淀山湖、阳澄湖等众多小水域，而太湖周边陆地面积则不断扩大。在太湖平原孕育发展的历史上，水道纵横、与大海相连通的特征导致这一带常常发生水患，客观上促进了海（水）神崇拜及其神话叙事的早期发生。

从民俗心理来看，江南民众自古就信巫鬼、重祭祀。《汉书·地理志》载："江南地广，或火耕水耨。民食鱼稻，以渔猎山伐为业，果蓏蠃蛤，食物常足。故呰窳媮生，而无积聚。饮食还给，不忧冻饿，亦亡千金之家。信巫鬼，重淫祀。"《后汉书·第五伦传》也载："会稽俗多淫祀，好卜筮，民常以牛祭神，百姓财产以之困匮。"《越绝书·外传记吴地传》也云："去县二十里，近（匠）门外枥溪楼中连乡大丘者，吴故神巫所葬也，去县五十里。"江南地区巫风盛行，不仅民众生产生活中事事需要占卜问神，即使是诸侯国的国主立王储、征战御敌，乃至选官择师时都要祭祀拜神。《吴越春秋》中描述了许多占卜之事，比如伍子胥就特别善于利用占卜来预测吉凶。《王僚使公子光传》记录说：楚平王派人诱骗伍子胥兄弟，伍子胥通过占卜得知如果跟着楚王使者走必会丧命，于是劝说他的兄长莫要去送死，其兄不听，最终身死。在此种民俗心理的支配下，江南民众比其他沿海地区的民众更热衷于创造神祇，信奉神祇，海（水）神的神话和信仰很早就发生并迅速扩散。《越绝书·外传记吴地传》载："吴古故祠江汉于棠浦东，江南为方墙，以利朝夕水。"张宗祥注说："江汉，应为江海"，"吴古故祠"就是祭祀江海之神的祠庙。也就是说，吴国很早就在今南京浦口区浦口镇东（春秋时属棠邑）设立了祭祀江海之神的神祠。

二、江南海洋神话具有明显的功利性

　　江南海神信仰及其神话具有明显的功利性特征，民众信奉、祭拜海神虽然首先出于对海神的敬仰，但也带有明确的目的性，向海神表达某方面的诉求，一旦海神无法实现他们的要求，他们或想方设法加强表达，或很快另奉他神。比如江南各地曾盛行"晒龙王"求雨的仪式。江南民众自古就崇奉神龙，尤其是发生水旱灾难的时候，民众往往集结到各村落的龙王庙中焚香上供祈求降雨。如果十天半月依然不见降雨，村民们便抬着龙王神驾到太阳下曝晒，试图通过让龙王爷"感受"的方法祈求下雨，这便是"晒龙王"。除了晒龙王，有些江南地区还有向人装扮的潮神海鬼身上吐唾沫，以逼迫其下雨的仪式①。

　　较强的功利性导致江南海神信仰及其神话出现两种发展趋势，一是地方性海神信仰如雨后春笋般出现，相应地，各类海神神话也得到了不同程度的传承；二是信众对特定神祇的"忠诚度"不高，他们创造的海洋神话的主角也因此是多样化的。江南海神数量相当庞大，沿海许多渔业村内都建有多座海神庙。比如浙江省温岭市石塘镇有 56 个渔业村，但民间信仰场所（绝大多

① （明）张岱：《陶庵梦忆》卷七"及时雨"。

数为海神信仰场所）多达118处，平均每个渔村至少有2处海神宫庙。其中有不少妈祖宫庙，如流水坑妈祖庙、桂岙天后宫、东海天后宫等，东海天后宫还是温岭市重点文物保护单位。但妈祖宫庙并不占绝对多数，与福建民众对妈祖极高的"忠诚度"相比，江南民众的海神信仰显得更灵活，这也导致江南地区没有出现具有绝对统治地位的区域性海神，而是由东海龙王、南海观音与妈祖一起分担了重要海神的职能。

三、江南海洋神话具有鲜明的商业性

商业性也是江南海神信仰及神话的鲜明特点。一般来说，各地海神信仰和海洋神话天然具有一定的商业性，正如曲金良先生所言："就海洋文化的价值取向而言，是海洋文化的商业性和慕利性。在海洋文明社会里，崇商具有着突显的特征。"[1] 江南海神信仰及其神话的商业性逐渐鲜明，是在江南区域经济不断发展的过程中。中国经济重心从北向南的转移发生在隋唐时期，此后江南地区在中国经济发展中扮演着越来越重要的角色。隋唐时期也是江南海神信仰逐渐发达的时期，江南三大海神信仰中的两种——东海龙王信仰与南海观音信仰都是在此时期起步的。后来随着宋室南迁，江南地区又成为中国的政治中心和文化中心，杭州、宁波等大城市不断涌现，造船业、盐业、渔业和航海贸易业等行业

273

---

[1]　曲金良主编：《海洋文化概论》，青岛海洋大学出版社1999年版，第12页。

都有了较大发展，经济繁荣发达，全能海神妈祖于此时期传入江南地区，并很快受到涉海人群的欢迎而迅速成为江南三大海神之一。

江南海洋神话的商业性主要体现在商人群体对海神的崇奉。比如在南海观音道场普陀山保留着不少新罗、高丽商人的遗迹。南宋赵彦卫在《云麓漫钞》卷一中提道"自西登舟，有路曰高丽道头"，有学者进行调查后认为古高丽道头遗址在今普陀山西南司基湾北端观音洞下，因筑塘被覆盖[①]。两宋之交的张邦基在其《墨庄漫录》卷五中也记录了普陀山上高丽等国商人敬奉之物："三韩，外国诸山，在杳冥间，海舶至此，必有所祷。寺有钟磬铜物，皆鸡林商贾所施者，多刻彼国之年号，亦有外国人留题，颇有文采者。"又如江南地区第一座妈祖宫庙——宁波灵济庙就是由海商建立的。元人程端学在《灵济庙事迹记》记录说，南宋绍熙二年（1191 年），福建籍商人沈法询在海上遇到了狂风，危急时刻，他祈求妈祖保佑，最终顺利登岸。沈法询从福建莆田妈祖庙中分炉香而归，回到明州时发现自己住宅中香气四溢，于是舍宅为庙址，募集资金，建庙供奉妈祖。

四、江南海洋神话具有很强的
开放性与包容性

江南海神信仰是我国沿海地区相当具有代表性的民间信仰，

---

① 王连胜：《海上丝绸之路——普陀山高丽道头探轶》，《浙江海洋学院学报（人文科学版）》2002 年第 1 期。

其信仰与神话都具有很强的开放性和包容性。从地理位置上看，江南沿海地区位于我国海岸线的中部，因此其海神信仰的发展既受北部黄渤海地区的影响，也受南部闽越地区的影响，表现出兼容并蓄的特点。比如江南三大海神信仰中只有东海龙王信仰为本地"土产"，南海观音信仰源自域外，妈祖信仰源自近邻福建。当然，外来信仰进入江南地区以后，并非被全盘接纳，而是经历了适应性的调整与改变，比如观音信仰虽然源自域外，但进入中国后其形象与职能都发生了极大的改变，并历经由北到南的传播，尤其是落户江南地区以后，演变出专司海洋的南海观音信仰及其神话；又如妈祖信仰源自福建，但进入江南地区后与本地民间娘娘信仰相结合，产生了具有江南本土特色的妈祖信仰，江南多地民众至今仍将"妈祖"称为"娘娘"。

江南海神信仰及其神话是江南民众海洋知识体系和海洋价值观的具体表现，通过海上丝绸之路传播到东亚及东南亚地区，曾深刻影响了这些地区诸多国家的海神信仰与文化发展，形成了东亚海神信仰圈，促进了中华文化认同的传播，成为我国与东亚、东南亚各国交往的重要文化基础与精神纽带。"信仰圈"概念由我国台湾学者林美容首先提出来，她说："所谓信仰圈，是以某一神明或（和）其分身之信仰为中心，其信徒所形成的志愿性宗教组织，信徒的分布有一定的范围，通常必须超越地方社区的范围，才有信仰圈可言。"[①] 这里的信仰圈指向的是以一种神明信仰为中心的信仰范围，本书认为：除以一种神明信仰为中心的信仰圈外，也存在着以某一类型、某一体系的神明信仰为中心的信

---

① 林美容：《妈祖信仰与汉人社会》，黑龙江人民出版社 2003 年版，第 7 页。

仰圈，东亚海神信仰圈就是以海神信仰体系为中心的跨国家和地区的信仰圈。

东亚海神信仰圈的形成，与起于江南的东海丝绸之路南线的发育密切相关。以江南为起点的海上丝绸之路早在吴越楚战争频发的先秦时期就已有雏形，正式兴起于徐福从杭州湾一带东渡日本的航程中，唐宋时期达到高潮，明州、青龙、太仓、舟山等港口陆续成为这条航线上的重要起始点，与东亚、东南亚各国都有频繁的贸易往来，江南海神信仰的仪式和神话也随着这条线路传播出去，东亚各国大都产生了东海龙王、南海观音和妈祖等海神信仰，进而形成了东亚海神信仰圈。这种影响同时也辐射到东南亚的一些国家。从空间范围来看，东亚海神信仰圈以中国江南沿海为核心区，以中国大陆、台湾、香港，以及日本列岛、琉球群岛、朝鲜半岛等国家和地区构成的东亚地区为其主要范围，也辐射到东南亚地区；从信仰内容上来看，东亚海神信仰圈的信仰体系以江南地区三大海神信仰——东海龙王、南海观音和妈祖为主；从信仰圈发展的结果来看，在三大海神信仰交流发展的过程中，东亚民众达成了一种基于共同海神信仰的文化认同，这种文化认同又进一步促进了东亚海神信仰圈的巩固。

东亚海神信仰圈的形成，与前述江南海神信仰的四大特点密不可分。

因为具有悠久的历史，所以江南海神信仰的对外传播也表现为渐进的漫长过程，而非一蹴而就。比如江南地区的东海龙王信仰起于原始时期的蛇、蛟龙等海神崇拜，又受到了佛教文化的影响，并在国家对四海神的官方祭祀活动中得到了宣扬。江南东海龙王信仰的发展过程也是其持续对外传播的过程，在早期朝鲜半岛与日本列岛神话中，都出现了蛇崇拜、鳄鱼崇拜、蛟龙崇拜等江南早期图腾崇拜的踪迹。江南海龙王信仰进一步发育成熟后，朝鲜半岛与日本列岛也相继出现了海龙王崇拜的现象，从神话叙事到神社建筑再到祭祀仪式，源自江南沿海的海龙王信仰不断在异域显现它们的影响力。

因为具有明显的功利性，所以江南海神信仰很容易被外地与外国的民众所接受。各地、各国民众对于非本地、非本国"土产"的神灵信仰的接受程度，基本上取决于这些神灵是否"有用"。江南先民早已形成了多种促进神灵显灵的仪式，比如通过晒龙王、游龙王使龙王不得不降下甘霖。江南先民的这些信仰仪式一定也伴随着海神信仰的传播进入了东亚各地，这些仪式增强了域外民众对于江南海神"有用"的印象，使江南海神信仰在输入地更容易被当地民众所接受。

因为具有鲜明的商业性，所以江南海神信仰得到了迅速和广泛的散播。从事海上贸易的海商是江南海神信众群体中非常重要的组成部分，他们对海神的崇奉贯穿贸易活动的始终，贸易活动本身就是推动地区与国家之间交往的重要行为，而伴随着贸易活动深入、广泛的开展，江南海神信仰也得以持续对外传播。江南海神信仰的商业性当然不仅体现在海商的活动中，在渔民、盐民等信众群体中的生产生活中也都有反映。比如渔民需要通过市场交换将其劳动成果转换为各类物资与金钱，因此他们在海上的劳作也与商业相关。渔民的海上作业地点并不固定，要随着鱼群的生长发育活动而不断改变，不同地域渔民往往会在同一时间汇聚于一个渔场。这种聚会式的作业方式促进了不同地区海神信仰的交流与江南海神信仰的对外传播。

因为具有很强的开放性与包容性，所以江南民众既容易接受外来信仰，又乐于分享自己的信仰，接受与分享的行为极大地促进了江南海神信仰的对外传播，也使江南海神信仰具有较强的亲和力，使其更容易被外地、外国民众所接受。而在被接受后，因为开放与包容的特点，江南海神信仰又很容易融入当地信仰体系，使自身稳固并深入发展。一个重要表现是江南海神在域外的形象皆是和蔼可亲的善神。比如朝鲜古籍《三国遗事》卷二《处容郎·望海寺》讲述了新罗宪康大王下令为东海龙王修建望海寺后，东海龙王为表达谢意而携七子现身，并派遣其中一子辅佐宪康大王之事。

基于江南海神信仰的扩散与传播而形成的东亚海神信仰圈，本质上是中华文化圈的组成部分，所表达的认同也属于中华文化认同。东亚中华文化圈的发育始于公元1世纪的汉朝，成长于4—5世纪，最终于8世纪的唐朝正式形成。隋唐时期，社会经济文化繁荣发达、国力强盛的中国，对东亚各国和地区形成了强大的吸引力和辐射力。隋唐帝国还实行空前开放的文化政策，与东亚各国有着频繁的交流往来。此时正值新罗与日本的政治文化重建时期，客观上需要先进文化的引导，于是它们先后派遣了多批使节、留学生、留学僧来中国学习先进文化并在本国推行，主要包括文字、思想文化、政治体制、宗教信仰等。于是，以汉字为特征，以儒学思想为核心，以朝贡—册封为主要形式的东亚中华文化圈正式形成。

东亚中华文化圈的主要模式是中国文化对周边国家的引领和影响，但随着近代以来中国的衰败和西方列强对东亚各国的入侵，东亚中华文化圈渐趋式微，中华传统文化的吸引力和辐射力相应减小，主要表现在诸如汉字主导地位的丧失、农历纪年使用范围的缩减等方面。

在东亚汉字文化圈影响力减弱的过程中，东亚海神信仰圈也受到了影响。一方面，江南海神信仰与东亚各国海神信仰之间的传承关系被割裂或忽视。另一方面，源自江南地区的海神信仰在日、韩等国衍生出一套自给自足的系统，中华文化和江南文化的因子正在逐渐消失。东亚海神信仰圈的解体影响了汉字文化认同的传播，因此适时复兴东亚海神信仰圈很有意义。今后一段时间，我们可以从下面三个方面进行努力。

（1）深入挖掘江南海神信仰和海洋神话传播的历史，寻找其传播传承的规律，并在此基础上整理出江南海神信仰传播与东亚海神信仰圈形成的时间谱系、空间谱系与结构谱系。本书在此方面率先做了一点努力，但鉴于多方面因素的制约，还没能很好地完成这个研究任务，需要更多学者一起努力。

（2）目前来看，南海观音信仰作为样本的条件最成熟。位于江南地区的普陀山是认可度最高的南海观音祖庭，扩大普陀山在朝鲜半岛、日本列岛的南海观音信徒中的影响，便利他们到普陀山朝拜，让普陀山成为东亚观音信仰交流的重要纽带。对于日、韩等国的观音信众来说，树立普陀祖庭的意识，有利于加强中华传统文化对他们的吸引力，而朝拜祖庭的行为则可以加深他们对中国当代社会的了解。

（3）将江南海神打造为讲好中国故事主要形象的代表之一，促进中国爱好和平与正义的大国形象的塑造。江南海神信仰及其神话在传播过程中，曾成为不同国家与地区民众交流与沟通的中介。之所以能产生这样的作用是因为江南地区不同的海神信仰及其神话都具有相似的精神内核，比如保护自然、爱惜生命、维护和平、胸怀宽广、悲天悯人等。随着海神信仰及其神话的对外传播，这些精神内核也得到了传入地民众的认可。我们还可以借助江南海神信仰的各种交流活动，引导东亚、东南亚民众进一步加深对中国文化的了解，这对我国与东亚、东南亚各国的文化交流以及维持地区的和平稳定具有积极意义。

参考文献

一、论文类

陈志良：《沉城的故事》，《风土杂志》1944 年第 2—3 期。

金涛：《嵊泗列岛古庙宇及岛神信仰》，《民间文艺季刊》1989 年第 4 期。

刘兆元：《海州湾渔风录（三）》，《民俗研究》1991 年第 3 期。

钟伟今、钟铭：《"防风故土"考察报告》，《湖州师专学报》1992 年第 3 期。

董楚平：《〈新建风山灵德王庙记〉注释》，《浙江方志》1993 年第 2 期。

金涛：《东亚文化圈海神信仰概论》，《中国民间文化》1996 年第 2 期。

刘锡诚：《陆沉传说再探》，《民间文学论坛》1997 年第 1 期。

王心喜：《钱氏吴越国与日本的交往及其在中日文化交流史上的地位》，《中国文化研究》2003 年第 3 期。

施敏洁：《妈祖信仰的发展、传播及融合——以中国、琉球、日本为中心》，《浙江万里学院学报》2007 年第 1 期。

阮可章：《流传在上海的陆沉传说》，《民间文化论坛》2007 年第 2 期。

姜彬：《稻作生产与蛇崇拜》，载上海社会科学院文学研究所编《多维视野的文学文化研究——上海社会科学院文学研究所论文精选》，上海社会科学院出版社 2008 年版。

〔韩〕朴现圭：《高丽时代妈祖接触考》，《鲁东大学学报（哲学社会科学版）》2009 年第 3 期。

张明华：《大小金山入海的缘由》，载氏著《考古上海》，上海文化出版社 2010 年版。

李广志：《宁波海神信仰的源流与演变》，载张伟主编《浙江海洋文化与经济》（第 5 辑），海洋出版社 2011 年版。

陈政禹：《从海神信仰视角看关公》，《兰台世界》2015 年第 4 期。

〔韩〕朴现圭：《韩国的妈祖信仰现况》，《莆田学院学报》2016 年第 1 期。

〔日〕安田喜宪著、程海芸译：《日本神话与长江文明》，《日语学习与研究》2018 年第 2 期。

二、论著类

泉州市地名委员会办公室编：《泉州地名小故事（第二辑）》，1982 年版。

王育民：《中国历史地理概论下册》，人民教育出版社 1987 年版。

《中国民间文学集成·上海卷·川沙县故事、歌谣、谚语分卷》，1988 年版。

《中国民间文学集成·上海卷·青浦县故事分卷》，1989 年版。

《中国民间文学集成·上海卷·金山县故事分卷》，1989年版。

《中国民间文学集成·上海卷·杨浦区分卷》，1989年版。

《中国民间文学集成·上海卷·虹口区故事分卷》，1989年版。

杭州市民间文学集成办公室编：《浙江省民间文学集成·杭州市故事卷》，中国民间文艺出版社1989年版。

绍兴市民间文学集成办公室编：《浙江省民间文学集成·绍兴市故事卷》，中国民间文艺出版社1989年版。

吴申元、夏林根、张哲永主编：《上海词典·上海概况》，复旦大学出版社1989年版。

雪犁主编：《中华民俗源流集成·信仰卷》，甘肃人民出版社1994年版。

连横：《台湾通史》，商务印书馆1996年版。

中国民间文学集成全国编辑委员会等：《中国民间故事集成·浙江卷》，中国ISBN中心1997年版。

金柏东等编著：《温州名胜古迹》，作家出版社1998年版。

钟伟今：《本乡本土》，贵州人民出版社1998年版。

中国民间文学集成全国编辑委员会等：《中国民间故事集成·江苏卷》，中国ISBN中心1998年版。

钟伟今、欧阳习庸：《防风氏资料汇编》，天津古籍出版社1999年版。

何勇强：《钱氏吴越国史论稿》，浙江大学出版社2002年版。

董志翘：《〈观世音应验记三种〉译注》，江苏古籍出版社2002年版。

陈泰佐编著:《普陀山观音文化》,民族出版社 2002 年版。

金柏东主编:《温州历代碑刻集》,上海社会科学院出版社 2002 年版。

叶大兵主编:《中国民俗大系·浙江民俗》,甘肃人民出版社 2003 年版。

王荣国:《海洋神灵——中国海神信仰与社会经济》,江西高校出版社 2003 年版。

潘君明、高福民主编:《苏州民间故事大全》,古吴轩出版社 2006 年版。

〔日〕松浦章:《江户时代唐船与日中文化交流》,思文阁 2007 年版。

郑丽航,蒋维锬辑纂:《妈祖文献史料汇编·史摘卷》,中国档案出版社 2009 年版。

〔韩〕一然撰,〔韩〕权锡焕、〔中〕陈蒲清译:《三国遗事》,岳麓书社 2009 年版。

蒋维锬、朱合浦主编,莆田湄洲妈祖祖庙董事会编:《湄洲妈祖志》,方志出版社 2011 年版。

〔日〕井上顺孝编:《神社众神明》,吉林出版集团有限责任公司 2011 年版。

宁波市文化广电新闻出版局编:《甬上风华——宁波市非物质文化遗产大观》,宁波出版社 2012 年版。

钟伟今、欧阳习庸主编:《防风氏资料汇编(增订本)》,黑龙江人民出版社 2013 年版。

林江珠等:《闽台民间信仰传统文化遗产资源调查》,厦门大学出版社 2014 年版。

金文亨：《妈祖文化源流探析》，鹭江出版社 2014 年版。

闻一多：《死水·神话与诗》，贵州教育出版社 2014 年版。

陈志坚：《州枕青山县枕湖——杭州城址变迁史话》，杭州出版社 2014 年版。

鲁永平主编：《中国民间故事丛书·浙江宁波余姚卷》，知识产权出版社 2015 年版。

施仲君、黄文元主编：《中国民间故事丛书·上海崇明卷》，知识产权出版社 2016 年版。

刘守华：《中国民间故事史》，商务印书馆 2017 年版。

〔日〕松浦章著，杨蕾译：《清朝华南帆船航运与经济交流》，厦门大学出版社 2017 年版。

吕洪年：《万物之灵——中国崇拜文化全览》，浙江文艺出版社 2018 年版。

忻怡主编：《中国民间故事丛书——浙江舟山普陀卷》，知识产权出版社 2019 年版。

良渚博物院、良渚研究院组编：《良渚》，东南大学出版社 2020 年版。

参考文献

人名索引

170，181－184